색채와 심리

김정미 · 최외선 공저

학지사

서문

학부와 석사에서 디자인을 전공한 필자는 16년이라는 긴 시간 동안 교육현장에서 아동을 대상으로 미술을 지도하였다. 아동은 자신의 다양한 생각과 감정을 미술로 표현하였고, 필자는 그것에 매료되었다. 그러던 중 강의를 맡고 있던 아동미술학과의 교수님을 통해 영남대학교 박사과정에 미술치료학과가 신설되었다는 것을 알게 되었다. 생각과 감정이 어떻게 미술로 표현되는지에 대해 관심이 많았던 필자는 조금의 주저함 없이 대학의 문을 두드리며 미술치료라는 학문을 접하게 되었다.

박사과정 중 '색채심리' 과목은 디자인을 전공한 필자에게 또 한 번의 기대감을 주었다. 설렘으로 시작한 색채심리 수업은 워크숍 형태로 진행되어 다소 아쉬웠고, 많은 궁금증과 아쉬움 속에 수업이 끝날 무렵, 수업이 워크숍 형태로만 진행되었던 것은 체계적인 교재가 없기 때문이라는 것을 알게 되었다. 그때의 아쉬움이 아동을 대상으로 하고 싶었던 박사논문의 주제를 색채로 바꾸게 하였을 뿐만 아니라 색채심리에 대한 열정을 지피는 단초가 되었다.

막연하게나마 교재를 집필해야겠다는 열정은 부산디지털대학교 미술치료학과에서 색채심리 과목을 강의해 달라는 제안을 받았던 2006년부터 시작되었다. 목차를 만들고 목차에 부합하는 자료를 부지런히 찾고 또 찾았다. 교재가 없는 강의를 어떻게 해야 하나 난감한 마음이 들 때마다 열정은 더해 갔다. 당시 색채학이나 심리학에 관한 서적은 서점마다 넘쳐났다. 하지만 대부분 번역서로서 일정 부분 참고 자료로는 부족함이 없지만 교재로 사용하기에는 아쉬운 점이 많았다. 그렇게 시작한 이 책은 필자가 그동안 색채심리를 강의하면서 지속적으로 수집해 온 자료를 바탕으로 재정리하고 수정하여 수록한 것이다.

책의 구성은 색채학과 색채심리를 중점으로 다룬 본문과 필자의 학위 논문 및 관련 사례 등을 정리한 부록으로 이루어져 있다.

제1부 색채학은 색채심리를 이해하기 위한 기초지식을 습득할 수 있도록 색의 역사, 색의 개념, 색채의 이해 그리고 색채를 인식하는 눈과 색채와의 지각과정으로 구성되어 있다. 제2부 색채심리는 시대별 색채심리학자들과 색채가 가지고 있는 성격, 프랑크 H. 만케의 색채 경험, 색채의 상징과 연상 등으로 구성되어 있다. 그리고 그동안 단편적으로만 이해되었던 색채심리의 의미를 재정리하고, 아울러 기존의 참고 자료를 보며 느꼈던 아쉬운 부분을 보완하였다. 마지막으로, 색채를 심리에 적용한 사례를 부록으로 첨부하여 미술치료 혹은 상담 장면 중에 적용할 수 있도록 소개하였다.

이 같은 내용으로 구성된 이 책은 색채심리에 관심이 있거나 관련 과목을 강의하는 사람들과 미술치료를 전공하는 학생들에게 직접적인 도움이 되기를 기대한다. 또한 상담 및 교육현장에 있는 상담사 및 치료사들이 색채심리를 이해하는 데에도 도움이 되기를 기대한다.

미술치료박사라는 무거운 짐을 지고 학위를 받던 날, 앞으로의 시간은 앞서 가신 교수님들의 가르침대로 누군가에게 힘이 되는 삶을 살겠노라고 다짐을 하였지만 시간이 지날수록 그 생각은 희미해져 갔다. 그렇게 안주하고 있을 즈음 최외선 교수님께서 직접 전화를 주시어 학지사 사장님과 약속을 해 두었으니 색채심리 교재를 집필해야 한다는 말을 남기셨다. 필자에 대한 교수님의 믿음은 확고하셨고, 필자 또한 그동안 자료를 모으면서 언젠간 교재를 집필해 보리라는 사명감을 가지고 있었던지라 주저 없이 교수님과 약속을 하였다. 그러나 원고 집필을 하기 위해 책상에 앉기만 하면 무슨 일이 그렇게도 많은지, 교수님과의 약속을 이행하기란 여간 쉬운 일이 아니었고, 5년이라는 힘겹고 긴 시간이 흘렀다. 그럼에도 불구하고 단 한 번의 역정 없이 묵묵히 기다려 주시며 격려해 주신, 지금도 필자에게는 더없이 큰 산이신 최외선 교수님의 높으신 은혜에 이 자리를 빌려 다시 한번 감사를 드린다.

그리고 자료를 찾는 일로 일 년 동안 하루도 빠짐없이 함께하며 도와주었던, 지금은 출산으로 아기와 함께 행복한 하루를 보내고 있는 수정이, 고갈된 에너지를 웃음으로 채워 주는 손녀 함지원, 소중한 가족, 마지막으로 이 책이 나오기까지 오랫동안 인내로 기다려 주신 학지사 김진환 사장님과, 특히 교정과 편집을 위해 수고해 주신 박수민 편집자님에게 못다 한 고마움을 글로 대신하며 진심으로 감사함을 전한다.

2019년 9월
김정미

차례

제2부 색채심리

부록

제1부

색채학

제1장
색의 역사

색은 과거 인류가 시작되고 인간이 태어나 빛을 지각하고 색을 인식하는 순간부터 자연스레 삶과 함께하고 있다. 이렇듯 인간의 생활과 직접적이고 밀접한 관계인 색에 대한 본질적인 물음과 의미는 철학, 물리학, 심리학뿐만 아니라 미술, 건축 등 다양한 분야에서 관심과 연구를 이어 가고 있다. 이와 같이 인간의 삶의 질에 영향을 미치는 모든 분야의 연구 토대가 될 정도로 심오하고 광범위한 색은 시대적 상황과 분위기에 따른 문화와 함께 변화한다.

문화는 주체적인 사물을 통하여 보편적인 표현을 하고자 하는 기술인 동시에 지적인 활동을 의미하는 예술이라는 본질을 포함하고 있다. 따라서 예술은 한 시대의 문화와 가치를 표상하고 표현한 것으로써 역사의 자료가 되며, 시간의 기록으로 역사가가 역사를 서술하기 위해 사용하는 전달수단이 되기도 한다. 즉, 인간과 그 행위를 다루는 데 있어서 예술은 그 자체가 하나의 사건이며, 예술가는 역사가가 되는 것이다.

이처럼 역사와 예술은 가치를 갖는다는 점에서 유사하다. 이러한 예술이 언제 어디서부터 어떻게 시작되었는지 그 역사는 아무도 모른다. 다만 지금까지 알려진 것으로서, 구석기 원시인들이 동굴벽면에 아름다움이나 실용성보다는 주술적

목적 또는 종교적인 디자인으로서 그린 벽화를 두고 가장 오래된 예술의 시작이라고 말하고 있다. 이후에는 문명의 발상지인 나일강변, 티그리스·유프라테스강 유역, 인도의 인더스강 유역, 중국 황하 유역 등에서 발전된 고대문화와 중세문화, 르네상스 등 시대적 배경이나 역사에 따라서 문화와 예술은 변화되었다.

이 장에서는 원시문화와 고대문화, 중세문화, 르네상스, 그리고 근대미술, 현대미술을 통해 각 시대 속에 색이 어떻게 존재하고 있었는지 그 역사에 대해 살펴보도록 한다.

1. 원시문화

지구상에 인류가 등장한 것은 지금으로부터 약 2~3백만 년 전으로 추정된다. 이러한 인류가 생활했던 시기를 원시시대라고 하는데 원시시대의 분류는 역사의 기록이 없는 기원전 3천 년 이전, 고대 이집트 문명 이전까지를 말한다. 이러한 원시시대에도 색채를 사용했는지에 대해서는 분명히 알 수 없지만 고고학적 유물, 유적을 통하여 색채는 인류의 역사와 공존해 왔음을 알 수 있다.

기원전 약 20만 년 전으로 추정되는 빙하시대의 유물에서 발견된 인간의 뼈 또는 기원전 약 2만 년 전 구석기 시대의 시기로 추정되는 동굴의 벽화에서 그 흔적을 찾아볼 수가 있다.

벽화는 대개는 깊은 동굴이나 바닷가, 강가 등 원시시대 사람들이 모여 살았을 것이라고 추정되는 지역에서 주로 발견되었으며, 벽화의 흔적은 원시시대 사람들의 생활과 연결된 문화적·관습적인 맥락에서 토템신앙이 담긴 주술적인 의미로 사용되었을 것이라 추측하고 있다(문은배, 2011).

예를 들면, 스페인 북부 칸타브리아 지방에 있는 알타미라동굴의 벽화는 폭이 8~9m인 낮은 천장 위에 다색벽화라고 할 만큼 흑·적갈색으로 그려진 비종, 노루, 말, 산돼지, 매머드, 특히 들소의 이미지가 많은 비중을 차지하고 있는 것을 볼 수 있다. 그중에 대표적인 그림인 〈상처 입은 들소〉는 암반의 기복을 잘 이용하여 돌출한 부분들을 들소의 형태로 활용하여 현실로서의 단순한 모습 그대로가 아니라 사실적이고 생동감 있게 표현하여 생명감을 실감 나게 부여하고 있다. 그것은 그림을 보여 주기 위한 목적보다는 더 근원적인 실제적 접근으로서의 암시적 그림으로, 삶의 본능적인 욕구에 의한 것으로 볼 수 있다. 다음으로 프랑스 서남부의 도르도뉴의 베제르 계곡에서 발견된 라스코동굴의 벽화를 살펴보면 알타미라동굴 벽화의 동물과는 다소 다른 동적인 운동감이 있으며, 동물 형상들은 구체적인 묘사에서 추상적인 형상까지 다양하게 분포되어 있는 것을 알 수 있다. 화살이나 투창이 함께 그려진 그림들이거나 상처를 입고 피를 흘리는 모양, 밑으로 떨어지려는 말과 이를 끌어당기고 있는 소 등의 모습에서 대상에 대한 그림을 그린 것뿐만 아니라 대상의 본질에 대한 접근이 있었다는 것을 알 수 있다(장석희 역, 2005).

이처럼 사냥을 기원하는 주술로서의 행위인 동굴에 그려진 벽화는 인류의 역사와 함께 원시 예술 형태로 세계 곳곳에 많은 자료와 함께 기록되어 있다. 벽화에 사용된 색채는 뼈에 칠한 석회, 석고의 흰색과 숯의 검정색, 진흙과 철분을 함유한 땅의 불그스름한 황토색 등의 자연색으로 주술이나 종교적인 목적으로 사용되었을 뿐, 색채가 주는 아름다움이라든지 색채가 주는 심리적인 기능에 대해서는 그다지 알려진 것이 없다. 단지 생존을 위해 주변의 색에 순화되고, 보호색으로 활용되며 생명을 이어 오는 것에 사용된 것으로 추정된다.

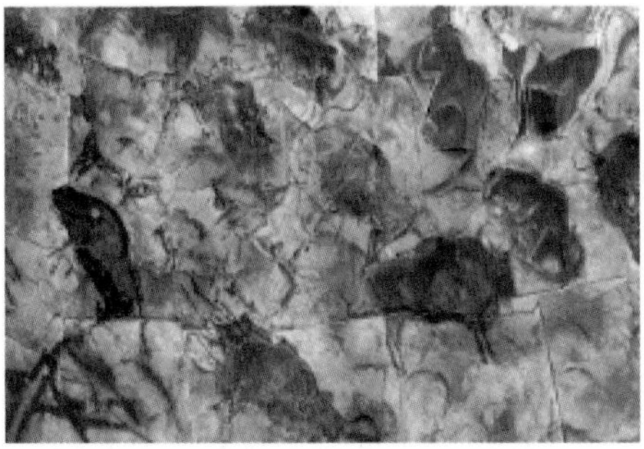

[그림 1-1] 스페인 알타미라동굴 벽화

[그림 1-2] 프랑스 라스코동굴 벽화

2. 고대문화

1) 고대 이집트 문명

[그림 1-3] 4대 문명 발상지

이집트 문명은 기원전 3천 년 고도의 문명을 지닌 고대국가 이집트가 비옥한 나일강의 유역을 중심으로 발달한 고대 문명으로, 메소포타미아 · 인더스 · 황하 문명과 함께 세계 4대 문명 중 하나이다.

죽음에 대한 집착이 유별난 이집트인들은 그들이 믿고 있는 영체(靈體), 즉 카(Ka)를 위한 집인 죽어도 썩지 않는 미라를 만들고 그것도 충분하지 않아 피라미드라는 거대한 무덤을 만들어 그 속에 미라를 보관했다. 이러한 미라를 지키고 있는 사자의 몸통에 사람의 얼굴을 하고 있는 스핑크스는 그리스어로 Sphigs인데, 그 어원의 의미는 Sphiggo(죽이다, 제압하다)에서 유래되었다고 한다. 하지만, 고대 이집트에서는 고왕국 시대부터 '쉐세프 안크'라고 불리면서 그 뜻은 살아 있는 이미지라는 뜻이다.

이처럼 이집트 미술은 그들이 믿고 있는 종교 때문에 현실의 찰나적인 삶이 아니라 '죽은 자'를 위한 미술로서 사후세계에서의 영원한 삶을 미술로 표현하는 것이었다. 또한 이집트 미술가들은 눈에 보이는 대로 표현하지 않았고 주변에서 일어나는 일들을 기록하고 설명하는 수단으로서의 그림을 그렸다. 이때의 색채는 안료(顔料)로서, 흑(黑)은 그을음, 청(靑)은 구리 계통의 유질(釉質)의 분말, 녹(綠)은 공작석(孔雀石)이나 녹색 글레이즈의 분말, 적(赤)은 자토, 황(黃)은 황토(黃土), 백(白)은 석회 등 다양한 색 재료로써 화려한 색채문화의 막을 열었다. 특히, 나일강의 파란색에 대한 동경으로 생겨난 규산동(硅酸銅) 칼슘에서 인류 최초의 합성 안료인 '알렉산드리아 블루'를 발명하고 안티모니산 납으로 네이플스 옐로를 만들어 주변 국가에 수출하기도 하였다. 이러한 이집트인에게는 독특한 종교적

[그림 1-4] 피라미드와 스핑크스

피라미드와 스핑크스는 왕이자 신인 파라오의 절대왕권을 상징하는 건조물로, 스핑크스는 이집트를 비롯하여 오리엔트 각국에서 널리 알려져 있을 뿐만 아니라 후대에는 그리스와 로마의 고전에까지 전해졌다.

[그림 1-5] 사자의 서

이집트인들은 사람이 죽으면 경외의 대상인 녹색으로 장식된 오시리스(재생 · 부활 · 농업의 신)가 지배하는 죽음의 세계에 들어가 신들의 심판을 받아야 된다고 생각했다. 그 죽음의 세계를 여행할 때 보는 책자가 '사자의 서(Book of the Dead)'다. 보통 사자의 서는 두루마리 형으로 길게 제작되어 관에 들어가는데, 가장 흥미로운 부분은 사람의 심장의 무게를 재는 과정이다.

황금이 풍부하게 생산되는 이집트에서 황금은 왕에게 절대 권력을 상징하는 것이었다. 이는 사후세계에까지 이어졌는데 투탕카멘의 데스마스크와 황금의 관 등에서 그 흔적을 찾아볼 수 있다. 벽화에는 녹색 얼굴의 오시리스와 심판을 지켜보는 히히가 있다.

[그림 1-6] 투탕카멘의 무덤

색채 상징관념이 있어서 각 색마다 특정한 의미를 가지고 있었다. 예를 들면, 백은 기쁨, 흑은 재생(再生), 적은 악마, 황은 신성, 녹은 활력을 의미하여 그러한 법칙에 따라서 종교적인 공예품의 채색이 결정된 경우가 많다. 그러나 일반적인 회화는 화가가 관찰한 대로 자연스럽게 채색되었다.

2) 메소포타미아 문명

메소포타미아는 지리학상 중동의 유프라테스강과 티그리스강의 주변 지역(현재의 이라크)을 일컫는다. 메소포타미아는 두 강이 자연적으로 가져다주는 비옥한 토지로 인하여 기원전 약 6000년 구석기 시대에 인간이 정착 주거하기 시작한 이래 점차 인류 고대 문명의 발상지의 하나로 발전하였다. 메소포타미아 문명은 개방적인 지리적 요건 때문에 외부와의 교섭이 빈번하여 정치 · 문화적 색채가 복잡하였다. 폐쇄적인 이집트 문명과는 달리 두 강 유역은 항상 이민족의 침입이 잦았고, 국가의 흥망과 민족의 교체가 극심하였기 때문에 이 지역에 전개된 문화는 개방적 · 능동적이었다. 수메르의 모자이크, 가까운 인도에서 발견된 고대 힌두인의 조각상과 많이 닮은 바빌로니아의 조각상과 점토판, 칼데아의 신전 유적,

히타이트 전사들의 조각상 등 다양한 유물의 종류가 이를 반영해 준다. 메소포타미아 문명은 주위의 문화적 파급과 후세의 영향을 고려해 볼 때 세계사적 의의가 크다. 그들은 청동기를 만들고, 설형 문자를 진흙판에 새겼다. 또한 수량의 단위로서 60진법을 썼고, 달의 차고 기울기에 따른 태음력을 만들었다. 벽돌로 성벽과 신전을 지었고, 각 도시에서는 고유한 수호신을 숭배하였다.

수메르인들이 처음으로 썼던 상형 문자는 형체가 있는 물건의 모양을 본떠서 낱말의 뜻을 나타내는 문자로, 이를테면 산을 나타내기 위해서는 산의 모양을 그려야 하고, 새를 나타내려면 새의 모양을 그려야 했다. 그러나 나타내기가 어려운 것들이 많았기 때문에 뒷날 그들은 쐐기 모양으로 나타낸 설형 문자를 만들어 냈다.

[그림 1-7] 점토판에 설형 문자로 새겨진 수메르어

[그림 1-8] 우르의 군기 중 일부

기원전 2100년경 그림으로 추정되며 수메르 도시에서 발굴되었다. 최초발견자인 레오나르도 울리가 군기라는 이름을 붙여 그렇게 부를 뿐 실제로는 깃발이 아니라 어떤 장식품의 부속물이었으리라고 추정된다.

이슈타르문은 메소포타미아의 여신 이슈타르의 이름을 붙인 문으로 바빌로니아의 수도 바빌론으로 들어가기 위한 입구이다.

[그림 1-9] 이슈타르문에 새겨진 사자부조

[그림 1-10] 함무라비 법전

쐐기 모양의 글자라는 뜻에서 설형 문자라고 한 이 문자는 뼈나 갈대 줄기, 나무 막대를 이용하여 진흙벽돌에 새긴 것을 말한다. 수메르인들은 설형 문자를 서로 소통하기 좋은 수단으로 사용하기도 하였으며, 많은 전설과 영웅의 이야기 등을 영원히 남기기 위해 점토판 위에 문자를 적고 불에 구워 기록을 보존하기도 하였다. 뒷날, 페니키아인들이 이 설형 문자를 간단하게 만들었으며, 페니키아 문자에 모음이 모아진 것이 오늘날 쓰고 있는 알파벳의 근본이 된 것이다.

최초로 메소포타미아를 통일한 것은 기원전 2300년경 아카드 왕국의 사르곤 1세였다. 그 뒤를 이은 바빌로니아 왕국에서는 기원전 1800년경 함무라비 왕이 수메르 이래의 법령을 집대성하여 최초의 법전인 함무라비 법전을 편찬하였다. 그 법전에는 노예, 평민과 귀족 등 신분에 따른 형벌의 무겁고 가벼움의 차이와 '눈에는 눈, 이에는 이'라고 하는 동해(同害) 복수의 원칙이 제시되어 있다(최진, 2010).

3) 인더스 문명

기원전 2600~1900년경에 흥했던 문명으로, 인더스강과 현재 파키스탄과 북서쪽 인도에 걸쳐 있는 가가-하크라(Ghaggar-Hakra)강 사이에 있었다. 처음 발굴된 유적지가 하라파에 있었기 때문에 가장 부흥했던 시기는 하라파 문명이라고도 부른다.

고대 인더스 문명의 발상지이자 역사적인 무역로이었으며 거대한 제국이 있었던 지금의 인도반도인 인도 아대륙은 북쪽과 북동쪽으로는 중화인민공화국, 북쪽으로는 네팔, 동북지역과 맞닿은 부탄, 서쪽에는 파키스탄, 동쪽으로는 미얀마와 방글라데시, 남동쪽에는 벵골만, 남서쪽으로는 아라비아해, 남쪽으로는 인도양과 맞닿아 있다.

인도 근처에는 스리랑카, 몰디브가 있으며, 안다만 니코바르 제도의 해상경계는 타이와 인도네시아와 접해 있다. 오랫동안 지정학적 지위와 경제 문화적 가치를 인정받아 왔던 인도는 4개의 중요한 종교 힌두교, 불교, 자이나교, 시크교의 발상지이며, 또한 기원후 천 년 동안 조로아스터교, 기독교, 이슬람교 등이 인도에 영향을 미쳐 현재 인도의 다양한 종교 문화를 만들기도 했다. 윤회의 해탈과 불멸의 세계에 도달하기 위한 불교에서도 부처님의 색과, 색이 주는 권위에 색채가 이용되었다고 한다.

인더스 문명의 도시 유적에서는 많은 테라코타제의 토우, 석회암제의 상(像), 동석제(凍石製)의 호부(護符), 도장 그리고 귀금속으로 치장된 장신구 등이 출토되었다.

[그림 1-11] 홍옥수 장신구

인더스 문명에서 가장 유명한 유물은 일반적으로 스테아타이트로 만든 도장인데 그 종류와 질이 독특하다. 측면의 길이가 19~32mm인 사각형이며 뒷면에는 손에 잡고 걸기 위한 구멍 뚫린 돌기가 있다. 작은 끌과 송곳을 사용해 매우 아름다운 음각 문양을 조각했는데, 이런 문양은 코끼리 · 호랑이 · 코뿔소 · 영양과 같은 실제 동물에서 복잡한 모습을 한 공상적인 동물까지 다양했고, 때로는 사람의 모습도 조각했다.

[그림 1-12] 스테아타이트로 만든 도장

4) 황하 문명

황하 문명(黃河文明)은 중국의 황하 중하류 지역에 성립한 옛 문명의 총칭으로, 황하 문명의 성립기(成立期)는 오리엔트나 인도보다 늦은 기원전 2000년경이라 말해 왔다. 하지만 현재는 장강 문명 등 다양한 문명이 중국 각 지역에서 발견됨으로 인해 4대 문명에 황하 문명만을 채택하지는 않으며, '황하 및 장강 문명'이라고도 한다.

선사시대의 중국인의 생활구역은, 황하 유역 지대의 산기슭에 있는 물이 솟아나는 지대에 많으며, 수해를 피하기 위하여 주위가 급사면 또는 절벽으로 끊긴 계단형 지형 위에 거주했다. 나일강이나 인더스강 유역에서는, 하천의 정기적인 범람으로 인한 비옥한 흙의 퇴적을 이용하여 지형적으로 높은 경지에 물을 공급하고 남는 물을 아래 경지로 흘려보내는 방법의 관개 농업이 성립했으나, 중국 농업의 성립 조건과는 다르다. 황토는 잿빛이 나는 황색의 석영(石英)이나 장석(長石) 등의 미립(微粒)의 퇴적으로서, 빗물 속의 석회질을 모아 땅이 비옥하고 부드러워 조, 수수 등을 재배하며 마을을 이루어 농경 생활을 하기에 적합하였으며, 이 황토 지대에서 농업 생산력의 발전을 기초로 문명은 성립된 것이다.

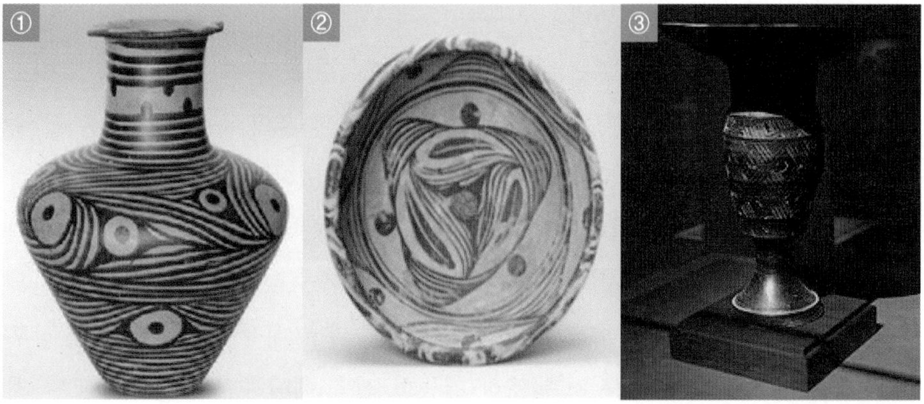

[그림 1-13] 채도(①, ②)와 흑도(③)

중국의 고대 문명인 황하문명은 신석기 시대의 양사오 문화와 룽산 문화 등을 거쳐 청동기 문화로 발전한다. 이때 황하 중류에서 발달한 양사오 문화에서 채도가 발달하였으며, 황하 하류에 분포한 룽산 문화에서 흑도가 발달하였다. 얇고 정교하게 만들어진 흑색의 토기인 흑도는 산둥의 룽산 문화를 계승하여 후기에는 청동기의 주조로 이루어졌다.

3. 중세문화

모든 예술은 고대에서부터 종교와 관련되어 발전해 왔다. 왕권의 확립을 위해 종교가 필요하였으며 유럽의 중세문화 역시 그리스도교를 중심으로 성립, 발전하였기에 교회의 권위가 대단하여 교회와 수도원은 문화의 그 중심지가 될 수밖에 없었다. 한편, 동양에서는 송대에 견직물, 칠기, 도자기 등이 생산되어 상업이 발달하였으며 활판 인쇄, 나침판, 화약이 발명되었다. 그리고 12세기 말 몽고 대제국을 세운 칭기즈칸은 중앙아시아는 물론 유럽 일부를 정복함으로써 발달된 기계 문명과 종교 등 동·서간의 문물 교류를 이루어 내었다.

이러한 가운데 중세의 서구는 고대, 그리스도교, 게르만 민족을 바탕으로 전개되면서 로마세계의 잔해로부터 세 가지 주된 제도, 즉 비잔틴 제국과 프랑크 왕국 그리고 그리스도교가 출현하여 서로 다른 방식으로 고전 문명의 몇몇 요소를 보존하여 동방이나 그리스 또는 게르만 민족의 문화적 전통과 섞임으로써 중세라는 독특한 문화를 발전시켰다.

그리스도교가 지배적인 중세문화는 학문, 예술, 도덕, 풍습 등 일체가 그리스도교의 지배를 받으므로 귀족의 문화, 도시의 문화, 농촌의 문화로 구분은 할 수 있었으나, 신분과 계급을 막론하고 수용된 문화는 적었다. 또한 교회, 길드, 촌락 공동체 등 사회적 통합이 강하여 개인의 개성적인 활동 역시 이루어질 여지가 거의 없었다. 따라서 문화 역시 개성적이 아니라 유형적으로 개인의 창의와 혁신은 일반적으로 정체되었다고 말할 수 있다. 중세예술과 르네상스 이후 번영의 징후를 가장 뚜렷하게 보여 주는 건축 또한 전능한 신을 예배하기 위한 장소로만 지어졌을 뿐 무의식적이고 자의식이 전혀 없었다. 이와 같이 인간계와 자연계의 모

[그림 1-14] 영광의 성모

[그림 1-15] 샤르트르 대성당

로마시대 때 로마제국이 기독교를 국교로 받아들이기 시작하면서부터 기독교 문화는 유럽전체에 걸쳐 전파되었고 오랜 시간 기독교 세력은 권력을 가졌다. 기독교 세력이 권력을 유지하기 위해서는 성경이 필요했으며 이를 통해 설파하려 하였다. 하지만 독일의 요하네스 구텐베르크가 1450년경 인쇄소를 만들어 구텐베르크의 성경이 전파되기 전까지 성경은 대중화되지 못했을 뿐만 아니라 글을 배우지 못한 평민들은 라틴어도 모르니 성경을 읽을 수도 없었다. 이와 같은 열악한 환경 속에서도 최대한 많은 이에게 기독교를 설파해야 했던 교회 입장에서는 설교와 예배 중심으로 종교를 증진했지만 그것으로는 부족해서 미술과 건축이라는 요소를 함께 곁들이게 되었다.

든 사상을 신과 관련시키고 신의 섭리로만 설명하려 한 중세의 미술은 신 중심의 문화라고 말할 수 있다(고봉만, 김연실 공역, 2017).

4. 르네상스

중세의 미술이 종교에 묶여 교회 절대권위 속에 인간성을 잃은 채 이루어졌다면 14~16세기 서유럽 문명사에 나타난 문화운동인 르네상스는 고대 그리스·로마의 학문과 지식을 부흥하여 고전 학문에 대한 가치를 고조시켜 새로운 방향을 모색한 정신적 자각이었다. 정신적 자각이란 인문주의적으로 인간을 위한 종교 또는 인간 자신의 삶을 중요시하는 자세를 말하는 것으로서 현실이나 자연에 대한 도전적 상태 역시 이와 같은 맥락으로 이루어졌다.

학문 또는 예술의 재생·부활이라는 의미를 가지고 있는 르네상스는 프랑스어의 renaissance, 이탈리아어의 rina scenza, rinascimento의 어원으로 이탈리아에서 시작되었다는 것이 통설인데, 이 운동은 곧 프랑스·독일·영국 등 북유럽 지역에 전파되어 각각 특색 있는 문화를 형성하였으며 근대 유럽문화 태동의 기반이 되었다.

르네상스가 이탈리아에서 발생하여 다른 곳으로까지 파급된 데에는 그럴 만한 역사적 배경이 있다. 이탈리아는 11~12세기의 '상업의 부활'과 십자군 운동의 참여를 통하여 도시가 활성화하기 시작하였고, 특히 13세기 후반의 경제적 발전기에는 사회계층의 변화도 심하여 상인의 현실적인 감각이 사회의 모든 면에 침투함으로써 이탈리아 특유의 시민문화의 기반을 형성하였다. 정치적인 측면에서는 도시국가의 형태로 운영되었다. 이는 그리스·로마의 고대 도시국가의 사회적인 기초구조와는 다르지만, 형태 등의 면에서는 공통성을 가지고 있었다. 따라서 고대의 법과 정치이론이 이탈리아의 코무네(자치도시)에 적용될 가능성이 충분히 있었다. 이와 같이 이탈리아는 고대 로마 이래 오랜 역사가 축적되어 온 곳일 뿐만 아니라, 특수한 사회구조와 독자의 문화유산을 가지고 있으면서 지리적 혜택으로 이슬람세계 및 비잔틴과의 접촉을 항상 유지하여, 이들과 서유럽을 연결시키는 소임을 맡아 왔다. 이러한 것들이 이탈리아가 르네상스운동의 진원지가 될 수 있는 조건을 구비한 것이었다고 할 수 있다.

르네상스 사상의 기본요소를 초기 인문주의자인 페트라르카(Francesco Petrarca, 1304~1374)는 고대를 문화의 절정기로 보는 반면, 중세는 인간의 창조성이 철저히 무시된 '암흑시대'라고 보고 문명의 재흥(再興)과 사회의 개선은 고전학문의 부흥을 통하여 가능하다고 하였다. 이러한 생각은 당시 인문주의자들이 가지고 있던 확신이기도 했는데, 이들은 단순한 라틴 학문의 부흥에 그치는 것이 아니라 인간들의 지적(知的)·창조적 힘을 재흥시키려는 신념에 차 있었다. 5세기 로마 제국의 몰락과 함께 중세가 시작되었다고 보고 그때부터 르네상스에 이

초상화의 이상형인 〈모나리자〉는 인물을 배경보다 높이 배치한 것과 윤곽선이나 경계선이 없이 입체감을 느끼게 하는 스푸마토 기법을 사용한 것으로 르네상스 회화의 기준을 정립한 작품이다. 모나리자의 '모나'는 부인을 가리키는 말로 리자 부인이라는 뜻이다.

[그림 1-16] 레오나르도 다빈치Leonardo da Vinch 〈모나리자〉

르기까지의 시기를 야만시대, 인간성이 말살된 시대로 파악하고 르네상스는 고대의 그리스·로마 문화를 이상으로 하여 사상·문학·미술·건축 등 다방면에 걸쳐 이들을 부흥시켜 새 문화를 창출하려는 것이었다.

르네상스시대의 이탈리아를 대표하는 천재적 미술가·과학자·기술자·사상가이며, 조각·건축·토목·수학·과학·음악에 이르기까지 다양한 방면에 재능을 보인 레오나르도 다빈치는 최초로 빛에 대한 지식을 색채에 적용해 작품을 창조하였으며, 채색이나 표현에 있어서 진실을 그대로 미세하게 표현하는 자연주의적 색채 경향이 짙었다. 이러한 화가들의 연구와 여러 가지 기법의 발전은 유화 안료라는 새로운 소재의 개발로 이어져 색채의 영역을 넓혀 놓았으며 색채를 다양하게 사용하게 하였다.

5. 근대미술

18세기 초 고전적인 예술에 대한 반작용으로서 생겨난 로코코 양식은 화려한 색채, 섬세한 장식, 사치스러운 성격을 지닌 귀족예술이었다. 이후 근대에 이르러서는 과장된 로코코 양식에 그리스·로마 양식으로의 복귀 경향을 나타내는 신고전주의가 탄생하였으며, 18~19세기 중반에는 온화한 색조와는 반대되는 색채조화로 동적인 리듬을 통해 인간의 주관적인 감정을 중시한 낭만주의가 탄생을 했었다.

이 시기에 스페인에는 대표작가로 고야가 있으며, 영국의 대표적인 풍경 화가이면서 색채주의자인 윌리암 터너는 인상주의로 넘어가는 경계선에 있던 중요한 화가로, 대상성에서 점차 벗어나 빛과 색으로만 사물을 표현함으로써 프랑스 인상주의 화가들에게 많은 영향을 끼쳤다. 독일에는 당시 북극을 탐험하던 패리가 위험했던 사건을 바탕으로 그림을 그린 프리드리히가 있었다.

또한 프랑스에는 〈키오스 섬의 학살〉을 그린 들라크루아, 〈오달리스크〉를 그

[그림 1-17] 고야Goya 〈옷을 입은 마하〉

[그림 1-18] 윌리암 터너William Turner 〈비와 증기와 속도: 그레이트 웨스턴 철도〉

[그림 1-19] 들라크루아Delacroix 〈키오스 섬의 학살〉

[그림 1-20] 앵그르Ingres 〈오달리스크〉

린 앵그르, 처음으로 캐리커처 조각품을 만든 도미에와 대기와 광선의 효과를 그린 코로 등이 있다. 특히 레오나르도와 괴테의 뒤를 이어 색채를 심리적 관점에서 조화와 대조를 연구한 화학자 미셜 외젠 슈브롤은 예술가의 색채 구사에 대해 지대한 영향을 미쳤다.

1890년부터 1910년까지 새로운 예술을 의미하는 아르누보는 장식 예술 및 조형 예술의 지배적인 예술장식을 지칭하며 환하고 연한 파스텔 계통의 부드러운 색조로 유행을 했다. 19세기 중반과 후반에 걸쳐 낭만주의와 이상주의에 대한 반동으로, 프랑스를 중심으로 전 유럽에 확대된 사실주의는 사실의 묘사에 있어 사물을 있는 그대로 재현한다는 것 때문에 어둡고 무거운 톤의 색채가 주를 이룬 사조라고 볼 수 있다. 추상적인 말과 대립된 개념으로 쓰이기도 하는 사실주의의 대표작으로는 밀레의 〈이삭줍기〉 〈만종〉, 쿠르베의 〈돌 깨는 사람들〉 등이 있다.

[그림 1-21] 밀레Millet 〈만종〉

19세기 후반에서 20세기 초 프랑스에서 일어난 미술유파의 하나인 인상주의는 바르비종파와 사실주의를 바탕으로 모든 전통적인 회화기법을 거부하고 회화에

[그림 1-22] 모네Monet 〈해돋이〉

[그림 1-23] 마네Manet 〈풀밭 위의 점심 식사〉

[그림 1-24] 세잔Cezanne 〈병과 사과바구니가 있는 정물〉

새로운 개념인 빛의 중요성을 강조하면서 색채, 색조, 질감 자체에 관심을 두었다. 이들은 색을 배색하거나 색채를 소재로 사용하는 것이 아니라 빛과 함께 시시각각으로 움직이는 색채의 변화와 색 자체가 갖고 있는 느낌을 그대로 주제로 사용하였다. 이때의 화가들을 인상파라고 하며 대표적인 화가로서는 모네, 마네, 피사로, 르누아르, 드가, 세잔, 고갱, 고흐 등이 있다.

6. 현대미술

오늘날 일반적으로 통용되고 있는 현대미술의 개념은 좁은 의미에서 제2차 세계대전 이후, 즉 20세기 후반기의 미술을 말하고, 근대미술은 19세기 미술을 포함한 20세기 전반기까지의 미술을 의미하는 것으로 받아들여지고 있지만 20세기 전반기의 전위적인 미술운동과 확연하게 구분 짓기는 어렵다. 그것은 이미 20세기 전반기에 일련의 다다이즘, 초현실주의, 칸딘스키, 몬드리안, 말레비치, 들로네 등으로 대표되는 추상미술 운동, 바우하우스 운동 등에 의해 전후의 현대미술이 존재하기 때문이다.

이러한 의미에서 현대미술을 보다 포괄적으로 20세기 미술로 본다면, 20세기 초 모더니즘 예술에서의 야수파는 인상주의의 빛에 의한 명암법을 거부하고 원색의 대담한 사용과 단순화한 형태, 자유로운 붓놀림 등을 통해 주관적 감정을 표현하는 것이 특징이다. 야수파는 자신들의 그룹 전시회 이름을 '맹수'라고 지칭한 데서 그 이름이 유래되었으며 대표적인 화가로서 앙리 마티스가 있다. 앙리 마티스는 인상파 고갱의 영향을 받아 강렬하고 단순한 원색의 극대비 색채표현으로서 색채가 갖는 고유의 특성이 더욱 돋보이는 절묘한 조화를 보여 준다.

[그림 1-25] 뭉크Munch 〈절규〉

세잔의 영향을 받아 대상들의 색상차를 축소하여 사물의 색채적 특징보다는 형태적 특징을 강조한 브라크(Georges Braque: 1882~1963)의 집 그림을 보고 마치 큐브(cube, 입체)처럼 보인다고 하는 말 때문에 생긴 입체파는 프랑스에서 일어난 회화운동으로 주된 활동 시기는 1907년부터 초현실주의가 등장하는 1919년까지 계속 이어졌다.

입체파 화가들은 모든 물체를 입방체, 원통형, 가장자리가 날카롭게 드러난 평면과 단면으로 형태를 합성하고 분할하여 표현하였으며, 강한 색채속성을 지닌 인상파와 야수파로부터 영향을 받아 색상대비와 명도대비를 보다 적극적으로 활용하였다. 대표작가로는 피카소와 브라크가 있다.

[그림 1-26] 클레Klee 〈월출과 일몰〉

이후 독일과 오스트리아를 중심으로 부흥한 미술운동으로 표현주의가 있으며 뭉크의 〈절규〉, 샤갈의 〈바이올린 연주자〉, 클레의 〈월출과 일몰〉, 코코슈카의 〈바람의 신부〉 등 대표 작품들이 있다.

20세기 초 '미래주의 선언'을 발표한 것이 효시가 된 미래주의는 이탈리아에서 전개된 전위예술운동으로 현대생활의 역동성을 감각적으로 표현하고자 하였다. 색채는 주로 미래 지향적인 방향을 띠고 있는 하이테크 소재로 표현을 하였다.

제1차 세계대전 이후부터 제2차 세계대전 이전에 이르는 시기 동안 프랑스를 중심으로 유럽과 미국에서 널리 유행한 사조로 초현실주의가 있으며 이때 등장한 콜라주, 프로타주 등의 기법은 현대미술에 큰 영향을 주었다. 1940년 이후 순수한 조형의 요소와 원리를 이용해 그림으로 나타낸 추상미술은 색채의 단순함이 극에 달함으로써 절대주의, 구성주의 등 러시아를 중심으로 한 아방가르드 예술 사조의 시작이 되었다.

대표작가로는 기하학적 요소로 지적인 화면을 구성한 차가운 추상으로 대표되는 몬드리안과 형태 및 색채의 자유분방한 요소로 감성적 화면을 구성한 뜨거운 추상으로 대표되는 칸딘스키가 있다.

이러한 추상회화의 가장 중요한 과제인 색채와 형태, 표현과 조형의 자율성인 순수 조형의 20세기 전반기 미술 기조와는 달리 현대 문명의 모순 자체에 항거하고 등장한 것이 다다운동이다. 기존의 모든 가치체계를 파괴한다는 과격한 운

[그림 1-27] 몬드리안Mondrian
〈빨강, 파랑, 노랑의 구성〉

[그림 1-28] 칸딘스키Kandinsky
〈흰색 위에 II〉

동인 다다(dada)란 본래 프랑스어로 어린이들이 타고 노는 목마를 가리키는 말로서, 다다운동은 이후 오늘날의 복잡하고 다양한 현대미술로 이어지고 있다. 아르데코, 구성주의, 다다이즘, 아방가르드, 미래주의, 옵아트, 팝아트, 미니멀리즘, 플럭서스, 페미니즘, 포토리얼리즘, 포스트모더니즘, 키치, 해체 등의 현대미술은 미술표현의 소재들도 다양하여 물감, 점토 등의 전통적 표현매체뿐만 아니라 소리, 빛, 촉감, 미감 등의 오감을 확장할 수 있는 공감각적 매체표현, 뉴미디어, 정신 현상과 사유, 철학에 이르기까지 관념과 구상 및 추상 표현 영역의 한계와 의미를 극복하려는 다양한 노력이 끊임없이 시도되고 있는 현재 진행형 예술이다.

제2장
색의 개념

1. 색과 색채

우리가 먹는 음식, 주거를 하는 건물의 외벽과 내부의 천장과 벽 그리고 바닥, 우리가 입는 의복, 길가에 널려 있는 상점, 차량, 사람, 하늘, 구름, 강, 바다, 땅, 나무 등 우리가 눈을 뜨는 순간부터 눈을 감는 그 순간까지 우리는 다양한 색과 더불어 생활을 하고 있다. 이와 같이 색은 심리적 · 생리적으로 우리에게 많은 영향을 끼치고 있다.

이렇듯 우리의 일상생활과 밀접한 관계에 놓여 있는 색에 대해 색과 색채의 개념을 명확하게 구분하지 않고 혼용하여 사용을 하면서도 그 의미를 이해하고 설명하는데 큰 불편함을 느끼지 않는다. 그것은 색을 일반적으로 빛과 같은 자연과학적 개념으로 이해하기보다는 색채, 색조, 혹은 색상과 같은 개념으로 인식하고 있기 때문이다. 이러한 반면 색채는 물체의 표면을 지각하는 것을 수반하며 심리적인 성질을 가지고 있는 것을 말하며, 색상이란 다른 색상과 구별되는 색채의 종류를 말하는 것이다. 또한 색조는 톤의 개념으로 빛깔의 강하고 약하거나 짙고 엷은 정도의 차이를 말한다.

하지만 이들 개념을 과학적 · 객관적 체계 아래 정확하게 이해하려면 다음과 같이 정의할 수 있다.

1) 색

색의 사전적 의미는 '빛의 스펙트럼의 파장에 의해 식별할 수 있는 시감각의 특성으로 시각의 기본적 요소 중의 하나이며, 색은 크게 무채색과 유채색으로 나눔, 또는 빛을 흡수하고 반사하는 결과로 나타나는 사물의 밝고 어두움이나 빨강, 파랑, 노랑 따위의 물리적 현상, 또는 그것을 나타내는 물감 따위의 안료' 등을 말한다(월간미술, 1989). 또한 손용주(1998)는 색은 색 또는 색상, 색채, 색깔, 색감, 빛깔 등 동일한 대상이라도 복수의 표현을 가지나 그 의미는 정도에 따라 차이를 가지며, 정도에 따라 체계적 영역을 가진다고 했다.

한자어로서의 빛 색(色)을 보면 빛의 정의를 색이라고 한 것을 알 수 있다. 이처럼 빛의 정의를 색이라고 한 것은 빛이 사물의 표면과 형태를 정확하게 보이도록 하는 주체이기 때문이다. 따라서 이때 빛은 물리적 의미로서 가시광선의 영역을 말한다.

영어에서 색을 뜻하는 단어인 color란 과학적으로는 물리적인 색을 말하며 눈이라는 감각기관을 통해서 확인되는 물질세계를 일컫는 말이다. 이러한 관점에서 색학에서 일컫는 '색'은 시지각 대상으로서의 물질적 대상인 빛, 즉 사물의 표면과 형태를 정확하게 보이도록 하는 그 빛의 지각현상이라고 정의하며 객관적인 측정이 가능한 정량적이고 물리적 대상이라 할 수 있다.

다시 말해, 색은 과학적이거나 철학적 · 물리적으로 빛, 광선, 비감성적 분야의 혼색계와 색관리 영역을 말한다. 그러므로 색은 빛이 가진 색과 물체가 가진 색을 모두 포함할 수 있지만, 색채(色彩)는 물체라는 개념을 포함하기 때문에 물체에서 나타내는 빛깔로 해석되어 빛이 가진 색으로 사용되는 것은 적절하지 않는 표현이라고 할 수 있다.

2) 색채

색채(色彩)의 사전적 의미는 '물체가 빛을 받았을 때 빛의 파장에 따라 그 표면에 나타나는 특유의 빛'이다. 또한 물리적 현상인 색이 감각기관인 눈을 통해서 지각되거나 그와 같은 지각현상과 마찬가지의 경험효과를 가리키는 현상을 말하며, 색채는 물체라는 개념이 따라다니기 때문에 지각적 요소가 포함되어 있다고 한다(박연선, 2007). 다시 말해, 색채는 색이 무늬로 형상화되거나 색이 칠해진 것을 말하는데 사물을 표현하거나 그것을 대하는 태도 등에서 드러나는 일정한 경향이나 성질을 포함하고 있다.

'너무 아름답다.' '정말 부드럽다.' '화사하구나.' 등의 감성적이거나 심미적인 표현을 할 수 있는 색채를 한자와 우리말, 영어를 통해서 살펴보면 다음과 같다.

한자의 色(빛 색)을 사전적 의미로 보면 그 뜻이 '빛, 빛깔, 색채(色彩), 낯, 얼굴빛, 윤, 광택(光澤), 기색(氣色), 모양, 상태(狀態), 미색(美色), 색정(色情), 여색(女色), 정욕(情慾), 갈래, 종류(種類), 화장(化粧)하다, 꾸미다' 등으로 눈의 대상이 되는 물질의 속성, 즉 색채의 의미로 사용이 된다.

우리말에는 한자와 연관되어 사용하는 '안색(顔色)' '기색(氣色)' 등과 같은 감정을 수반한 단어와 경치를 서술하는 '이색적(異色的)'이 있으며, 성(性)과 관계된 '여색(女色)' '주색(酒色)' 등의 단어도 있다. 또한 여러 가지 각기 다 다름을 뜻하는 '각양각색(各樣各色)' 등의 단어와 색채의 동의어로서 색깔, 빛깔 등이 있다.

영어에서 색의 의미인 color는 고어(古語)에서는 '덮다, 가리다'의 뜻이 있으며, 형상(shape)이나 성격(character)의 의미와 색조(tint)라는 뜻이 포함되어 있다(문은배, 2011).

이처럼 색채는 사물과 관계있는 내재된 성격이나 특성, 그리고 다양성을 표현하는 수단이며 심리적인 면을 동시에 갖고 있는 통합체로서 이해된다. 따라서 인간과 관계된 현상학적이고 예술적인 부분이 많은 색채는 색에서는 발견되지 않은 감성적인 느낌과 색이 인간에게 주는 느낌을 서술할 때 주로 사용된다.

2. 색명

색명이란 옛날부터 정보화 사회인 오늘에 이르기까지 언어의 본질적 기능으로 색의 정보를 정확하게 전달하거나 또는 많은 색을 전달하기 위한 개념적 의미와 색과 관계되는 다른 관념을 불러일으키는 연상적 의미로서 색에 이름을 붙여 색채를 표시하는 표색을 말한다(한국색채연구소, 2006).

개념적 의미와 연상적 의미로 크게 분류한 표색을 보면, 개념적 의미의 표색은 기본적인 색의 구별을 나타내기 위한 기본색명이나 적은 수의 단어로 모든 색의 영역을 분류하는 계통색명을 말한다. 이는 정확하고 정량적인 기호에 의해 색을 표시하여 국제적 표준으로 사용하는 표색계 등을 개념적 의미로 볼 수 있으며 사물을 대용하는 물질적 측면과 관련이 있다.

이에 비해 비본질적이며 맥락적 측면에서 이해될 수 있는 연상적 의미의 표색은 일상생활 속에서 부르기 쉽고, 기억하기 쉽고, 상상하기 쉬운 감성과 함께 부정확하게 전달되며 시간이 지남에 따라 변할 수 있는 관용색명 등을 말한다(기술표준원, 2010). 식물이나 동물, 광물, 음식, 인명, 지명 등에서 붙여진 관용색명은 국가와 지방, 풍속 관습이나 기후 등 생활환경 등에 따라 각기 다르게 인식되어 있다. 이러한 색명에 대해 구체적으로 살펴보면 다음과 같다.

1) 개념적 의미의 표색

(1) 기본색명

기본적인 색의 구별을 나타내기 위한 색채 전문용어인 기본색명은 한국산업표준(Korea Industrial Standard: KS A 0011)에서 지정된 것을 말한다. KS A 0011에서 사용되고 있는 기본색명은 먼셀의 10색상환을 기준으로 2015년 12월에 분홍과 갈색을 추가하여 12색의 유채색과 3개의 무채색을 사용하고 있다. 현재 교육부에서는 기본 색상환의 10색에 10색을 추가한 20색의 기본 유채색 이름을 지정하고 있다.

표 2-1 유채색의 12가지 기본색명

기본색명	색상	대응 영어	약호	색상 명도/채도
빨강(적)		red	R	7.5R 4/14
주황		orange	O	2.5YR 6/14
노랑(황)		yellow	Y	5Y 8.5/12
연두		yellowgreen	YG	7.5GY 7/10
초록(녹)		green	G	2.5G 4/10
청록		bluegreen	BG	10BG 3/8
파랑(청)		blue	B	5PB 4/10
남색		bluishviolet	bV	7.5PB 3/10
보라		bluishpurole	bP	5P 3/10
자주(자)		reddishpurple	rP	7.5RP 3/10
분홍		pink	Pk	10RP 7/8
갈색		brown	Br	5YR 4/8

표 2-2 무채색의 3가지 기본색명

기본색명	색상	대응 영어	약호
하양(백)	○	white	Wh
회색(회)	●	(neutral) gray(미) (neutral) grey(영)	Gy
검정(흑)	●	black	Bk

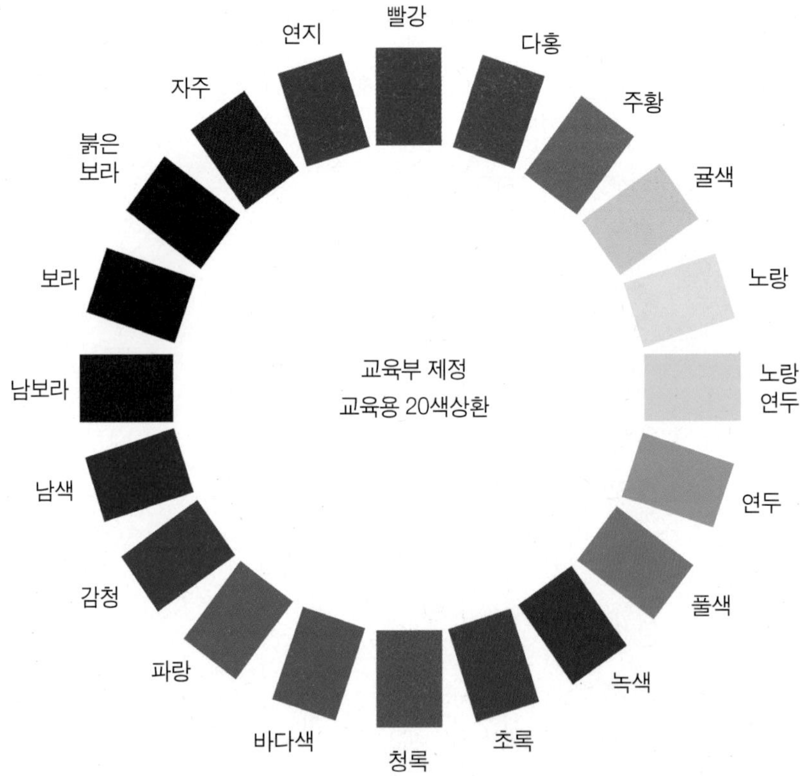

[그림 2-1] 교육부 제정 교육용 20색 이름

(2) 계통색명

계통색명이란 각각 그 색의 가장 높은 채도를 나타내는 기본색명 외의 색을 전달하기 위해 기본색명에 수식어를 붙여 표현하는 것을 말한다. 이러한 계통색명은 적은 수의 단어로 모든 색의 영역을 분류하는 방법이므로, 개략적인 색채 이미지는 전달할 수 있으나 일반적으로 사용하는 것이 아니기 때문에 색채에 대한 지식을 필요로 한다.

색상을 나타내는 수식어와 명도와 채도의 차이를 나타내는 톤의 수식어는 다음과 같다.

표 2-3 색상을 표현하는 수식어

수식 형용사	대응 영어	약호
빨간(적)	reddish	r
노란(황)	yellowish	y
초록빛(녹)	greenish	g
파란(청)	bluish	b
보랏빛	red-purplish	rp
자줏빛(자)	blue-purplish	bp
분홍빛	pinkish	pk
갈	brownish	br
흰	whitish	wh
회	grayish	gy
흑	blackish	bk

표 2-4 톤을 표현하는 수식어

수식 형용사	대응 영어	약호
선명한	vivid	vv
흐린	soft	sf
탁한	dull	dl
밝은	light	lt
어두운	dark	dk
진(한)	deep	dp
연(한)	pale	pl
흰	whitish	wh
검은	blackish	bk
밝은 회	lightgrayish	lg
회	grayish	mg
어두운 회	darkgrayish	dg

(3) ISCC-NBS 일반색명

ISCC-NBS란 전 미국 색채협의회(Inter Society Color Council: ISCC)와 전 미국 국가 표준국(National Bureau of Standards: NBS)이 공동으로 연구 발표한 것을 말한다.

색상의 수는 기본적으로 유채색 10가지의 색을 기준하며 무채색은 3가지 색으로 구별되어 기본 색의 수는 모두 13개가 된다.

색명은 색 입체를 267블럭으로 구분하여 기본색명에 각 형용사를 붙여 White(W), Light Gray(LtGr), medium Gray(medGr), dark Gray(dkGr), Black(Bk)으로 하고, 인접된 블록의 색명은 greenish Black(gBk)이나 dark greenish Gray (dkgGr)처럼 색상을 나타내는 수식어를 붙여 색명을 호칭한다.

이후 디지털 부분과 색채 처방, 일반적 분류, 인테리어 컬러, 토양색 등 14개

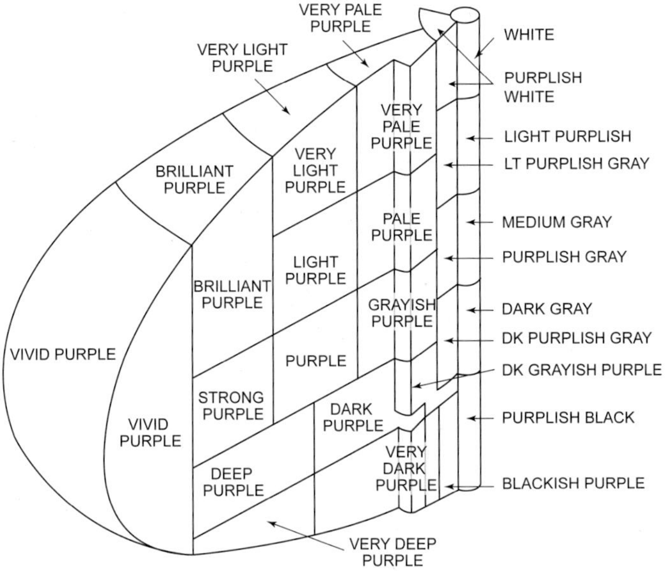

[그림 2-2] ISCC-NBS 색명

기능적인 분류가 추가되어 현재 ISCC-NBS에서 ISCC-NIST(National Institute of Satandards and Technology)로 명칭이 바뀌었다.

일본의 경우 일본공업규격인 JIS(Japan Industrial Standards)는 먼셀과 동일한 시스템을 사용하고 있지만 일본색채연구소(Practical Color Coordinate System: PCCS)에서는 색채연구소에서 제정한 표기법으로 교육과 마케팅에 적용을 하고 있다.

우리나라의 표준이 되는 한국산업표준(Korean Industrial Standards: KS)역시 미국의 먼셀과 동일한 것으로 먼셀의 시스템을 기초로 하고 있다. (앞의 기본색명을 참고 하도록 한다.)

2) 연상적 의미의 표색

연상적 의미의 표색이란 오래전부터 관용적으로 사용하여 전해 내려온 색 이름을 말한다. 식물, 동물, 광물 등의 이름을 따서 붙여진 것과 시대, 장소, 자연현상 등에서 이름을 딴 것, 이미지의 연상어에 기본적인 이름을 붙여서 만들어진 것 등이 있다.

일상생활에서 특별한 학습 없이 쉽게 접할 수 있으며 일반적인 전달방법으로 많이 사용되고 있는 관용색명은 감성적이며 심리적인 면이 포함되어 있고, 시대사조나 유행에 따라 다소 변하기도 한다. 이러한 이유 등은 색에 대한 전달방법이 부정확하여 때로 갈등을 초래하기도 한다.

배추의 색을 예로 들면, 햇빛을 많이 받은 싱싱한 배추의 잎 색은 짙은 청록색을 띠고 있지만 시들어 가는 배추의 잎 색은 거의 노란색을 띠고 있다. 또한 배추의 밑 둥지 색은 흰색에 가까운 색을 띠고 있다. 이렇게 다양한 색을 갖고 있는데도 불구하고 배추색이라고 전달을 하면 듣는 사람의 생각에 따라 다르게 전달이 된다.

(1) 식물의 이름에서 유래된 관용색명

살구색, 복숭아색, 팥색, 밤색, 풀색, 배추색, 오렌지색, 장미색, 레몬색, 팬지, 라벤더, 라일락, 쑥색 등이 있으며, 우리나라에서 사용되고 있는 식물의 색명을 예로 들면 다음과 같다.

① 쪽색

쪽빛 하늘, 쪽빛 바다라는 말을 할 만큼 쪽빛은 한국에서 푸른빛을 대표하는 색이다. 중국이 원산지인 염료식물인 쪽은 1년생 초본으로 종자로 번식한다. 쪽을 재배하여 받아 낸 쪽물에 석회를 넣어 옷감에 염색하여 푸른빛을 내는 쪽 염색법은 이미 백제 시대부터 거의 2천 년 가까이 우리 민족과 함께해 왔다.

아주 옅은 옥색 혹은 하늘색에서부터 짙고 검푸른 군청색에 이르기까지 쪽은 그 염색 횟수에 따라 푸름의 정도가 매우 다양하다. 맑고 푸른 하늘이 되고, 깊고 고요한 바다가 되고, 시원하고 부드러운 바람이 되는 쪽빛은 한국의 푸른색을 말한다.

② 쑥색

한국의 건국신화인 단군신화에서 곰을 사람으로 변화시킨 신령스러운 풀로 등장하듯, 쑥은 오래전부터 우리 생활에 깊이 자리하고 있다. 생쑥은 앞면이 녹색이고 뒷면은 흰털이 나서 전체적으로 희뿌연 빛깔이고, 물쑥이나 빽쑥, 다북쑥은 더 짙은 푸른색을 띠는 등 쑥은 그 종류에 따라 녹색 빛의 정도가 다르다.

③ 감색

감색에는 감색(紺色), 즉 검은빛을 띤 남색이라는 색과 가을날 한국의 마을을 운치있게 수놓는 풍경 중의 하나인 먹는 감의 붉은색이 있다. 빨강의 이미지인 감색은 가을이 깊어 파랗던 청시(靑柹)가 익어 붉은 홍시(紅柹)가 되는 색을 말하는데, 같은 홍시라도 등황색, 담홍색, 심홍색 등 익은 정도에 따라 그 붉은 정도가 각기 다 다르다.

④ 진달래색

이른 봄이면 산과 들에서 흔히 볼 수 있는 꽃 중의 하나인 진달래는 옛 문헌에는 두견화로 기록되어 있다. 이는 중국의 전설에서 유래한 것으로 중국의 촉나라 망제 두우가 억울하게 죽어 두견이가 된 뒤 촉나라 땅을 밤새 돌아다니며 울어 대다가 목구멍의 피가 땅에 떨어져 진달래꽃이 되었다고 한다. 꽃잎이 붉다고 하여 '두견화'라고 불리기도 한다. 진달래의 색을 연분홍빛, 보랏빛, 자줏빛 등으로 표현하기도 하지만 그 붉은 빛은 한마디로 표현하기가 어려울 정도이다. 봄이 오면 어김없이 우리를 찾아오는 진달래의 붉은빛에는 한국인의 정서가 담겨 있다.

⑤ 팥죽색

팥죽은 동짓날의 시식(時食)으로 잘 알려진 음식이다. 동짓날 나쁜 악귀를 쫓아낸다고 문이나 벽 여기저기 팥죽을 뿌려 두는데, 이것은 팥죽의 붉은빛이 나쁜 악귀를 쫓아낸다고 전해지기 때문이다. 이 팥죽의 빛깔에도 농담이 있어서 금방 만들어 김이 모락모락 나는 팥죽은 진하게 가라앉은 붉은색이고, 동지가 며칠 지난 겨울밤에 동치미와 함께 먹는 팥죽은 약간 흰빛이 도는 붉은색이다. 이렇듯 우리나라 팥죽의 붉은색은 요사스러운 귀

신을 물리치는 벽사(辟邪)의 색이자, 추운 겨울 언 가슴을 덥히는 따뜻한 색이기도 하다.

⑥ 메주색

한국인 식탁의 기본양념인 간장, 된장, 고추장을 만드는 재료인 메주는 처음 달아 멜 때의 색은 메주콩의 빛깔보다 약간 짙은 누런색이다. 이런 메주가 시간이 지나면서 잘 띄워지고 있다는 표시는 황동색, 적동색으로 알 수가 있고, 청동색, 오동색으로 메주의 색깔이 변할 때는 메주가 썩거나 곪고 있는 상태라는 것을 구별해 낼 수 있다. 처마에 주렁주렁 매달린 누런 메주색은 가을걷이와 김장이 끝난 시골의 향수를 자극하는 색깔이다.

⑦ 치자색

치자를 염색 물감으로 사용해 온 역사는 오래되었다. 염색의 방법은 치자나무의 노란열매를 깨뜨려 물에 담가 둔 뒤 그것을 달여 체에 걸러 낸 것을 염색 물감으로 사용한다. 치자의 농도가 짙을수록 노란빛에 붉은 기운이 성한 주황색이 된다. 삼베나 모시, 무명, 명주 등 바탕천에 따라 또는 치자의 농도에 따라 달라지는 치자색은 고풍스럽고 고운 빛깔이 난다. 치자는 옷감이나 종이만이 아니라, 빈대떡이나 전 등 음식물을 노랗게 물들이거나 약용으로도 널리 사용되고 있다.

⑧ 개나리색

봄이 되면 어김없이 산과 들에 지천으로 노랗게 수를 놓아 봄이 오는 것을 알려 주는 개나리는 우리에게 친근하고 반가운 생명력의 표상이자, 풍요한 생산력과 생식력의 표상이기도 하다. 우리나라의 정착 농경민족의 상징색이라고도 할 수 있다.

(2) 동물의 이름에서 유래된 관용색명

쥐색, buff(송아지의 살색: 담황색, 누런색), salmon(연어의 살색: 적색), sepia(오징어 먹물에서 추출한 진한 갈색 혹은 적갈색), peacock blue(수컷 공작의 목이나 가슴의 색으로 녹색을 띤 청색), shellpink(조갯살색: 흰색 또는 노란색이 섞인 핑크색), 우유색, 계란색 등이 있다.

예전부터 사용되어 온 피부색을 말하는 살색은 우리나라에서는 황인종의 피부색을 말하는 색명으로 사용되어 왔다. 하지만 살색이라는 단어가 인종 차별이라는 지적이 있게 되면서 한국기술표준원의 관용색에서 제외되었다.

(3) 광물이나 원료의 이름에서 유래된 관용색명

금색, 은색, 고동색, 진사색, 철사, 에메랄드그린, 코발트블루, 산호색, 크롬옐로, 루비색, 호박색, 황토색 등이 있다.

① 진사색

진사색이란 수은과 황의 화합으로 만들어진 불그스름한 붉은 색을 말한다.

② 코발트블루

코발트블루는 프랑스의 화학자 루이 자크 테나르에 의해 19세기 초 코발트 광석에서 안료로 개발되었다. 개발자의 이름을 따서 테나르블루라고 부르기도 하는 코발트블루는 고흐의 〈별이 빛나는 밤〉 〈까마귀가 있는 밀밭〉에 많이 쓰인 색이다.

(4) 인명 또는 지명에서 유래된 관용색명

① 인명에서 유래된 색명

반다이크 브라운, 르누아르 핑크, 램블란트, 고야 레드, 피카소 블루, 모네 블루, 로빈후드 그린, 빅토리아 바이올렛, 고흐 옐로 등이 있다.

• 고흐 옐로

빈센트 반 고흐에서 유래된 색으로 남프랑스 아를 지방에서 발견한 태양의 색이자 해바라기의 색을 크롬옐로로 표현한 것을 말한다.

② 지명에서 유래된 색명

보르도, 나일 블루, 페르시안 블루, 하바나, 물랭루즈 레드 등이 있다.

• 물랭루즈 레드

물랭루즈는 1889년 몽마르트에 세워진 카바레 겸 무도장으로서 화가 로트렉이 즐겨 이용하였던 장소이기도 하다. 물랭루즈 레드란 빨강 풍차를 의미하는 물랭루즈에서의 빨간색을 의미한다.

(5) 자연 현상에서 유래된 관용색명

하늘색

바다색

무지개색

땅색

눈색

(6) 한국적 관용색명

① 청자색

황소의 난에서 시작된 당나라 말기의 혼란상을 피해 우리나라로 넘어온 중국 자기 기술자들에 의해 만드는 기술이 발전된 고려청자는 한국의 문화유산 중에서도 고유의 아름다움과 특성을 가장 잘 나타내 주는 도자기이다.

이러한 고려청자는 기형에 나타난 곡선의 아름다움, 자연과 조화된 서정적인 문양도 뛰어나지만 무엇보다 비췻빛의 푸른색으로 그 이름이 높다.

고려청자의 푸른빛은, 철분이 조금 섞인 백토로 형태를 만들고 그 위에 약간의 철분이 있는 유약을 입혀 1250℃ 이상의 고온에서 굽는 등 까다로운 조건에서 색이 나타난다. 이러한 고려청자를 고려인들은 비췻빛이 난다고 하여 '비색(翡色)청자'라 하였으며, 도자기의 종주국인 중국 송나라 사람들도 중국 청자보다 뛰어나다고 칭송하였다.

이렇듯 고려청자의 푸른빛은, 자연을 닮은 친근하고 서정적인 문양과 유려한 형태를 부드럽게 어우르며 보는 이를 아득한 꿈의 세계로 이끌어 주는 색이다.

② 창호지색

예부터 천 년을 가는 질기고 훌륭한 종이인 한지(韓紙)는 닥나무 껍질이 주재료로 줄진 결이 뚜렷하고 백색이며 투명도가 좋아 주로 한옥의 창과 문에 바르는 창호지로 사용을 해 오고 있다.

안과 밖을 품는 동시에 가르기도 하는 경계인 창호지는 추위와 바람, 눈과 비를 막아 주고 방 안에서 소리의 울림(共鳴)을 줄여 주며, 종이의 결 사이로는 신선

한 공기를 받아들여 집 안의 통풍을 순조롭게 해 주기도 한다.

또한, 창호지는 그 흰빛을 통해 따사로운 햇빛, 은은한 달빛, 해질녘의 붉은빛, 새벽의 푸른빛, 방 안의 온화한 등잔 빛 등 세상의 온갖 빛을 부드럽게 받아들여 주기도 한다. 그런가 하면 창호지는 바람에 흔들리는 나뭇잎사귀, 도란도란 이야기를 나누는 가족들의 정겨운 모습을 그림자로 드러내기도 한다.

이러한 창호지의 흰빛이 이루어 내는 은은하고 정감 어린 분위기는 삶의 공간에 대한 한국인의 또 다른 멋스러움을 느낄 수 있게 한다.

③ 막걸리색

막걸리는 한국의 대표적인 전통술로, 쌀과 누룩으로 빚어 그대로 막 걸러 내어 만들었다 하여 붙여진 이름이다.

막걸리는 대체로 쌀뜨물 같은 흰빛을 띠고 있는데, 지금처럼 규격화된 양조법으로 대량생산되기 이전에는 집집마다 그 나름의 술 빚는 방법이 있어 난백, 유백, 황백, 회백 등 그 빛깔도 단순한 흰빛만은 아니었다.

찹쌀, 보리, 밀, 감자 등을 섞어 만든 막걸리는 바쁜 농사철에 농부들의 땀과 노고를 씻어 주며 새로운 힘을 솟아나게 해 주는 농주로도 많이 사용되었다. 보통 사람들이 편하게 즐기는 대중적이고 소박한 술이기도 한 막걸리의 흰빛에는 한국인의 건강함과 여유로움, 일상의 소박함과 희로애락이 진하게 묻어 있는 듯하다.

④ 백의색

예부터 태양과 하늘을 숭배한 우리민족은 모든 빛을 어우르는 빛인 흰색 옷(白衣)을 숭상하여 백의민족(白衣民族)이라고 일컬어져 왔다.

그것은 갓 태어난 아기의 배내옷과 기저귀, 땀 흘려 일하는 농부들의 일상복, 검소하고 소박한 선비나 학자의 평상복, 특별한 제사나 의식에서 차려입던 제복, 그리고 죽음을 맞이하는 자들이 입던 상복(喪服) 등에서도 잘 나타나 있다.

백의인 흰색을 통해 우리는 하늘을 사랑하고 그 뜻을 받들고자 하는 자연 사랑과 공경, 순수, 고결, 신성, 평화, 죽음과 불멸 등 우리 한민족의 꿈과 세계관, 아름다운 성정(性情)을 엿볼 수 있다.

⑤ 갓색

우리가 흔히 아는 갓은 조선시대에 정립된 형태로 흑립이라는 종류이다. 이 흑립은 많은 갓의 종류 중에 하나이지만 주로 중인 이상의 신분을 가진 사람들이 쓰고 가장 많이 애용된 형태이기에 좁은 의미로서 갓이라 했을 때는 이 흑립(黑笠)을 칭하게 된다.

둥근 챙이 부분은 머리카락 3분의 1 정도 굵기의 대나무 올로 엮고, 높게 솟은 원통형의 모자 부분은 말의 갈기나 꼬리의 털인 말총으로 만들어진 죽세공품이다. 갓의 섬세한 올 사이로 햇빛과 바람, 눈과 비를 받아 내는 동시에 상투와 망건을 은은히 밖으로 드러내는 투명함을 지니고 있다.

직선과 곡선이 절묘하게 조화된 간결한 형태와 이를 감싸는 고결하고 엄격한 검은 빛은 선비의 기품이자 멋의 상징이기도 하다.

⑥ 먹색

먹은 글씨를 쓸 때 사용하는 서사용구(書寫用具)이자 붓, 벼루, 종이와 함께 선비들의 글방에서 사랑받는 네 벗, 문방사우(文房四友)의 하나이다.

소나무(송진), 기타 식물의 기름을 연소시켜 생긴 그을음을 아교로 굳혀 만든 것으로 벼루에 갈아서 사용하는 먹은 원래 검은 먹과 붉은 먹이 있지만, 붉은 먹은 예외적인 경우에만 사용되고 대개 '먹빛'이라 하면 새까만 색을 말한다.

화려하지는 않으나 오래되어도 광채와 색이 변하지 않는 빛이 먹빛이기도 하다. 흰 종이 위에 단정히 내려쓴 글씨의 먹빛이야말로 선비의 지조를 가장 잘 나타내 주는 색이라고 볼 수 있다.

⑦ 간장색

간장은 음식의 간을 맞추는 가장 기본적인 양념 중 하나로 집에서 장을 담글 때는 몸을 정갈히 하고 부정한 것은 보지도 듣지도 않으며 침이 튀지 않도록 입에는 창호지를 바르고 담근다고 했다.

오래 묵은 간장일수록 색이 진하고 거무스름하고, 담근 햇수가 짧을수록 색이 연하다. 간장의 검은 빛은 아직도 한국인에게 가장 친숙한 빛깔이자 정성이 가득 배인 빛이라고 본다.

제3장
색채의 이해

1. 원색

원색(原色, primary color)에 대한 정의를 살펴보면 박연선(2007)은 더 이상 분해할 수 없는 색이라고 하였으며, 다른 색을 혼합하여서는 만들 수 없는 모든 색의 근원이 되는 색이라고 하며, 반대로 원색을 혼합하면 어떤 색이든지 만들 수 있다고 하였다(박현일, 최재영, 2006).

이와 같이 물리적인 대상인 빛 또는 물감에서 모든 색의 근원이라고 할 수 있는 원색은 더 이상 다른 색으로 분해할 수가 없으며, 어떠한 혼합으로도 이 최소한의 색인 원색을 만들 수가 없고, 동시에 무수히 많은 경우의 색을 생성해 낼 수 있는 독립된 색을 원색이라고 한다.

이러한 원색에 대해 베버(Wilhelm Eduard Weber)는 빨강, 노랑, 초록, 파랑, 자주색으로 오원색설을 주장하였으며, 헤링(Ewald Hering)은 빨강, 노랑, 초록, 파랑을 원색으로 보는 사원색설을 주장하기도 하였다. 또한 맥스웰(James Clerk Maxwell)은 빨강, 초록, 자주색을 띤 파랑을 삼원색으로 주장하였다.

한편, 영국의 과학자인 영(Thomas Young)은 1807년에 망막조직에는 각각 다른 세 종류의 빨강, 초록, 파랑의 색각세포와 색광을 감광하는 수용기인 시신경 섬유가 있다는 가설을 발표했다. 색각이란 빛의 파장 차이에 의해서 색을 분별하는 감각을 말하며, 제2의 뇌신경이라고도 하는 시신경은 감각신경 자극을 망막에서 뇌의 시각피질로 전달하는 세포를 말한다. 독일의 헬름홀츠(Hermann von Helmholtz)는 이러한 시신경이 뇌에 전달되는 과정에서 모든 물체는 빨강, 초록, 파랑의 세 가지 종류로 두뇌에 암호화되거나 분석되어 색으로 감지한다는 것을 보충하여 설명하며 1868년에 영의 색각이론을 완성했다. 이것을 영-헬름홀츠설이라고 한다.

빛의 3원색은 이러한 영-헬름홀츠의 연구를 바탕으로 한 빨강(Red), 초록(Green), 파랑(Blue)의 3가지 색을 말하며 영어의 앞 글자를 따서 RGB라고도 한다.

색의 3원색은 이러한 빛의 3원색이 서로 혼합하여 만들어진 마젠타(Magenta), 옐로(Yellow), 시안(Cyan)의 3가지 색을 말하는데 주로 CMY라고 한다. 마젠타(Magenta)는 RGB의 빨강과 파랑의 혼합으로 자주색에 가까운 빨강을 말하며, 순수 옐로(Yellow)는 빨강과 초록의 혼합, 시안(Cyan)은 파랑과 초록의 혼합으로 초록에 가까운 파랑을 말하는 것이다. 일반적으로 알고 있는 빨강(Red), 노랑(Yellow), 파랑(Blue)은 물감 혹은 색료의 3원색을 말한다.

빛의 3원색인 빨강(Red), 초록(Green), 파랑(Blue)을 1차색이라 하며, 이를 혼

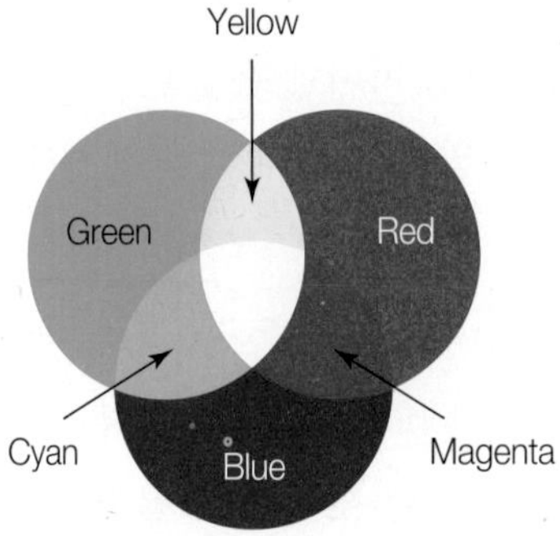

빛의 3원색

빛의 3원색	1차색 혼합	2차색
R	R+G	Y
G	G+B	C
B	B+R	M

[그림 3-1] 빛의 3원색

합하여 만든 마젠타(Magenta), 옐로(Yellow), 시안(Cyan)인 색의 3원색을 2차색이라고 한다. 빛의 2차색이며 색의 3원색인 마젠타(Magenta), 옐로(Yellow), 시안(Cyan)은 다시 색의 3원색의 1차색이 되며, 각각 두 가지 색의 혼합에 의한 주황, 초록, 보라 등은 색의 3원색의 2차색 혹은 중간색이 된다.

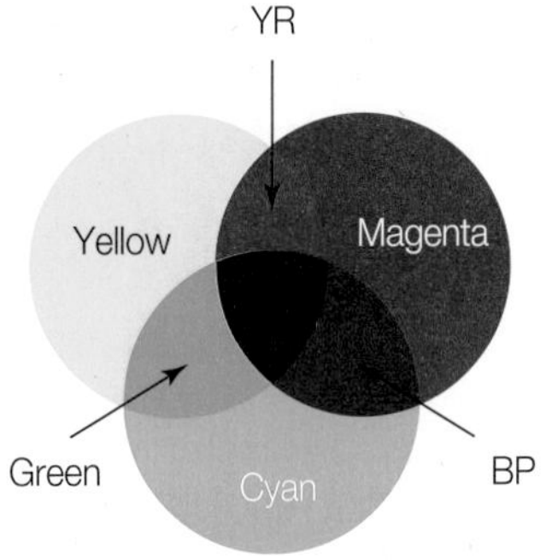

색의 3원색

색의 3원색	1차색 혼합	2차색
C	C+Y	G
M	M+C	Bp
Y	Y+M	yR

[그림 3-2] 색의 3원색

원색설	학자	원색
5원색설	베버 (1804~1891)	Red, Yellow, Green, Blue, Violet
4원색설	헤링 (1834~1918)	Red, Yellow, Green, Blue
3원색설	맥스웰 (1831~1879)	Red, Green, Violet
3원색설	영-헬름홀츠 (1773~1829)/(1821~1894)	Red, Green, Blue

[그림 3-3] 원색설

2. 혼색

현대 과학자인 미국의 맥니콜(Edward F. McNichol)은 망막의 수용기 단계에서 3원색설이 일치한다는 영-헬름홀츠의 학설과, 대비와 잔상에 대한 설명이 가능한 헤링의 반대색설을 포함한 두 가지 색각이론에 의해 색이 지각된다는 것을 모두 받아들인다는 혼합설을 발표하였다. 이러한 여러 색각이론에서 살펴보면 결국 색이란 망막에서 시신경 섬유를 거쳐 보내온 신호가 뇌세포를 자극한 결과로 뇌의 재해석에 의해 일어나는 반응으로서 색은 눈으로의 지각보다는 뇌 속에서 지각되는 것이라고 볼 수 있다.

이렇듯 뇌에서 지각되는 색을 혼합하는 것을 혼색이라고 하며 혼색(混色, color mixture)은 두 가지 이상의 빛이나 물감과 같은 색료, 혹은 셀로판지와 같은 색 필터를 혼합하여 색채를 느끼게 하는 것이다.

색을 혼합하는 방법에는 크게 시간차이를 두고 색을 혼합하는 계시혼색과 색을 동시에 혼합하여 새로운 중간색을 만드는 동시혼색으로 나누어 볼 수 있다. 동시혼색의 효과를 이용한 혼색방법으로는 가법혼색이나 감법혼색, 눈의 착시효과를 이용해 색을 혼합하는 중간혼색인 병치혼합, 회전혼합 등이 있다.

1) 계시혼색

동일 지점에서 두 가지 이상의 색광 또는 반사광을 하나씩 시간차이를 두고 시지각에 자극을 주면 처음 지각한 색의 잔상이 다음 색의 시지각에 영향을 미쳐 두 색이 혼색된 것처럼 보인다. 이를 계시혼색(繼時混色)이라고도 하며 눈의 망막에 의해 혼합된다고 하여 계시가법혼색이라고도 한다. 예시를 통해 살펴보면 다음과 같다.

[그림 3-4] 시지각에 의해 혼합된 초록

흰색 종이 위에 노란색과 파란색의 물감을 같은 양으로 각각 올려놓은 다음 노란색 물감을 한참 동안 보게 한 뒤 노란색 물감을 없앤다. 그런 다음에 파란색 물감을 보게 하면 노란색 물감이 없는데도 불구하고 먼저 지각된 노란색 물감의 노란색이 시지각에 잔상으로 남아 파란색 물감의 파란색과 혼합되어 초록색으로 보인다.

[그림 3-5] 시지각에 의해 혼합된 연두색

빨강을 보다가 노랑을 보면 연두색이 보인다. 그것은 처음 본 빨강의 반대인 초록이 잔상으로 뇌에 기억되어 있다가 노랑을 보면 잔상으로 남아 있던 초록이 노랑과 혼합되어 연두색으로 보이는 것이다.

2) 동시혼색

두 가지 이상의 빛이나 물감을 동시에 한곳에 비추거나 동시에 혼합하여 새로운 중간색을 만들어 내는 방법을 말하는 것으로서 동시혼색(同時混色)에는 빛을 혼합하는 가법혼색, 물감을 혼합하는 감법혼색, 직접적인 혼색은 하지 않지만 착시효과로 혼색되어 보이는 중간혼색인 병치혼합, 회전혼합으로 구분된다.

(1) 가법혼색

예로는, 무대조명의 혼색이나 컬러 모니터, 텔레비전의 컬러화면은 가시광선에 포함된 여러 가지의 색이 혼합된 가법혼색 방식이다. 빛의 스펙트럼인 색광을 이용한 가법혼색(加法混色)은 각각 다른 빛의 파장을 동시에 한곳으로 비췄을 때 일어나는 혼합방법으로, 빛에너지를 더한다는 의미의 가색혼합 혹은 플러스혼합이라고도 한다. 가법혼색은 혼색된 빛 종류의 양이 증가되면 될수록 점점 채도나 명도가 밝아지고 높아진다. 모든 파장의 빛이 비슷하게 혼합이 되었을 때는 밝은 빛을 띠게 되는데, 이를 백색광이라고 한다. 이때의 백색광을 프리즘을 통해 다시 분산시켜 보면 다양한 색의 빛을 얻을 수가 있다. 장파장인 빨강, 중파장인 초록, 단파장인 파랑을 빛의 3원색 혹은 가산혼합의 3원색이라고도 한다.

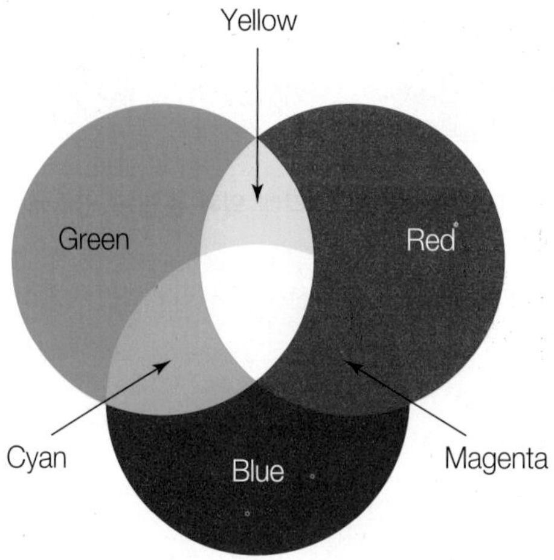

[그림 3-6] 가법혼색

(2) 감법혼색

안료나 염료에서는 마젠타(M), 옐로(Y), 시안(C)의 3색을 가리켜 색의 3원색이라고 한다. CMY 3원색을 알맞게 배합하면 검정을 포함하여 다른 어떤 색의 물감도 만들어 낼 수가 있다. 이때 혼합되는 색은 빛의 혼합과는 달리 혼합하는 색의 수가 많을수록 그만큼 흡수되고 반사되는 빛의 양이 줄어들기 때문에 명도나 채도가 낮아져 색이 어둡고 탁한 결과를 가져온다. 이를 마이너스혼합 혹은 감법혼색(減法混色)이라고도 한다. 많은 인쇄 시스템에서 사용되는 CMYK는 인쇄 안료가 빛을 흡수하고 반사하는 성질에 바탕을 둔 감법혼색을 말한다. 실제로 인쇄과정에서는 CMY를 혼합하면 어두운 검정색이 나오지 않는다. 따라서 검정색을 따로 사용해야만 하는데 이때 검정색(BLACK)의 마지막 K를 딴 것을 CMYK라고 한다.

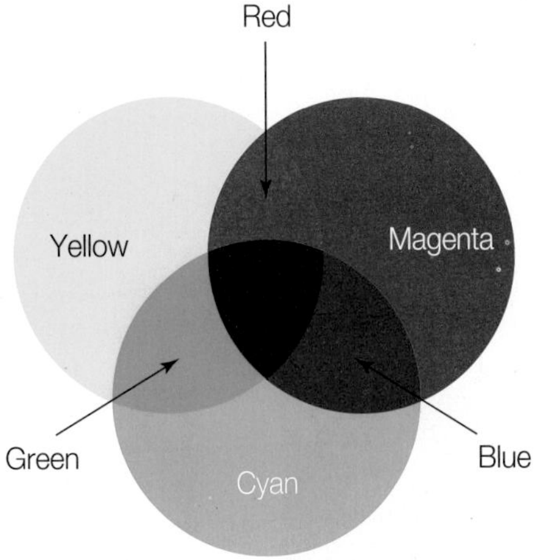

[그림 3-7] 감법혼색

(3) 중간혼색

두 가지 이상의 색을 직접 혼색하지 않고 눈의 망막에 지각되는 착시효과를 이용하여 생성되는 혼색효과를 중간혼색(中間混色)이라고 하며, 중간혼색에는 병치방법의 혼색과 회전방법의 혼색이 있다.

① 병치혼색

병치혼색(竝置混色)이란 두 가지 이상의 색을 직접 섞지 않고 이 두 색이 눈의 망막을 통해 혼색되는 방법을 말한다. 독일의 헬름홀츠와 영국의 맥스웰, 프랑스의 쉐브릴(Michel Eugène Chevreul) 등의 과학자들에 의해 연구된 방법으로서 프리즘에 의한 분광한 색을 혼합하지 않고 그대로 화면 위에 나열하면 우리 눈의 망막이 색을 혼합하여 중간색으로 보이게 하는 착시효과를 말한다.

색을 혼합하였을 때 채도가 낮아지는 감법혼색의 단점을 보완하여 색료의 밝고 미묘한 다양한 색으로 그림을 그렸던 신인상주의 화가인 쇠라(Georges P. Seurat)의 점묘화법이 병치혼색의 대표적인 예이다. 쇠라는 그림을 그릴 때 최종적으로 나타낼 색을 미리 분석하여 일정한 크기의 작은 색 점들을 과학적인 비율로 표현하여 색채의 효과를 극대화하였다. 또한 텔레비전의 화상도 역시 병치혼색의 일종이다.

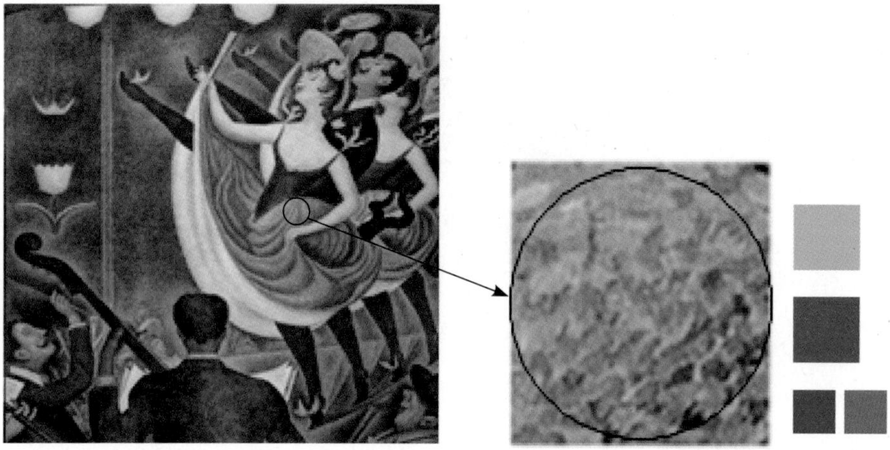

[그림 3-8] 쇠라Seurat의 〈사유춤: La chahut〉 중 일부 부분 확대와 사용된 색

[그림 3-9] 쇠라Seurat의 〈그랑드 자트 섬의 일요일 오후〉의 부분 확대

병치혼색의 또 다른 예는 직조공이었던 베졸트가 발견한 것으로서 직조할 때 씨실과 날실이 교차되면서 혼합되어 보이는 현상을 말하는데, 이를 베졸트의 이름을 따서 베졸트 효과(Bezold effect)라고 한다.

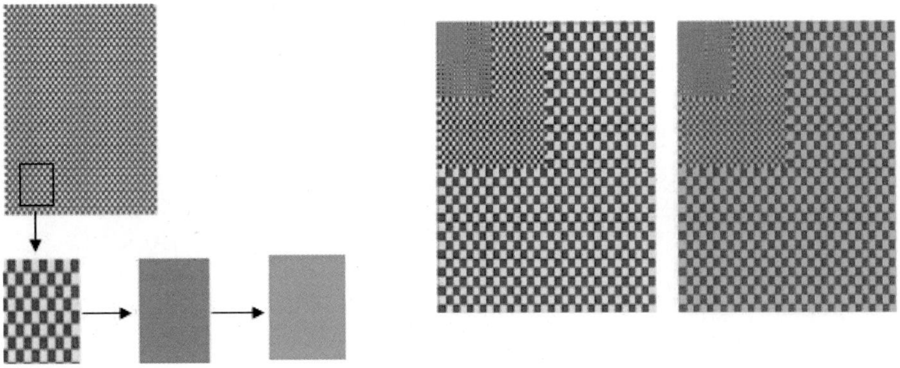

[그림 3-10] 베졸트 효과

② 회전혼색

물리적인 회전방법을 통한 혼색을 처음 실험한 과학자는 맥스웰이다. 맥스웰은 회전 원반 위에 하양과 검정 또는 두 가지 이상의 기본색을 실제로 물감이 혼합되지 않도록 적용한 뒤 회전판에 빠른 속도로 자극을 준 결과 색이 혼색되는 것을 발견하였다. 혼색이 되는 것은 실제로 색이 혼합된 것이 아니라 우리 눈이 두 가지 이상의 색자극을 분리해서 인식하지 않고 하나의 혼합된 색으로 지각하기 때문이다. 맥스웰은 이것을 회전혼색(回傳混色)이라고 하였다. 이후 독일의 오스트발트 역시 회전 원반 기술을 활용하여 오스트발트 색체계를 설명하기도 하였다. 이러한 물리적인 방법으로 만들어진 회전혼색은 명도나 채도가 낮아지거나 높아지지 않아 감법혼색보다 화사하고 밝은 효과를 줄 수 있는 기능으로 작용한다. 여러 가지 색의 팽이나 완구류, 바람개비 등이 회전혼색을 이용한 것들이다. 예를 들면, [그림 3-11]과 같이 흰색과 검정의 면을 가진 원반을 회전시키면 두 색이 혼합되어 회색으로 보이는 것을 말한다. 마찬가지로 [그림 3-12]와 같이 빨강과 노랑의 면을 가진 팽이를 빠르게 돌리면 주황색의 면이 보이는 팽이를 볼 수 있다.

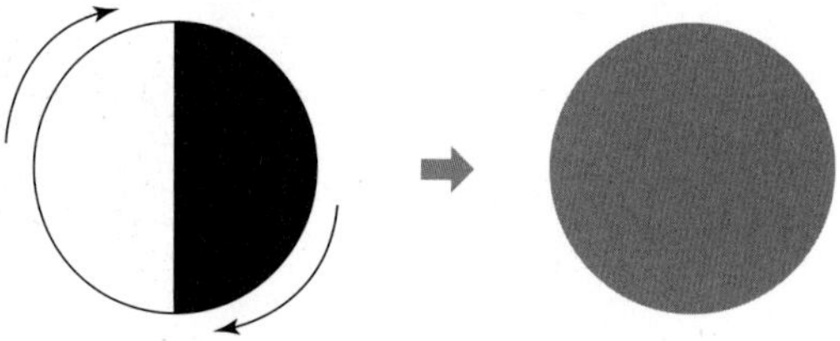

[그림 3-11] 원반

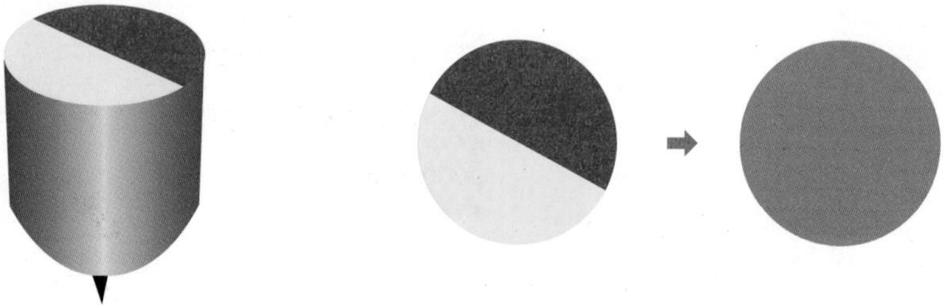

[그림 3-12] 색팽이

3. 보색

보색(補色, complementary color)이란 다른 두 가지의 색상을 혼합하였을 경우 흰색이 되거나, 혹은 검은색의 무채색이 될 때 한쪽 색에 대해 다른 한쪽 색을 상대적으로 이르는 말이며 이 두 가지 색깔을 보색관계라고 한다. 이러한 보색에는 광원과 관계되는 물리보색과 사람이 지각하는 색채 감지와 관계된 심리보색이 있다.

물리보색(物理補色)이란 물체에 빛을 비추었을 때 물체에서 반사되어 눈에 보이는 물체색과 물체에 흡수된 나머지 색의 관계를 말한다. 이때 반사된 색과 흡수된 두 색의 관계를 보색이라고 하며, 두 색을 혼합하였을 때 백색광이 되거나, 암회색이거나 검은색 등의 무채색이 되어야 한다. 이러한 물리보색의 정의로 보면 백색광이 될 수 있는 가산혼합이거나 먼셀의 색상환에서 서로 반대쪽에 있는 색을 물리보색이라고 할 수 있다.

반면, 심리보색(心理補色)이란 사람이 색채를 지각할 때 눈의 시세포와 뇌에 관계되는 생리현상을 말한다. 사람 눈의 망막에 맺힌 색채가 뇌에 인식되면 눈에서 사라진 후에도 짧은 시간 동안 뇌에 남아 있다가 실제로는 존재하지 않는 다른 색채가 보이는 것이다. 예를 들면, 흰 종이 위의 빨간색을 계속적으로 보다가 빨간색이 없는 다른 흰 종이로 눈을 옮겼을 때 초록색이 보이는 현상을 말한다.

이러한 생리적 지각현상을 두고 잔상이라 하는데 심리보색은 잔상에 의해 보이는 두 가지 색채의 관계를 말한다.

이러한 잔상을 이용하여 색체계가 만들어진 스웨덴컬러센터(Natural Color System: NCS)와 일본색채연구소(Practical Color Coordinate System: PCCS)는 색상환에서 서로 마주보는 색을 심리보색이라 하며, 서로에게 잔상색이 된다.

우리나라는 먼셀의 색상환에서 반대편의 색상을 보색으로 정의하고 활용하고 있으나, 엄격히 말해 먼셀의 색상환에서 반대색상은 과학적 보색의 개념으로서 심리보색이나 물리보색은 아니다. 먼셀의 색체계는 독일의 물리학자 헬름홀츠의 지각 이론에 근거한 것으로서 색의 지각적인 면에 관심을 가지고 과학적 표준화를 이루어 색체계를 구성하였기 때문이다.

[그림 3-13] 심리보색

4. 색채의 체계

인간의 감성과 관련되어 있는 색은 변화가 많고 주관적이기 때문에 색을 정확하게 전달하는 것은 어려운 일이었다. 이와 같은 어려움에 대하여 고대의 피타고라스, 아리스토텔레스, 플라톤에서부터 영국의 뉴턴, 색의 수를 정의하려고 한 수학자인 독일의 메이어, 괴테, 프랑스의 슈브릘(Michel-Eugène Chevreul), 물리학자인 클라크, 맥스웰, 헬름홀츠, 물리학자임에도 불구하고 미술과 디자인에 관심을 가지고 있었던 베졸트, 생리학자인 오스트리아의 헤링, 미국의 자연과학자인 루드, 컬러이론 학자인 포프 등의 많은 연구가는 색을 정량적이고 정확하게 양적으로 측정, 전달, 보관, 관리하기 위한 여러 가지 방법을 위해 힘써 왔다.

이후 연구가들의 노력에 의해 만들어진 색채 표준은 국제적으로 사용이 가능하도록 영어, 독일어, 불어의 3개국 표기를 사용하도록 하였으며 색상이나 명도, 채도의 순으로 색채를 배열하도록 하여 해독이 쉽도록 설계하였다.

색채를 정량적이고 정확하게 전달하기 위해 색채에 표기하는 것을 표색이라고 하고, 표색된 색을 시스템화한 것을 표색계(color system) 또는 색체계라고 한다.

이러한 색체계는 실용성과 시대의 필요에 따라 산업규격, 국제규격에 의해 제작되어 인쇄업계 및 컴퓨터 그래픽, 의상 디자인 등 전 산업 분야에서 널리 사용되고 있다.

대표적인 색체계로는 먼셀의 색체계와 유럽에서 표준 체계였던 오스트발트 색체계, 독일표준화기구인 DIN 색체계, 빛의 색을 판별하고 체계화한 CIE 색체계, 최근 스웨덴을 중심으로 세계적으로 보급되고 있는 스웨덴색채연구소가 발표한 NCS 색체계 등이 있다. 일본공업규격인 JIS와 우리나라 한국산업표준에서는 먼셀표색계를 받아들여 활용하고 있다.

다음은 우리나라에서 주로 쓰고 있는 먼셀의 색체계를 우선으로 하여 일본색채연구소에서 사용하는 PCCS 색체계, 오스트발트 색체계, DIN 색체계, CIE 색체계, NCS 색체계 등에 대해서 구체적으로 살펴보도록 한다.

1) 먼셀 색체계

미국의 화가이자 색채교육자이었던 먼셀은 그리스만이 제안한 색상, 명도, 채도인 3요소를 바탕으로 사람의 눈으로 느끼는 인간의 공통된 감각에 따라 색을 설계하였다.

이를 먼셀의 색체계(Munsell Color System)라고 한다. 먼셀의 색체계에서 색을 표시하는 방법은 '색상 명도/채도'의 순서이며 영문으로는 'HV/C'로 표기한다. 청록색을 예로 들면, 색상이 5GB이며 명도가 4이고 채도가 6인 경우, 5GB4/6으로 명시하고 5GB4의 6이라고 읽는다. 무채색인 경우는 색상 자리에 N으로 표기를 하여 무채색임을 명시하고 N7.0으로 표기한다.

(1) 색상(H)

먼셀 휴(Munsell Hue)라고 불리는 색상은 R(빨강), Y(노랑), G(초록), B(파랑), P(보라)의 5가지를 주요 기본 색상으로 하였다. 여기에 YR(주황), GY(연두), BG(청록), PB(남색), RP(자주)의 5가지 중간색을 삽입하여 10색상을 기본으로 하고, 이와 같은 10가지의 기본 색상을 다시 10단계로 나눠 총 100색상으로 구성하였지만 현재는 기본 10색을 4단계로 구분한 40색상을 더 많이 사용하고 있다. 색상 간의 거리는 인간의 눈으로 다른 색과 구별할 수 있는 거리인 '최소 식별 한계치'로 구성하였으며, 색상의 표시에는 1R, 2R, 3R … 8R, 9R, 10R과 같이 숫자를 먼저 표시하는데 각 색상의 기호 앞에 5가 붙으면 대표 색상, 즉 중심색이 된다.

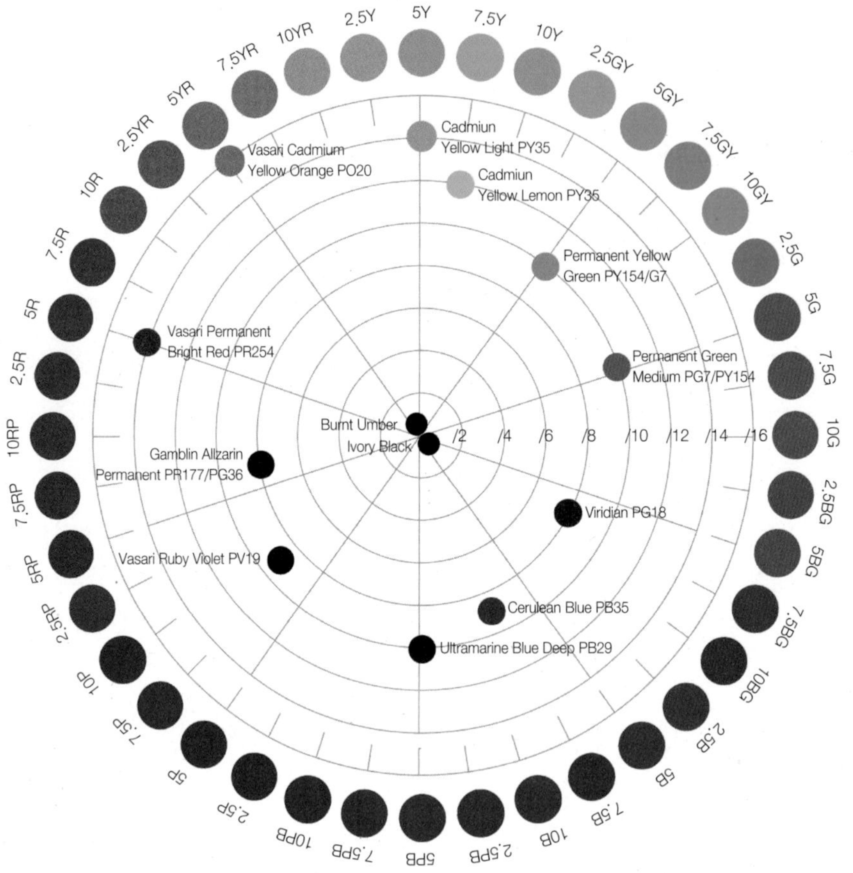

[그림 3-14] 먼셀의 40색상환

(2) 명도(V)

먼셀 밸류(Munsell Value)라고 불리는 명도는 색상과 관계없이 밝고 어두움을 표시하는 것으로서, 무채색을 기준으로 모든 빛을 흡수하는 이상적인 검정을 0으로 하고, 모든 빛을 반사하는 이상적인 흰색을 10으로 하여 그 사이 밝기의 감각 차를 시각적으로 등간격이 되도록 나눈 것이다.

명도는 유채색, 무채색 모두에 존재하며 단계는 Neutral의 앞글자인 N을 붙여 N10, N9, N8, …과 같은 기호로 표시하는데 번호가 높을수록 밝고 낮을수록 어둡다.

실제 눈으로 관찰되는 단계는 1.5~9.5 사이이며 일반적으로 명도 1.0 이하의 범위는 물체색으로는 존재하지 않는다. 실용화된 색표 역시 10이나 0의 이상적인 흰색과 검정은 만들 수 없으므로 9.5~1.0이 사용된다. 한국산업규격(KS A 0011)에서는 무채색의 수치가 10~8.5인 영역을 흰색, 8.5~2.5인 영역의 색을 회색, 2.5~0인 영역의 색을 검정이라고 한다.

이와 같은 밝고 어둠을 나타내는 명도는 인간에게 있어서 가장 민감하게 지각된다.

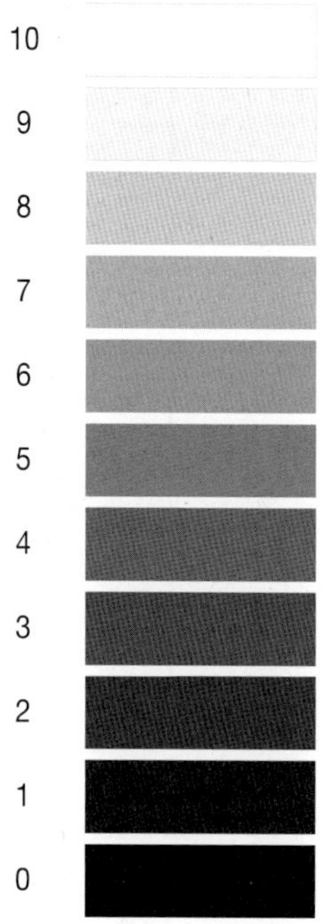

[그림 3-15] 명도 단계

(3) 채도(C)

채도(Chroma)는 색채 속의 색상이 갖고 있는 속성 중에서 맑고 탁한 정도를 나타내는 것을 말한다. 기호는 중심의 무게축인 무채색을 0으로 하고 수평방향으로 맑기에 따라 차례로 1, 2, 3…으로 표기된다.

채도에 있어서 가장 순수한 색을 최댓값이라고 하는데 먼셀이 최초 설계할 당시에는 10이 채도의 최댓값이었으나 현재는 색료의 발달로 인해 16단계를 택하고 있다. 이것은 먼셀의 색입체는 나뭇가지가 자라는 것처럼 고품질의 안료가 개발됨에 따라 더 높은 단계의 채도로 뻗어 나갈 수 있도록 고안되어 있기 때문이다. 따라서 현재 빨강, 노랑의 채도 최댓값은 16이나 색료의 발달 여부에 따라 앞으로도 채도의 값은 항상 변할 수 있는 유동성을 갖고 있다.

일반적으로 채도는 색료의 경우 5R(빨간색), 5Y(노란색), 5YR(주황색)이 채도가 16으로 현재 가장 순수한 색이며, 5PB(청보라색)는 10, 5BG(청록색)는 8이 현재 최대의 채도값으로 가장 순수한 색이다.

이와 같이 채도는 번호가 높아질수록 채도도 높아지며 채도의 최댓값 또한 색상에 따라 달라진다. 따라서 색상은 다르지만 채도의 값은 같을 수도 있다.

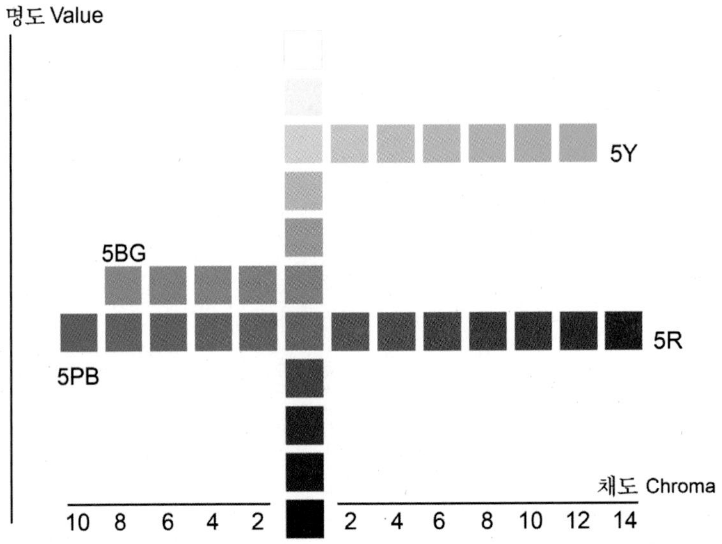

[그림 3-16] 채도 14단계까지의 자료

2) PccS 색체계

일본은 일본의 공업규격인 JIS(Japan Industrial Standards)는 우리나라 한국산업 표준과 같이 먼셀 색체계를 받아들여 활용하고 있다.

하지만 PCCS(Practical Color Coordinate System)인 일본색채연구소는 기존에 존재했던 많은 색체계의 기법들을 혼합하여 명도와 채도를 톤의 개념으로 도입하고, 1964년에 색채조화를 주목적으로 일본색연배색체계를 발표하였다. 색채감각을 위한 기초 교육용으로 발전시켜 현재는 일본의 패션계와 미용계 일부에서 사용되고 있다.

색상은 다음에 설명되는 오스트발트 색체계와 마찬가지로 색료의 3원색인 CMY와 색광인 RGB, 헤링의 4원색인 빨강, 노랑, 초록, 파랑을 기본색으로 한 것을 서로 반대쪽에 위치시켜 2등분하여 8색을 만들고, 4색을 추가하여 12색을 만든 후 다시 2개로 분할하여 24색을 만들어 사용하고 있다.

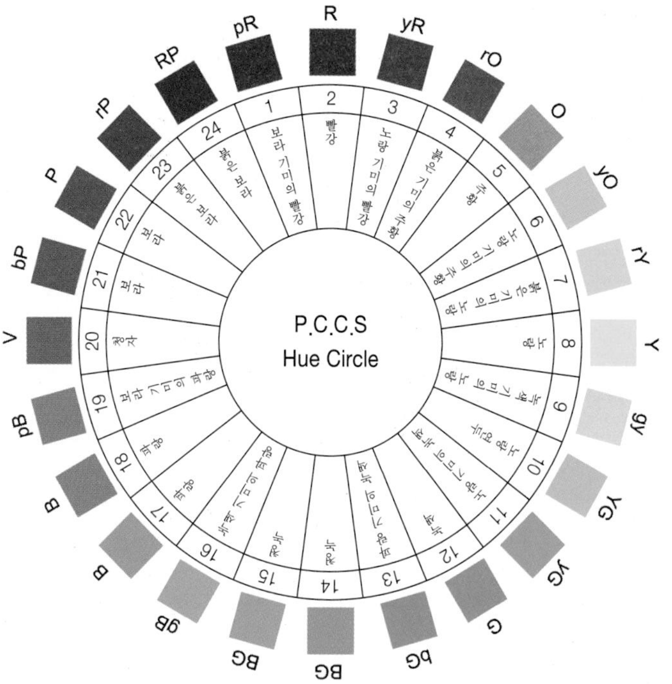

[그림 3-17] PCCS 색체계

3) 오스트발트 색체계

먼셀 색체계와 더불어 색채의 체계적 발전에 기초적 토대를 마련한 독일의 화학자 오스트발트(Wilhelm Ostwald)가 만든 오스트발트 색체계(Ostwald System)는 명도와 채도보다는 색채에 있어서 백색이나 흑색의 색량이 많고 적음과 혼합하는 색상의 비율에 더 역점을 두었다.

색상은 헤링의 반대색설을 기초로 한 빨강, 노랑, 초록, 파랑을 서로 마주 보도록 배치하고 주황, 연두, 청록, 보라를 그 사이에 배치한 8색을 기본색으로 구성하였다. 8개 각각의 색을 다시 3등분한 다음, 3등분한 각각 색상의 가운데를 중심 색상으로 하여 보색관계를 성립시키는 24색을 색상환으로 구성하였다.

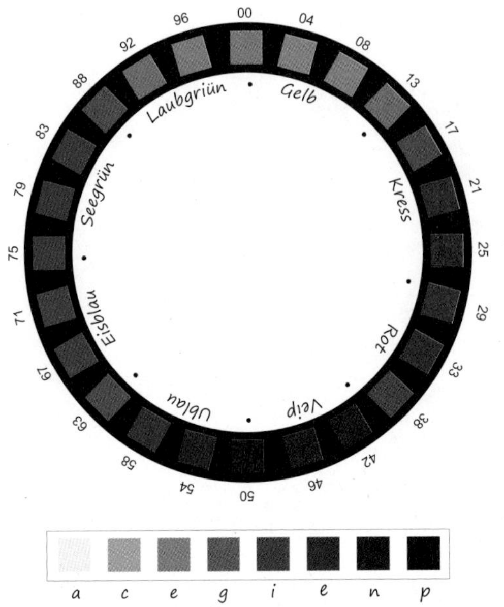

[그림 3-18] 1920년에 사용한 24색상환

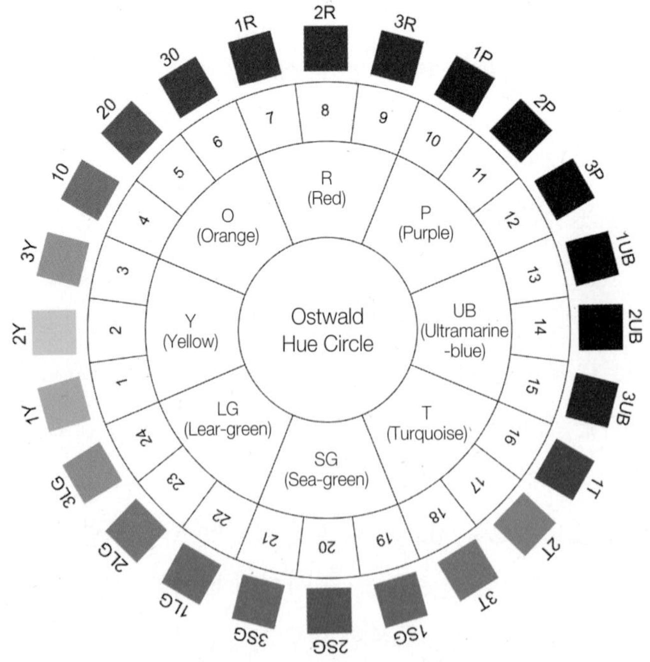

[그림 3-19] 오스트발트의 색상환

4) DIN 색체계

1955년 독일공업규격위원회에서 채택된 색체계로 오스트발트의 24색상을 기준으로 하였으나 채도에 명도의 단계가 도입된 오스트발트 표색보다 좀 더 현실적이며 실제적이다. DIN(Deutsches Insititue fur Nomung) 색체계는 색상은 T(Bunton), 포화도(채도)는 S(Sattigung), 암도(명도)는 D(Dunkelstufe)로 표기하며, 표기방법은 색상:포화도:암도, 즉 T:S:D 순으로 숫자를 표기한다. 포화도인 채도는 0~15로 16단계이며 0은 무채색이며, 명도는 0~10의 11단계로서 명도의 10단계는 검정이다.

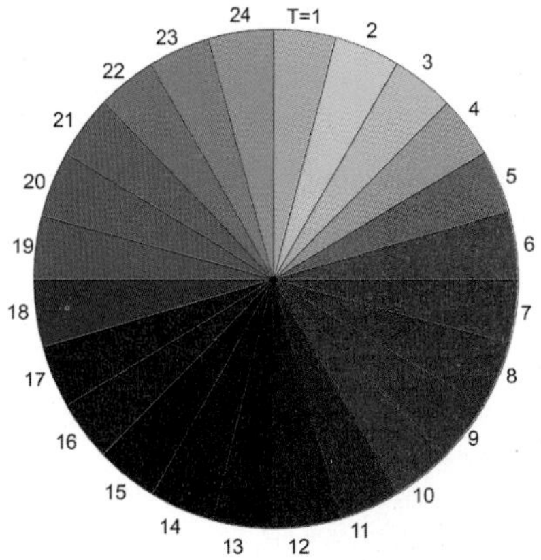

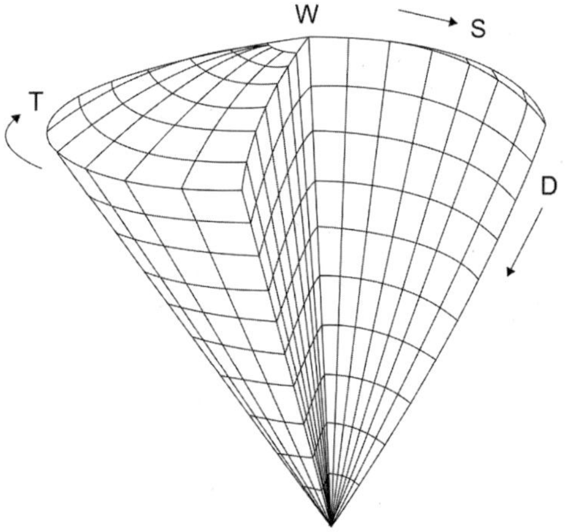

[그림 3-20] DIN 색상환과 색입체

5) CIE 색체계

1931년 국제 조명회에서 고안한 국제적 기준의 색체계를 말하는 것으로서 색을 정량화하여 수치로 나타내는 것이다. XYZ 색체계라고도 하는 CIE(Commission Internationale de l'Eclairage)는 평면 방식으로는 균등 공간을 구현하기 어려운 점을 개선하여 물체의 색뿐 아니라 빛의 색까지 지각적으로 균등한 간격을 가진 색 공간을 말한다.

색 공간 표색방법인 L*a*b*는 엘스타, 에이스타, 비스타로 읽으며 L*축은 밝기를 나타내고, a*와 b*는 색방향을 나타낸다. a*에서 +a*는 빨간색 방향으로, −a*는 녹색 방향으로, +b*는 노란색 방향이며, −b*는 파란색 방향을 표시하는 것이다. 중앙은 무색이며 중심 L에 가까울수록 채도가 낮다.

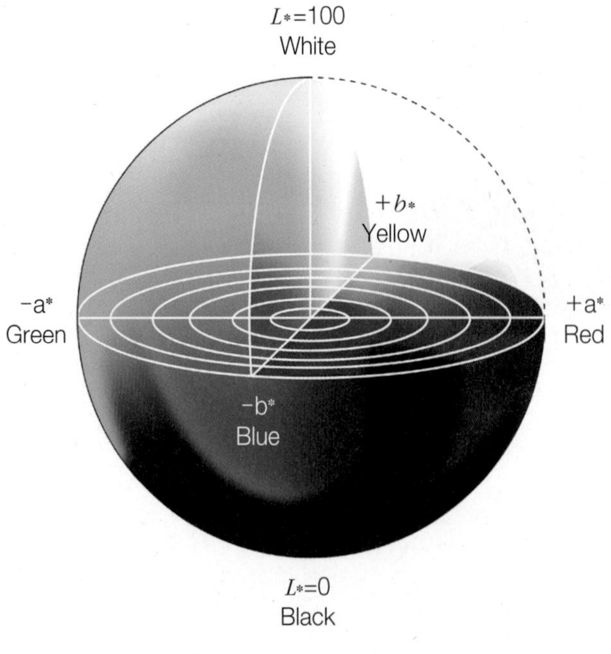

[그림 3-21] 입체 전개도

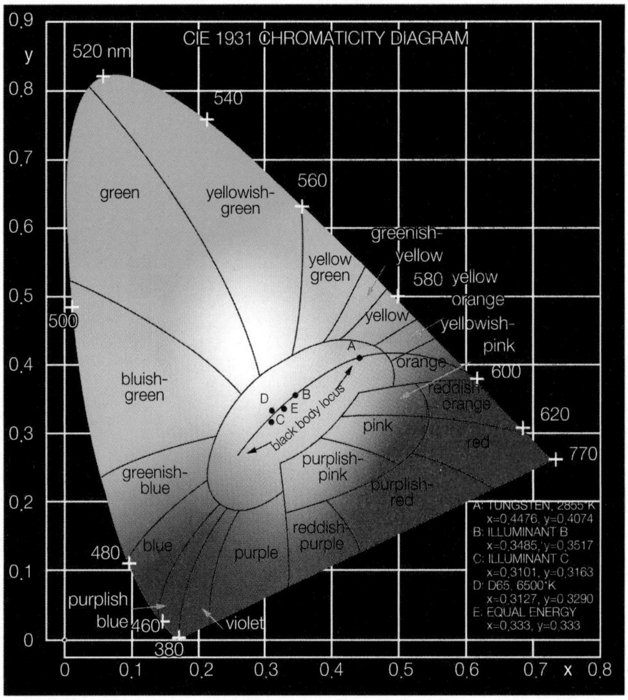

[그림 3-22] CIE 표색법

6) NCS 색체계

헤링의 반대색설을 기초로 한 NCS(Natural Color System) 색체계는 먼셀과 함께 색을 표시하는 데 가장 많이 사용되는 색체계 중의 하나로서 스웨덴과 노르웨이, 스페인이 규격으로 채택하여 사용하고 있는 스웨덴컬러센터의 색체계이다.

색상환은 노랑(Yellow), 빨강(Red), 파랑(Blue), 녹색(Green)의 4색과 흰색(W), 검정(S)의 2가지 무채색을 합한 6가지 색을 기본으로 각 색을 10등분한 40색상환으로 배열되어 있다.

NCS는 빛에 의한 색 규정이 아니라, 사람이 느끼는 지각 경험에 기초한 뉘앙스(nuance), 즉 톤의 개념으로 표현하고 현상학적 입장에서 색을 표현하므로 쉽고 대략의 색상을 설명하기에 유용하다.

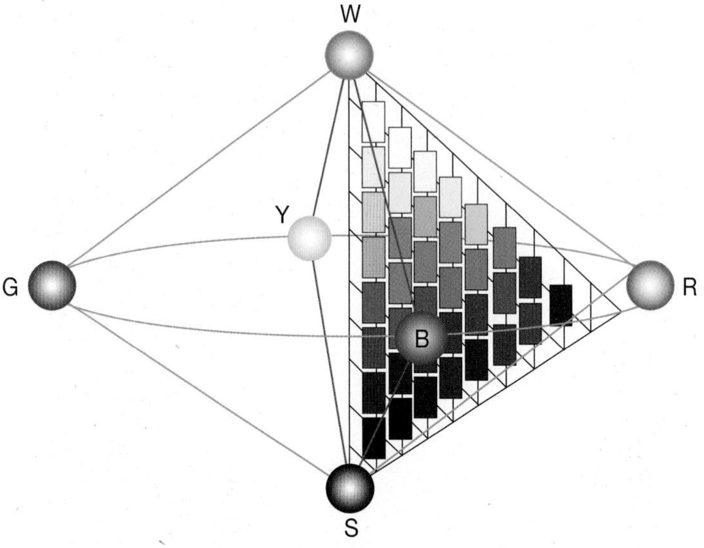

[그림 3-23] NCS 색입체

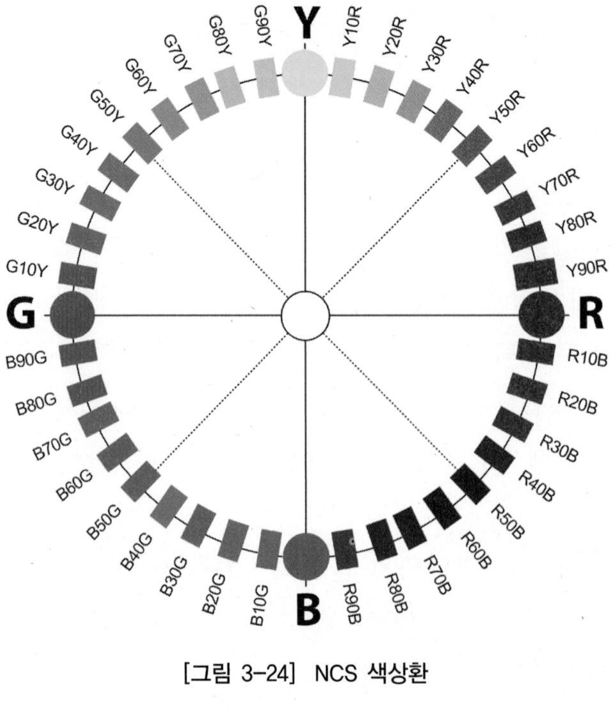

[그림 3-24] NCS 색상환

제4장
색채의 지각

인간이 외부 환경으로부터 여러 가지 정보를 파악하기 위해서는 물리적인 자극이 필요하다. 이는 눈을 통해 이루어지는 시각적 요소와 공기 중의 진동에 의해 들리는 청각, 냄새의 감각인 후각이나 맛을 느끼는 미각, 외부 자극에 대해 반응하는 촉각 등에 의해 정보가 전달된다. 이처럼 시각, 청각, 후각, 미각, 촉각 등의 오감을 통해 외부 환경으로부터 여러 가지 정보를 파악하는 과정을 지각이라고 하며, 이 중에서도 색채를 파악하는 것을 색채지각이라 한다.

색채를 지각한다는 것은 광원인 빛이 물체에 비춰졌을 때 물체 자체의 색이 발하는 것은 아니다. 물체가 빛을 만나 빛을 흡수, 반사, 산란하는 현상에 의해 물체 고유의 색을 발하는 것이다.

얇은 검은색 종이와 돋보기를 이용해 빛을 흡수하는 것을 실험해 보면 돋보기를 통해 들어온 빛이 검은색 종이를 태우는 것을 경험해 볼 수 있다. 이것은 색을 지닌 모든 물체가 일단 빛을 받으면 흡수한 빛은 열로 느껴지는 적외선 형태의 에너지를 내놓기 때문이다. 적외선이란 가시광선이나 자외선에 비해 강한 열작용을 가지는 것 때문에 열선이라고도 하는데 의료 부분에서는 소독과 멸균, 관절 및 근육 치료에 사용되기도 하며 적외선 레이저빔은 외과수술에 이용되기도 한다.

반면, 흡수되지 않은 빛들은 반사 혹은 산란된다. 반사란 빛에 의해 물체의 색과 형태가 사람의 눈에 인지되는 것을 말한다.

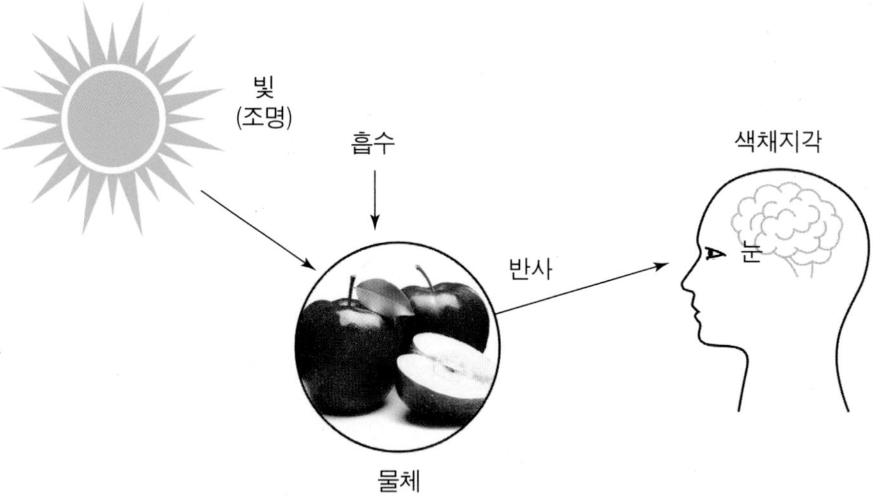

[그림 4-1] 색채의 지각과정

빨간 사과로 예를 들어 보면, 사과가 빨갛다고 인식되는 것은 빛에 의해 빨간색 외에는 모든 색을 흡수하고 빨간색만을 반사하여 사람 눈의 망막에 빨간색의 사과형태로 상이 맺히기 때문이다. 이는 다시 전기에너지로 변환되어 사람의 시신경세포를 활성화하며 이러한 시신경세포들은 아주 복잡하게 얽힌 망을 따라 뇌로 전달된다. 이때 사람들은 사과가 빨간색이라는 색채를 지각하게 되는 것이다.

이처럼 색채를 지각하기 위해 필요한 물리적 자극인 가시광선과 빛에 의해 반사나 투과되는 물체, 이를 지각하는 인간의 감각기관인 눈을 색의 3요소라고 한다.

다음은 사람의 눈으로 알아볼 수 있는 가시광선과 눈에 대한 이해와 이로 인한 생리적 색채지각현상에 대해 좀 더 구체적으로 살펴보도록 한다.

1. 가시광선

우리가 일상생활에서 물체를 보고 색깔을 구분할 수 있게 되는 것은 광원에 의한 빛이 물체를 비춰질 때 물체의 표면에서 반사되는 것이 눈으로 지각되기 때문이다. 따라서 빛의 정의를 색(色)이라고도 하는데 이와 같은 빛은 물리적 의미로 가시광선을 말한다.

가시광선은 자외선과 적외선 사이에 위치해 있으며 색의 파장 범위를 가진 빛으로서, 태양복사의 광량이 가장 많아 사람의 눈으로도 볼 수 있다.

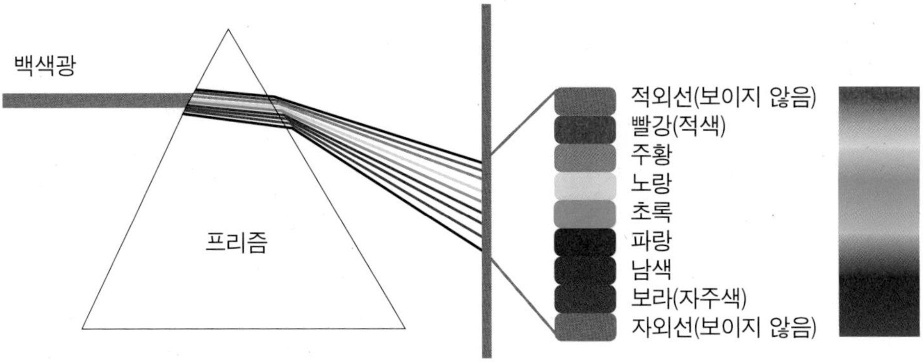

[그림 4-2] 프리즘을 통한 빛의 분해

가시광선을 프리즘을 통해 빛을 통과시켜 보면 서로 다른 독특한 굴절을 통해 수백만 가지 이상의 색을 지닌 스펙트럼밴드가 형성된다.

뉴턴은 이를 7가지 색으로 나누고 빨강, 주황, 노랑, 초록, 파랑, 남색, 보라라고 구분 지었다.

가시광선의 스펙트럼 범위는 대체로 750~380nm인데 파장이 가장 긴 빨강은 700~610nm, 주황은 610~590nm, 노랑은 590~570nm, 초록은 570~500nm,

파랑은 500~450nm, 남색과 보라는 450~380nm 영역에서 인식되며 보라색으로 갈수록 파장은 점점 짧아진다.

당시 뉴턴은 최초의 색상환 이론을 근거로 하여 음악의 7음계에서 힌트를 얻어 마지막의 보라와 빨강을 연결시켜 도표화하기도 하였다. (빨강-도-C, 주황-레-D, 노랑-미-E, 초록-파-F, 파랑-솔 -G, 남색-라-A, 보라-시-B)

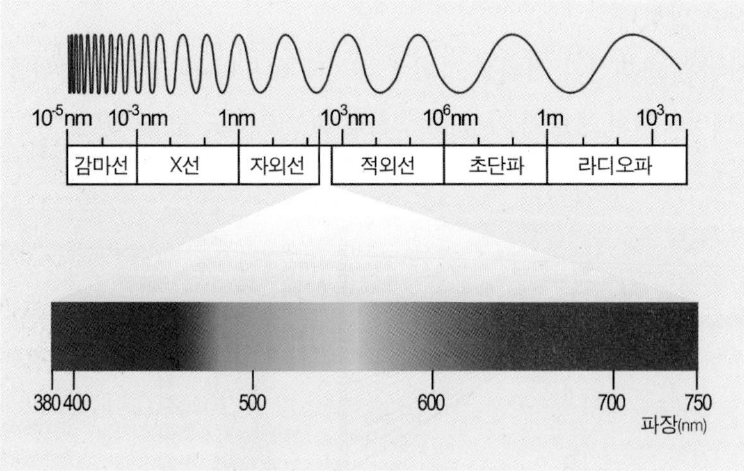

[그림 4-3] 빛의 파장

과거에는 빛을 눈으로 볼 수 있는 가시광선만을 생각하였으나 현대에는 빨간색보다 파장이 긴 적외선, 초단파, 라디오파 등과 보라색보다 파장이 짧은 자외선, 자외선보다 파장이 더 짧은 X선, 감마선 등의 전자기파도 포함을 하고 있다.

고대 이집트와 그리스, 중국에서는 광선을 이용하여 햇볕을 몸에 쬐는 일광요법 을 이미 치료에 적용하였다. 현대에 들어서는 햇볕이 신체활동이나 질병의 경과에도 많은 변화를 일으킨다고 하는 연구결과에 의해 색채조절, 색채 처방 등으로 더 발전되어 몸을 치유하고도 있다.

하버드대학교 교수이자 저술가였던 배빗(Edwin D. Babbit)은 자연광을 흡수할 수 있는 다양한 도구를 만들어 몸을 치유하기도 하였으며, 영국의 색채병리학자인 헤세(J. Dodson Hessey)는 색채가 인체의 내분비선에 효과가 미친다고 하며 컬러 목욕법을 개발하기도 하였다.

덴마크의 물리학자이며 노벨 의학상을 받은 핀센(Rydberg-Finesen)은 천연두를 치료하기 위해 빛을 사용하였고, 빨간빛 광선을 이용하여 천연두 흉터를 감소시키는 방법을 발견하기도 하였다. 비타민 C를 발견한 죄르지(Szent-Gyorgi) 역시 우리 몸에 흡수되는 모든 에너지는 빛에서 나온다는 것을 설명하였다.

2. 눈의 이해

1) 안구의 구조

지각의 80%를 차지하는 눈(eye)은 크게 안구(eyeball)와 눈 부속기관(ocularadnexa)으로 나눌 수 있다.

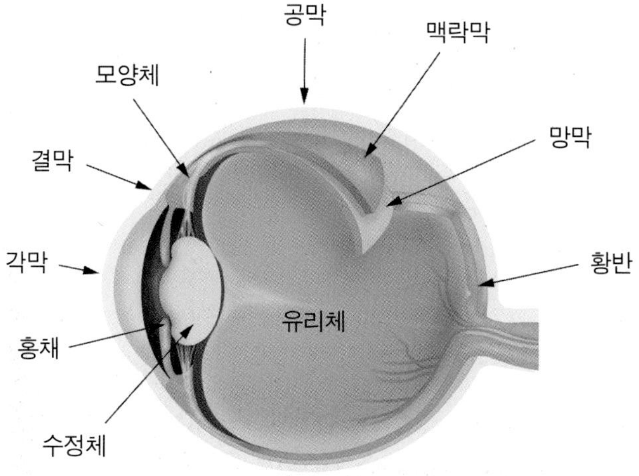

[그림 4-4] 안구의 구조

안구는 바깥을 싸고 있는 외막, 중막, 내막 및 내부의 안 내용물로 구성이 되어 있으며, 안구의 외막 중 1/6을 차지하고 있는 각막은 안구를 보호하는 방어 역할과 눈으로 들어오는 광선을 굴절시켜 망막에 도달하도록 전달하는 역할을 한다. 또한 외막의 안쪽에 위치하고 있는 중막은 포도막이라고도 하는데 이는 외막의 각막과 공막에 의해 보호되며 포도막은 크게 홍채, 모양체, 맥락막으로 구성되어 있다.

이 중에서 홍채는 포도막의 가장 앞부분에 있으며 중앙에 동공이라고 불리는 구멍의 주위에 있는 조직이다. 홍채는 동공의 크기를 바꿔 가며 눈으로 들어가는 광선의 양을 조절하는 카메라 조리개와 비슷한 역할을 한다. 또한 각막과 수정체 사이에 위치하고 있으며 각막 후면 사이의 공간인 전방과, 수정체 전면과의 사이의 공간인 후방을 나누는 기준이 되기도 한다.

망막은 안구 후방의 맥락막 내면을 덮고 있는 내막을 말하며, 투명한 신경조직으로 외부의 시각적 자극을 인지하는 역할을 하고 있다.

또한 안구 내부를 구성하고 있는 안구 내용물에는 수정체, 유리체, 방수 등이 있다. 수정체는 혈관이 없는 무색투명의 양면 볼록렌즈 모양의 구조물로 모양체 소대에 의해 매달려 있고 앞쪽에는 방수가, 뒤쪽에는 유리체가 있다. 수정체는 외부에서 들어오는 시각적 자극을 각막과 함께 굴절시키는 굴절기관이며 모양체근의 수축에 의해 굴절력 조절이 가능하다.

이러한 눈을 구조가 비슷한 카메라와 비교하여 간략하게 알아보면 다음과 같다.

표 4-1 눈과 카메라의 구조

눈	카메라	역할
눈꺼풀	렌즈 뚜껑	렌즈 표면 보호
수정체	렌즈	빛의 굴절, 핀트 조절
홍채	조리개	빛의 강약에 따라 동공 크기 조절
망막	필름	흑색필름–간상체(간상세포) 컬러필름–추상체(원추세포)

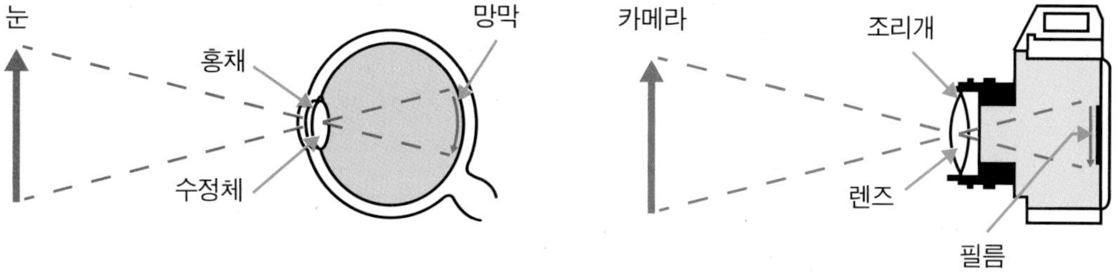

[그림 4-5] 눈과 카메라의 비교

2) 망막의 이해

망막이란 안구의 안쪽을 2/3 정도 덮고 있는 투명한 신경조직을 말하며, 안구의 벽은 세 겹의 섬유막, 혈관막, 신경막으로 이루어져 있다. 안구의 가장 뒤쪽에 위치해 있는 망막은 두 겹으로 이루어져 있는데, 섬세하고 투명한 바깥쪽의 망막을 색소층 망막, 안쪽의 망막을 신경층 망막이라 한다.

신경층 망막은 광수용체를 가지고 있는 투명한 막으로서 원뿔모양과 막대모양의 세포로 형성되어 있다. 원추체, 혹은 추상체라고도 하는 원뿔모양은 밝은 빛을 수용하는 원추세포이며, 약한 빛을 수용하는 간상세포는 막대모양으로 막대세포라고도 한다.

색상을 감지하는 원추세포는 세포의 수가 대략 6백50만 개 정도이고 망막 중심부인 황반 부근에 많이 분포하고 있으며, 추상체는 다시 로우세포, 감마세포, 베타세포 등으로 나눠진다. 로우세포는 빨간색을 감지하는 장파장, 감마세포는 녹색과 노란색을 감지하는 중파장, 베타세포는 파란색을 감지하는 단파장의 역할을 한다. 이러한 원추세포는 빛이 강할 때 작용하며 형태와 색깔을 인지하는 역할을 한다.

반면, 시세포의 수가 1억 2천2백만 개 정도인 길쭉한 막대모양의 간상체 혹은 간상세포는 망막 주변부에 많이 분포하고 있으며, 어두운 곳에서 약한 형태와 명암의 차이를 느끼지만 흑백의 명암이나 움직임에 더 민감하다. 예를 들면, 어두운 터널 안에서 일정한 시간이 지나면 물체가 확인이 되는데 이것이 간상체의 역할 때문이다. 간상체는 어두울 경우 밝기만을 감지하므로 아주 약한 빛까지도 신호를 생성할 수 있다. 하지만 색소가 하나만 있기 때문에 회색조의 색만을 감지할 수 있다.

색깔을 인지하는 원추세포에 이상이 생기면 색깔을 제대로 구별하지 못하는 색각이상으로 그 정도에 따라 색맹이나 색약이 발생하고 간상세포에 이상이 있으면 밝은 곳에서 어두운 곳으로 들어갔을 때 적응하지 못하거나, 어두운 곳에서 사물을 분간하지 못하는 증상인 야맹증이 발생하기도 한다.

표 4-2 망막의 시세포

망막	
추상체	간상체
• 600만 개 • 색상을 감지하는 시세포 • 밝은 조명 아래서 색상을 감지하게 해 줌 • 해상도가 높음	• 1억 2천만 개 • 밝기를 감지하는 시세포 • 약한 빛에서도 형태를 구분하지만 흑백의 명암에만 작용함 • 해상도가 낮음

3) 연령과 색채지각

편평한 구 모양으로 생긴 수정체는 주위를 둘러싸고 있는 모양체 근육들의 수축과 이완으로 눈의 초점을 가까운 곳에서 먼 곳까지 자유롭게 맞출 수 있도록 조절하는 기능을 한다. 수정체가 볼록해져 두꺼워지면 초점 거리가 짧은 가까운 곳을 잘 볼 수가 있고, 납작해져 얇아지면 초점 거리가 멀어져 먼 곳을 잘 볼 수가 있다. 이러한 이유로 눈은 어떤 거리에서든지 물체에 정확하게 초점을 맞출 수 있다.

[그림 4-6] 추상체와 간상체의 역할

(1) 유아와 색채지각

맑고 투명한 수정체를 가진 어린 아이는 물체의 초점이 망막에 명확하게 맞춰져 색채를 정확하게 지각하게 되지만, 나이가 어린 아이라도 수정체의 조절력에 문제가 생기면 망막보다 앞쪽에 상이 맺혀 사물이 흐려 보이는데 이를 근시라고 한다.

또한 수정체를 둘러싸고 있는 모양체 근육의 운동성이 약하여 수정체의 조절 능력이 떨어질 경우나 수정체와 망막 사이의 거리가 줄어들어 안구 길이가 짧아진 경우, 이를 원시라고 한다.

일반적으로 눈 검사는 4~5세 전후에 실시해서 굴절이상으로 인한 약시인 경우, 시력 발달에 도움을 줄 수 있는 과학의 힘을 빌리는 것이 좋다.

다음은 아기의 시력변화 과정을 영국의 한 안과 전문의인 로메시 앵우내웰라 박사가 찍은 사진을 통해 참고해 보도록 한다.

표 4-3 로메시 앵우내웰라의 '아기의 시력변화'

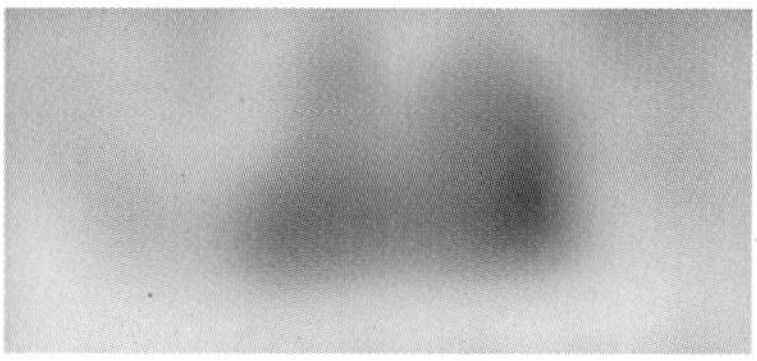 Newborn	아기는 엄마 뱃속에 있을 때부터 빛과 어둠을 구분한다. 갓 태어난 신생아의 경우 눈의 구조는 정상이라도 시신경이나 뇌의 신경세포들이 완전히 만들어지지 않아 사물을 또렷하게 볼 수가 없다. 따라서 몇 주 동안은 모든 것이 흑백으로 보이다가 생후 6주 이상이 되어야 사물을 응시할 수 있는 정도의 시력이 발달하게 된다.

 2 Months	생후 2개월쯤 된 아기는 반복된 오감 자극으로 뇌의 신경 연결이 형성되어 빨간색을 가장 먼저 볼 수 있다.
 3 Months	생후 3개월 이후에는 빛을 수용하는 눈의 수용체와 이를 지각할 수 있는 뇌의 신경이 연결됨으로 사물을 지속적으로 보는 능력과 기본적인 색채를 구분할 수 있는 능력, 하나의 사물을 동시에 보는 능력이 형성된다. 따라서 엄마, 아빠의 얼굴을 더 분명히 구분하고 시선을 고정하게 됨으로, 아기가 볼 수 있는 10인치 정도의 거리를 벗어나지 않는 최대한 가까이에서 아기를 보는 것이 좋다. 이 시기에 두 가지 색이 대비되는 물체, 예를 들면 흰색과 검은색, 빨간색과 초록색 등의 물체를 이용하면 시각발달은 물론이거니와 두뇌 발달에도 도움을 주게 된다.
 12 Months	이처럼 시력은 점점 발달하여 2~3세가 지나면 어른의 약 60~80%에 해당하는 거의 완벽한 시력을 가진다.

출처: 나우뉴스(2017. 1. 22.).

(2) 청소년과 색채지각

청소년기에는 신체의 성장이 급속하게 이루어지는 시기로 눈의 길이도 신체의 성장 속도에 맞춰 발달한다. 왕성한 성장기에는 눈도 안정기에 도달하여 색채를 지각하는 능력이 더 풍부해진다. 하지만 한곳에 오래 머물러 집중을 하다 보면 60~70%의 물과 30~40%의 단백질로 되어있는 수정체가 과하게 조절이 되면서 자연 건조해져 눈이 쉽게 피로해지고 안구 또한 건조해진다.

(3) 장년기와 색채지각

장년기가 되면 눈물 양이 부족하여 눈이 빨리 마르는 건성안이 발생하며 수정체의 탄력이 떨어지고 딱딱해져 두께 조절이 어려워지고 가까이에 있는 사물 역시 잘 보이지 않게 된다.

이처럼 나이가 들어가면 초점을 맞추는 역할을 하는 수정체의 자연 쇠퇴로 수정체를 조절하는 근육의 탄성이 떨어져 근거리 시야 확보에 어려움을 겪게 된다.

이를 노안이라고 하며, 깨끗하던 수정체가 뿌옇게 혼탁해지는 것을 백내장이라고 한다. 홍채의 중심에 위치한 검은색 원 모양의 동공 역시 지름이 줄어들어 빛을 받아들이는 것이 부족해 눈부심이 증가하고 시력이 저하되며, 빛 순응 등의 어려움이 나타나면서 자연스럽게 밝은 것을 좋아하게 되기도 한다.

노화로 인해 수정체가 자연스레 노란색으로 변하는 황화현상은 파장이 짧은 보라색, 남색, 파랑색 계통의 색을 구분해서 인식하는 것에 어려움을 느끼게 한다. 반면, 파장이 긴 적색계의 색은 색의 인식을 적게 퇴화시킨다.

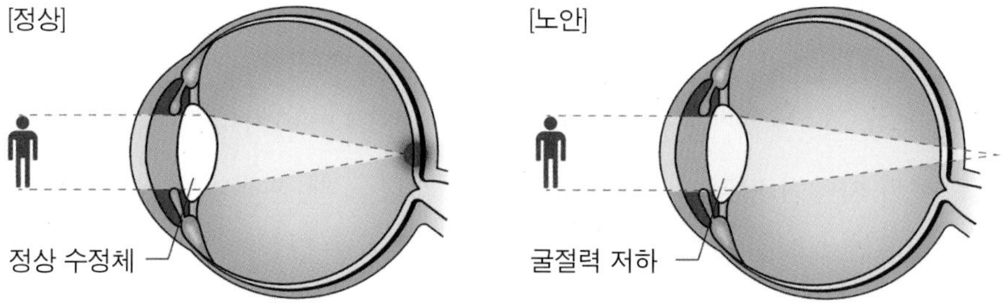

[그림 4-7] 수정체의 변화

이와 같이 노안은 물체의 색채를 구별하는 식별능력이 퇴화됨으로 밝은 환경이나 대상과의 명도차이가 분명한 색상을 사용하는 것이 그나마 색채를 구별하는 식별능력에 도움이 된다.

3. 생리적 색채지각

1) 잔상현상

잔상(殘像, after image)이란 지워지지 않는 과거의 모습을 말하는데, 눈에 들어왔던 외부의 자극이 없어진 후에도 시각기관에 잠시 동안 자극이 지속되는 현상을 말한다. 독일의 예술심리학자인 김정오 역(2004)은 시각적 잔상의 이미지 표현은 빛이라는 자극이 인간의 시각적 활동인 눈으로 지각되고 눈을 통해 받아들인 감각의 자료가 머릿속에 함께 기억되는 과정을 거친다고 한다.

이러한 현상은 빛의 밝기와 색도, 시간, 눈의 생리상태 등에 따라 다르게 일시적으로 나타나는 것으로서 불안정하며 뚜렷하지도 않는다.

잔상은 양성과 음성으로 나눌 수 있는데, 시각에 주어졌던 강한 자극 혹은 대상물이 자극이 사라진 뒤에도 같은 자극으로 시각기관에 남아 있는 있는 것을 양성 잔상이라고 한다. 양성 잔상은 토막토막의 그림들이 빠르게 연속적으로 보면 그 그림들이 연결된 듯 움직이게 보이는 현상으로 영화의 필름이나 텔레비전의 영상에 주로 이용된다. 음성 잔상은 어떤 특정한 색을 일정 시간 이상 보고 있으면 그 색의 자극이 망막에 새겨져 눈을 이동시켰을 때 본래의 특정한 색과는 반대된 색, 즉 보색이 시각기관을 통해 나타나는 현상을 말한다.

예를 들어, 왼쪽의 태극기를 잠깐 동안 응시한 뒤 오른쪽의 흰 면을 보면 초록색의 보색인 빨강과 노란색의 보색인 남색, 그리고 흰색, 검은색의 각각 반대인 검은색과 흰색으로 원래 태극기의 색상이 나타난다. 이와 같은 현상을 잔상이라고 한다.

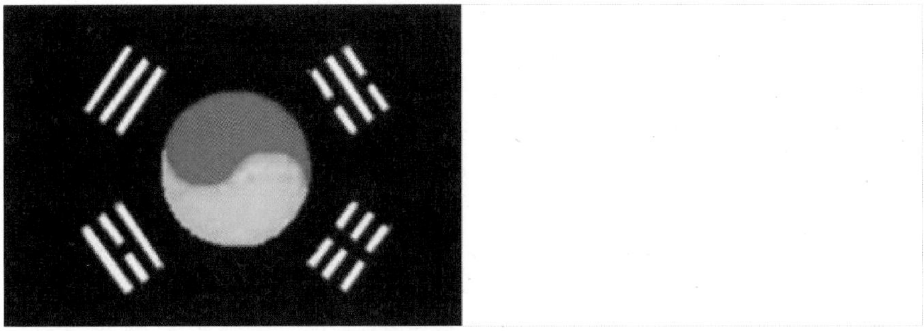

[그림 4-8] 잔상현상의 예

또한, 어두운 터널에서 밝은 곳으로 나오면 더 환하게 느껴지는 것을 경험한다. 이것은 터널 안의 어둠이 반대인 밝음으로 잔상에 남아 있다가 밝은 곳을 볼 때 잔상으로 남아 있던 밝은 것이 더해져 더 밝게 보이기 때문이다. 이와는 반대로 밝은 곳에서 어두운 터널을 들어가면 더 어둡게 느껴지는 것은 밝은 곳의 잔상인 어둠이 시각기관에 남아 있다가 어두운 터널 안에 어둠이 더해져 터널 안이 더 어둡게 느껴지는 밝기의 착오 현상이 일어난 것이다.

이처럼 색채에서 잔상이라고 하면 일반적으로 음성 잔상을 말하며 이러한 잔상은 명도, 채도, 색상 각각에 대해서도 확인이 가능하다.

2) 대비현상

잔상이 사람 눈의 망막에 있는 시세포의 영향 때문이라고 한다면, 대비(對比, contrast)는 눈의 망막에서 일어나는 생리적인 측면과 망막에서 일어난 신경자극을 뇌에 전달되는 과정에서 일어나는 현상을 말한다. 이러한 현상은 어떤 특정한 색채가 주변 색채의 영향을 받아 본래의 색과는 다른 색채로 지각이 되는 것인데 실제적으로 본래의 색이 없어지거나 달라지는 것은 아니다.

대비현상을 위한 비교방법은 같은 크기, 같은 응시 시간 등을 전제로 상황과 조건이 같아야 한다. 이처럼 색채 상호 간에 영향을 미치는 대비현상은 생리적 자극 방법에 따라 계시대비와 동시대비로 나누어진다.

(1) 계시대비

계시대비(繼時對比, successive of contrast)는 시차적 대비라고도 하는데 다른 두 색을 두고 어떤 하나의 색을 먼저 보았다가 다른 하나의 색으로 시선을 옮겼을 때 먼저 본 색의 잔상 영향으로 다른 하나의 색이 원래의 색과는 다르게 보이는 것을 말한다.

예를 들면, 빨간색 색종이를 잠깐 본 후에 같은 크기의 노란색 색종이를 보면 노란색 색종이가 연두색으로 보인다. 이것은 빨간색을 보는 동안 빨간색의 보색인 초록색이 잔상으로 남아 노란색 색종이를 보았을 때 혼색되어 보이기 때문이다.

반대로 노란색 색종이를 먼저 본 후 빨간색 색종이를 보면 보라색이 보인다. 그것은 노란색의 보색인 파랑이 잔상으로 남아 빨강과 혼색되어 보라색으로 보이는 것이다. 이러한 현상은 눈의 망막에 있는 시세포와 연결되어 있는 시신경 간의 생리적인 영향으로 일시적으로 일어나는 것이다.

[그림 4-9] 빨간색 색종이를 본 후 노란색 색종이를 보면 연두색으로 보이는 예

[그림 4-10] 노란색 색종이를 본 후 빨간색 색종이를 보면 보라색으로 보이는 예

(2) 동시대비

동시대비(同時對比, simultaneous of contrast)는 동시적 대비라고도 하는데 색이 동시에 보임으로써 각각의 색이 더욱 자신의 특성을 잘 드러내는 것을 말한다. 이는 객관적으로 존재하는 것이 아니라 인간의 눈 속에서만 존재하며 인간의 심리적인 감정을 불러일으키기도 한다.

동시대비의 특징은 색자극의 크기가 작을수록, 인접하는 자극의 색 차이가 클수록 대비는 강해진다는 것이다. 반면, 자극이 되는 색채가 서로 멀어질수록 대비는 감소된다. 다음은 색상, 명도, 채도, 보색, 면적, 연변의 대비현상을 구체적 예를 들어 살펴보도록 한다.

① 색상대비

색상대비(色相對比, color contrast)는 색상이 다른 두 색을 동시에 나란히 놓았을 때, 두 색이 서로의 영향을 받아 색상의 차이가 크게 느껴지는 현상을 말한다.

색상의 거리가 가까울수록 이러한 현상은 크게 나타나지만 색상의 차이가 멀어지게 되면 보색대비에 가까워지게 된다. 이러한 대비현상은 모두 배경에 대한 보색의 잔상현상으로 속성이 강해지거나 약해지는데, 명도대비 다음으로 색상대비의 효과가 크다.

[그림 4-11] 남색 배경

[그림 4-12] 노란색 배경

[그림 4-11] 설명

남색과 주황색의 색상을 이웃하여 놓았을 때 주황색은 더 밝은 주황색 기미를 띠며 남색은 더 밝은 남색 기미를 띤다. 이것은 남색의 보색인 노란색이 가운데 주황색 면에 영향을 미쳐 주황이 더 밝은 주황색으로 보이는 것이며, 남색 또한 주황의 보색인 파랑이 혼합되어 더 밝은 남색으로 보이게 하는 것이다.

[그림 4-12] 설명

노란색과 주황색을 이웃하여 놓았을 때, 노란색은 주황색의 영향으로 더 노란색 기미를 띠고 있으며, 가운데 주황색은 노란색의 보색인 남색이 혼합되어 더 어두운 기미를 띤 주황색으로 보인다.

② 명도대비

명도대비(明度對比, luminosity contrast)는 같은 크기의 같은 색이라도 주위 배경의 밝고 어둠에 따라 밝거나 어둡게 느껴지는 현상을 말한다. 예를 들면, 같은 회색이라도 검정 바탕의 회색이 흰 바탕 위의 회색보다 더 밝게 느껴진다.

이러한 것은 검정 배경색의 보색인 흰색이 가운데 있는 회색의 선에 겹쳐져서 나타나는 색음 현상으로 다른 속성의 대비보다 명도대비의 효과가 가장 크다. 색음 현상이란 심리보색이 잔상으로 남아 색의 경계선 부분에 보이는 것으로 색에 대한 그림자 현상이라고도 한다.

[그림 4-13] 검정 배경과 흰색 배경

같은 크기의 검정과 흰색을 배경으로 그 위에 크기, 채도, 명도, 색상이 같은 회색을 배열하였을 때, 검정 배경 위의 회색이 좀 더 밝은 것을 느낄 수 있다. 이는 검정의 보색인 흰색이 색음 현상으로 가운데 회색에 겹쳐서 혼합되어 보이기 때문이다.

[그림 4-14] 검정 배경과 회색 배경

명도와 채도, 색상, 크기가 같은 동일한 녹색도 어두운 검정 바탕 위에서는 실제 색보다 더 밝은 녹색으로 보이며, 회색 바탕 위에서는 조금 더 어두운 녹색으로 보인다.

③ 채도대비

명도, 색상, 채도의 3속성 중에서 대비 효과가 가장 약한 채도대비(彩度對比, chromatic contrast)는 다른 두 색을 인접시켰을 때 서로의 영향을 받아 채도가 높은 배경에서 인접한 색은 더욱더 낮아 보이고, 낮은 배경에서의 채도의 색은 더 높아 보인다.

이때 인접한 색은 채도와 색상, 명도, 크기가 같은 것을 말한다. 주위 배경의 채도에 따라 본래 색이 더 맑아 보이거나 탁해 보이는 채도대비는 무채색 배경 위의 유채색이 채도가 더 높아 보인다.

[그림 4-15] 채도가 높은 배경

[그림 4-16] 채도가 낮은 배경

[그림 4-17] 무채색 배경

[그림 4-15] 설명
채도가 높은 배경보다 가운데의 채도가 낮은 파란색은 채도가 더 낮아 보인다.

[그림 4-16] 설명
채도가 낮은 배경보다 가운데의 채도가 높은 파란색은 채도가 더 높아 보인다.

[그림 4-17] 설명
무채색 배경 위의 유채색인 파란색은 채도가 훨씬 높은, 맑은 색으로 보인다.

④ 보색대비

보색대비(補色對比, complementary contrast)는 보색이 되는 두 색의 색상 차이를 이용하여 서로의 색을 더욱 선명하고 뚜렷하게 보이도록 하는 현상으로 색상환에서 서로 마주 보는 색상을 말한다. 예를 들어, 같은 빨강이라도 보색인 청록색과 함께 놓이면 두 색은 서로 더욱 선명하게 보인다. 동백꽃의 빨강과 초록색 꽃잎이 서로 보색대비의 관계로 꽃과 잎이 서로 분명하고 뚜렷해 화려함을 더해 주는 것도 이와 같은 현상 때문이다.

보색의 관계를 먼셀의 10색상환을 기준으로 하여 예를 들면 다음과 같다.

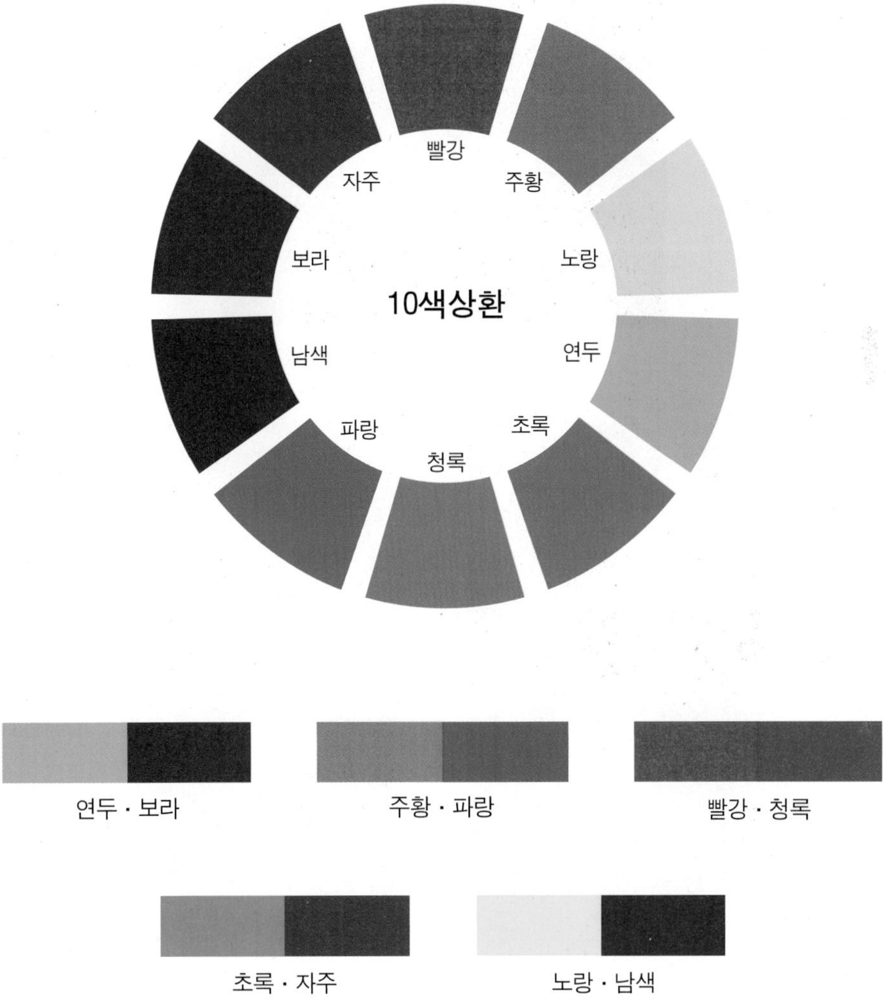

[그림 4-18] 먼셀의 10색상환

[그림 4-19] 동백꽃과 잎의 보색

[그림 4-20] 보색 패션

⑤ 면적대비

면적대비(面積對比, contrast of area)는 같은 색채가 면적에 따라 명도나 채도가 다르게 느껴지는 것으로서 면적이 클수록 명도나 채도가 높고, 반대로 면적이 작을수록 명도나 채도가 낮게 느껴진다.

이것을 양적 대비 혹은 비례대비라고도 하는데, 예를 들면 파랑이라고 해도 면적이 큰 것은 작은 것보다 명도나 채도가 높게 보인다.

명도와 채도가 같고 면적이 다를 경우, 면적이 작은 쪽이 큰 쪽보다 명도나 채도가 낮아 보여 더 어둡고 탁해 보인다.

[그림 4-21] 면적의 차이

커다란 면적이나 외부 환경을 디자인할 때는 채도나 명도에 주의하여 색상을 선택하는 것이 좋다. 예를 들면, 실내 벽지를 선택할 때 작은 면적의 샘플을 보고 색상을 선택하면 실제 시공을 한 후에는 다른 느낌을 받을 수 있다.

⑥ 연변대비

연변대비(緣邊對比, area along contrast)는 면적의 경계선에 인접된 두 색상을 망막 세포가 지각할 때 두 색상의 차이를 본래의 색보다 더 강조된 상태로 지각되는 경우의 현상을 말한다. 이러한 현상을 인접대비라고도 하는데 명도, 채도, 색상 모두에 걸쳐 나타나는 잔상효과이기도 하다.

[그림 4-22] 무채색의 명도단계

면적과 면적이 인접한 색상을 보면 서로의 영향을 받아 어두운 면은 더 어둡고 밝은 면은 더 밝게 느껴져 면적과 면적이 맞닿는 선이 돌출하는 듯한 효과를 나타낸다.

[그림 4-23] 유채색의 명도단계

경계면에 있는 인접한 어두운 색상은 더 진하고 밝은 색상은 더 밝게 느껴진다.

3) 동화현상

동화현상(同化現象, phenomenon of assimilation)은 두 개 이상의 색을 보게 될 경우 여러 가지의 착시 현상을 경험하게 되는데 이 중에서도 색들끼리 서로 영향을 주어서 인접한 색과 가깝게 느껴지는 착시 현상을 동화현상이라고 하며, 폰 베졸트 효과라고도 한다. 이는 대비현상과는 반대되는 것으로 때로는 혼색효과라고도 한다.

대체적으로 줄무늬와 같이 배경색의 면적이 작거나 복잡하고 섬세하게 배치되었을 때 색이 주변의 다른 색과 비슷한 색으로 보인다고 하여 줄눈 효과라고도 하는데, 이러한 현상은 색을 느끼는 관찰자의 심리적인 태도 관점에 따라서 나타난다.

그림 A

[그림 4-24] 멀리서 보았을 때

그림 A를 멀리서 보았을 때 노란색과 빨간색이 혼합되어 주변의 색과 비슷한 주황색으로 보이는 착시효과

[그림 4-25] 가까이에서 보았을 때

그림 A를 가까이 보았을 때 본래의 노란색과 빨간색의 무늬

하늘색 줄무늬의 영향으로 흰색 바탕이 하늘색에 가까운 색으로 보이는 착시효과를 말한다. 가늘고 좁은 간격이며 바탕과 명도와 색상 차이가 적은 왼쪽의 줄무늬가 오른쪽의 선명하고 굵은 줄무늬보다 착시효과가 더 크다.

[그림 4-26] 줄무늬

가깝게 보면 개개의 점이나 선이 식별되지만 일정한 거리를 두고 보면 배경과 그림이나 선이 혼합되어 보이는 동화현상은 점이나 선의 크기, 보는 거리와 밀접한 관계를 가지고 있다. 면적이 커지게 되면 오히려 대비 효과가 일어난다.

4) 지각의 현상

(1) 푸르킨예 현상

1823년 체코의 생리학자인 푸르킨예(Jan Evangelista Purkyne)가 발견한 현상으로 인간의 시감도가 조도에 따라 변화하는 현상을 말한다.

사람의 눈은 밝은 장소에서는 빨간색 등의 장파장 색이 선명하게 먼 곳까지 보이고 어두운 장소에서는 파란색 등의 단파장 색이 선명하게 먼 곳까지 보이며 오히려 빨간색은 거무스름하게 보인다.

이것은 빛이 어두워지기 시작하면서부터 눈의 망막에 있는 시세포인 추상체가 간상체로 이동하는 과정에서 빨강, 주황, 노랑, 초록, 파랑, 보라의 순으로 색이 보이지 않는 것이다. 반면, 어두워졌을 때 가장 먼저 보이는 색으로 단파장의 보라색이나 파란색 계통의 색들은 간상체의 활동으로 전환되면서 그 환경에 적응하기 위해 나타나는 현상이다.

이러한 현상을 푸르킨예의 이름을 따서 푸르킨예 현상이라고 하는데 밝은 빛이 있는 낮에 파란색으로 보이는 물체는 밤이 되면 오히려 밝은 회색으로 보인다. 비상구의 색깔이 녹색인 것이나 도로 표지판 등은 이러한 현상을 이용한 것이다.

[그림 4-27] 푸르킨예 현상

(2) 색음 현상

광원이나 조명으로 사물을 비췄을 경우 사물의 음양부분은 무채색이어야 하는데 색음 현상(色陰現像, colored shadow phenomenon)은 사물에 비춰진 광원의 보색이 그림자로 보이는 현상을 말한다.

색을 띤 그림자라는 의미의 색음 현상은 괴테가 양초와 연필을 이용하여 양초의 붉은색이 사물에 비춰졌을 때 연필의 그림자가 광원 색과 보색관계인 청록색의 그림자로 나타나는 현상을 심리적으로 설명한 것이다.

심리 보색을 연구한 괴테에 의해 발견한 것으로 괴테 현상이라고도 한다.

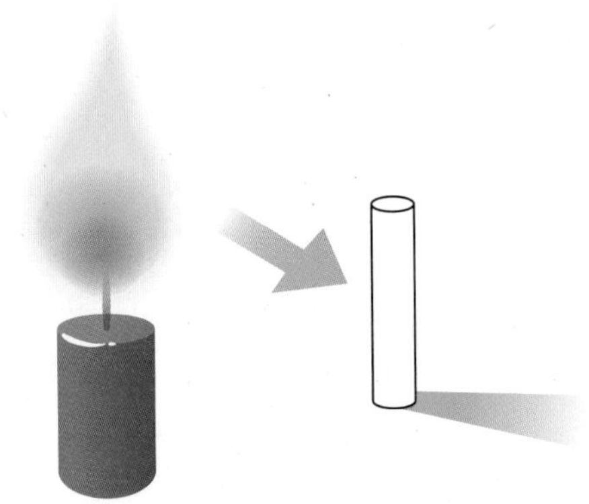

[그림 4-28] 색음 현상의 예

양초의 붉은색이 연필에 비춰졌을 때 연필의 그림자가 무채색인 검정색이 아니라 빨간색의 보색인 청록색으로 보인다.

(3) 하만그리드 효과

색상과 색상 사이의 거리가 멀어져 대비가 약해지면서 생기는 명도의 잔상으로 격자 착시가 나타나는 현상을 하만그리드 효과(Hermann grid illusion)라고 한다. 사각 블럭들 사이의 교차 부분에 회색 잔상이 보이는 것을 말한다.

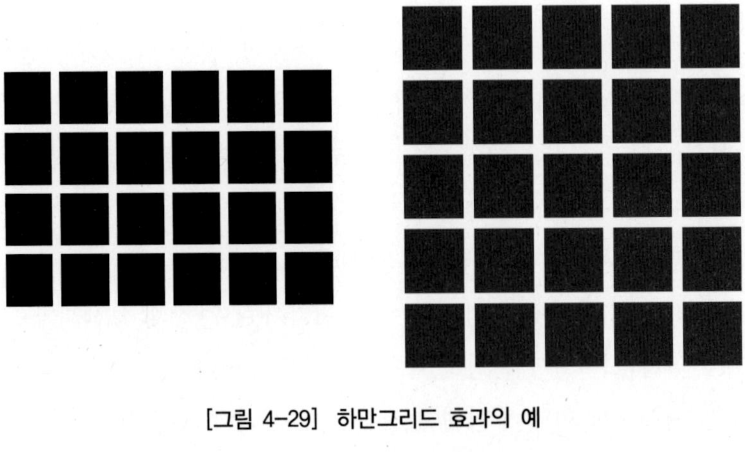

[그림 4-29] 하만그리드 효과의 예

(4) 색의 항상성

빛의 강도와 분광 분포가 바뀌거나 눈의 순응 상태가 바뀌어도 눈으로 지각되는 색은 변하지 않고 항상 본래의 같은 색 그대로 느끼는 현상을 색의 항상성(color constancy)이라고 말한다.

예를 들어, 동일한 빨간색 장미를 한낮에 볼 때와 저녁에 보는 것은 물리적으로 많은 변화가 생기게 되어 빨간색이 다르게 보이지만, 우리는 물체 본연의 색인 빨간색 장미로 인식한다. 이러한 현상을 색의 항상성이라고 한다.

[그림 4-30] 색의 항상성의 예

(5) 애브니 효과

일정한 외부의 변화에 따라 색상이 변화하는 현상을 말하는데 영국의 화학자인 애브니(William de Wiveleslie Abney)가 처음 발표한 것으로 그의 이름을 따서 애브니 효과(Abney effect)라고 한다.

채도와 관계되는 애브니 효과는 어떤 색상에 빛이 더해 비춰지면 색의 채도, 즉 순도가 높아지면서 같은 파장의 색이라도 본래 색상의 특성을 잃고 단순하게 변화되어 보인다.

이러한 현상은 측정기로 측정이 되지 않으며 사람의 지각 현상으로 느껴지는 것으로 시감으로 색상을 선택할 때는 반드시 애브니 효과를 반영해야 한다.

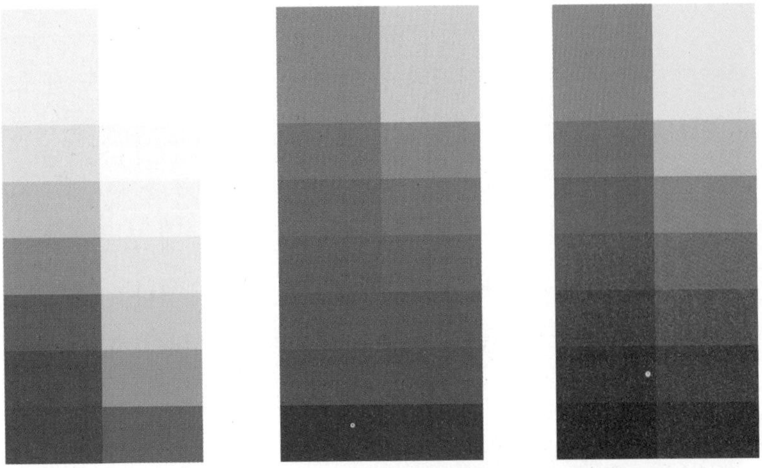

[그림 4-31] 애브니 효과의 예 1

처음 본래의 색이 보라색이거나 빨간색 등이 빛을 받으면 채도가 점차 높아져 본래의 보라색이거나 빨간색 등의 특성을 느낄 수가 없이 거의 흰색에 가깝게 된다.

[그림 4-32] 애브니 효과의 예 2

왼쪽의 연두색은 빛을 받으면 본래 연두색의 특성을 알아볼 수가 없는 애브니 효과가 일어나지만 오른쪽의 연두색에 가까운 노란색은 백색광에 의해서도 자극 순도가 바뀌지 않는 불변의 색상이다.

(6) 베졸트-브뤼케 현상

같은 색상이라도 빛의 강도에 따라 인간이 느끼는 색상이 다르게 느껴지는 것을 설명한 것으로 빛의 세기, 즉 명도가 높아지면 파장의 위치가 달라져 다른 색상으로 보이는 현상을 베졸트-브뤼케 현상(the Bezold-Brücke effect)이라 한다.

애브니 효과가 채도에 의한 현상이라면 베졸트-브뤼케 현상은 명도에 의해 나타나는 현상이라고 할 수 있다.

애브니 효과에 있어서 노란색이 불변의 색상인 것처럼 베졸트-브뤼케 현상에서도 파란색, 초록색, 노란색의 3색은 빛의 세기가 강해져도 파장의 위치가 변하지 않는 불변의 색상이다.

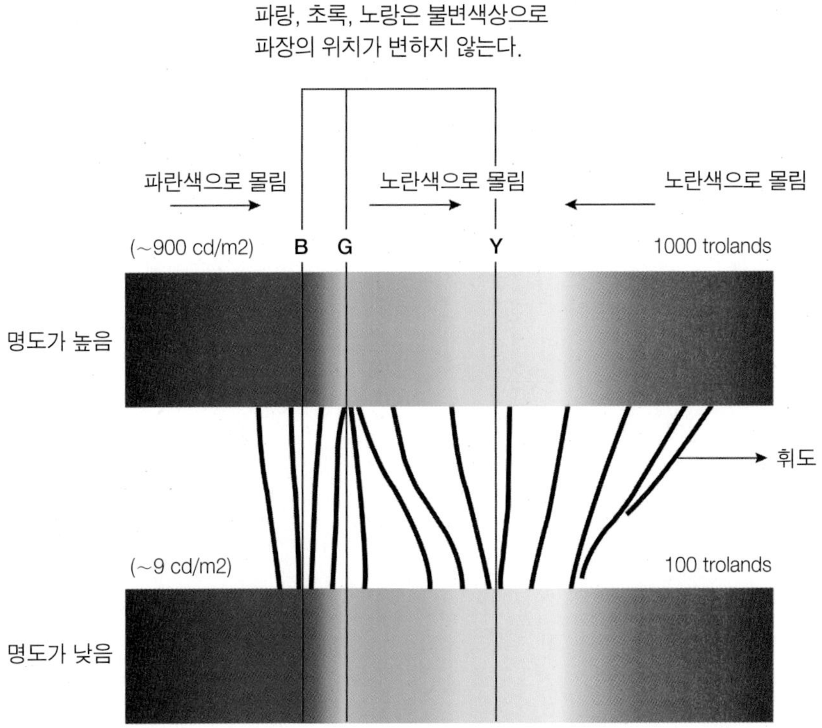

[그림 4-33] 베졸트-브뤼케 현상

파란색, 초록색, 노란색의 3색을 제외한 고유의 다른 색상들은 본연의 색을 그대로 가진 채 밝기에 따라 주파장대가 500nm 이하의 단파장색이면 파란색으로 색상이 몰려 파란색을 띠는 색상으로 변하고, 500nm 이상의 장파장은 노란색으로 색상이 몰려 노란색을 띄게 된다.

예를 들어, 명도가 낮아 어두울 때 연녹색과 붉은색은 명도가 높아지며 밝아질수록 점점 노란색으로 몰리면서 연녹색은 노란색을 띤 연녹색으로 변하고 붉은색은 노란색을 띤 붉은색, 즉 주황색으로 변한다. 단파장인 시안색과 보라색은 파란색으로 색상이 몰리면서 파란색 톤으로 변하는 것을 볼 수 있다.

이러한 베졸트 브뤼케 현상은 직물의 혼합에서 많이 사용되고 있다.

제2부

색채심리

제5장

색채심리의 개념

'빛은 곧 색이다.'와 같이 빛이 없는 곳에서는 어떠한 사물도 볼 수가 없으며 색 역시 존재하지를 못한다. 인간의 눈으로 사물이나 색을 볼 수 있다는 것은 태양이나 조명 등의 빛이 있다는 것이며, 빛이 있을 때만 가능한 일이다.

이러한 빛이 있어야만 볼 수 있는 사물이나 사물이 갖고 있는 색은 눈이라는 감각기관을 통해서 확인되는 물질세계의 사물을 보는 물리적인 것과 인간이 느끼는 심리적인 면을 동시에 경험한다.

예를 들어, 벽돌의 빨간색을 보면 물리적인 것으로는 가시광선의 장파장이지만 심리적으로는 인간에게 따뜻한 색으로 전달되며 신경을 긴장시키거나 흥분하게 만든다. 가시광선의 단파장인 파란색은 차가운 색으로 감정을 진정시키거나 침체의 반응을 일으킨다. 이처럼 빨간색을 보면 불, 경고, 위험, 정열 등을, 노란색을 보면 안전표지판, 병아리, 귀여움, 햇살 등의 따스한 느낌을, 푸른색을 보면 물과 시원함, 차가움 등의 이미지가 떠오른다는 것은, 색은 생각과 감정을 불러일으키기도 하고 느낌을 창조할 수 있다는 것이다. 또한 자연스럽게 기분이나 기질, 의욕과 활력에 영향을 주기도 하며 감정과 태도, 행동으로 나타나게도 한다.

이처럼 색은 관심이 있건 없건 간에 누구에게나 나름대로 반응을 한다. 색채심리는 이러한 색 환경에 대한 인간의 심리적인 측면을 다루는 것으로서 괴테(Johann Wolfgang von Goethe)는 "색채는 인간의 감성에 즉각적인 영향을 미친다"라고 하였으며, 칸딘스키(Wassily Kandinsky)는 "색이 주는 심리적인 효과는 그에 상응하는 정신적인 동요를 만들어 내기 때문에 물리적인 인상이 중요하다."라고 하였다. 즉, 인간에게 주어지는 원초적인 인상(impression)은 색채에 의해 영향을 받는 경우가 많다는 것이다.

융(Carl Gustav Jung) 또한 색채의 상징적 힘은 환자의 무의식적인 정신을 표출시켜 의식과 통합시킬 수 있다고 하였다. 이처럼 색채가 가진 힘과 의미가 인간에게 어떠한 반응을 미치는지에 대해 연구하는 학자들을 통해 색채심리를 다음과 같이 구체적으로 살펴본다.

1. 아리스토텔레스

고대 그리스 철학자인 아리스토텔레스(Aristoteles: 기원전 384~322)는 외부세계를 인식할 때 감각기관인 눈을 통해 외부의 대상을 지각하고, 감각지각을 통해 세계를 인식한다고 하는 감각론을 설명했다.

그의 감각론을 통해 색의 지각을 보면, 빛과 어둠 사이에 존재하는 색이라는 성질은 외부세계에 감각적 형상으로 존재하는 것으로서 그 자체로는 존재하지 못하고 항상 어떤 것의 속성으로만 존재한다고 한다.

또한 그는 색채에 대한 이론으로는 빛과 어둠의 대비를 감각기관인 눈이 인식하는 것에서부터 시작된다고 하였다. 이와 같은 이론은 괴테의 색채론에 영향을 미치기도 하였다.

색의 질서를 최초로 시도하며 색의 성질이나 색채의 혼합에 대해 처음으로 연구한 그는 자연현상인 물, 불, 공기, 흙의 4원소가 색깔의 근원이라고 하며 이를 기본색이라 여겼다.

물과 공기는 자연적으로 순수한 백색이고, 불은 노랗고 흙은 다채색이라고 하며 색채의 혼합에 대해서는 빛과 어둠이 눈의 관계에 의해 이러한 기본색이 적절히 혼합되었을 경우에 제각기 다른 혼합색이 발생하는 것으로 보았다.

2. 요한 볼프강 폰 괴테

독일의 시인이자 작가이며, 자연과학자인 괴테(Johann Wolfgang von Goethe: 1749~1832)가 색채에 대한 심리적 특성을 연구하게 된 것은 뉴턴(Isaac Newton: 1642~1727)이 색채를 과학적으로만 규명하려는 광학에 반론을 제기하면서인 것으로 알려져 있다.

이러한 그는 색채를 자연관찰의 일환으로 20년간 자신의 이론과 실험을 통해 1810년에 3부작인 원리편, 논쟁편, 역사편으로 구성된『색채론(Zur Farbenlehre)』을 출판하였다.

괴테가 가지고 있는 색채관이 기술되어 있는 제1부는 6편으로 구성되어 있는데 제1편 '생리적 색채' 안에 제1장과 제2장의 각각 '눈에 대한 빛과 어두움의 관계' '눈에 대한 검정과 흰색의 상의 관계'에서 괴테는 색채는 빛과 어둠 사이, 밝음과 어두움 사이에 존재한다고 했다. 이것은 고대 그리스 시대의 아리스토텔레스가 "색은 빛과 어둠이 적절히 혼합되었을 때 만들어진다."라고 생각한 색채관과 같은 맥락이다.

또한 괴테는 잔상을 통한 심리적 측면의 보색개념을 설명하여 오늘날 색채를 지각하는 중심적 학설이 된 헤링의 반대색설에 기여하기도 하였으며, 현재까지도 색채학 연구의 근간이 되고 있는 칸딘스키의 색채관에 직접적으로 영향을 주기도 하였다.

이와 같이 괴테의 색채론이 가치가 있는 것은 색채가 가지고 있는 감각적이면서도 정서적인 측면을 인간의 감성으로, 즉 인간이 색을 어떻게 느끼며, 어떤 이미지를 연상시키며, 색에 따라 어떤 정신적 작용이 일어나는가를 그의 민감하고 풍부한 감수성에 따라 탐구한 것이기 때문이다.

괴테의 색채론

당시의 시대적 유행이었던 자기학(磁氣學)을 연구하던 중 자석의 이미지에서 양극성 개념을 확인한 괴테는 세상만물 역시 두 가지 양극인 밤과 낮 사이의 작용에 의해 발생한다고 생각하며 자신이 스스로 상반된 극을 이루는 노란색과 파란색을 축으로 한 색채론을 전개했다.

모든 진리는 현상 안에 있다고 생각한 괴테는 눈에 보이는 현상들 자체가 색채의 이론으로 하늘의 푸르름이 곧 색채의 기본법칙을 밝혀 준다고 한다. 다시 말해, 색채를 나타나게 하는 것은 빛과 어둠의 자연적인 원래 현상들로 눈을 통해서가 아니라 순수한 마음을 통해서 자연스럽게 직관적으로 보이는 것으로, 이미 자연 안에서 색채의 여러 가지 현상을 보고 있으며 이러한 현상들 자체가 이론이라는 것이다.

이러한 과학적이기보다는 상징주의적인 색채관으로 양극성의 원리, 상승의 원리, 총체성의 원리를 설명하였다.

1) 양극성의 원리

양극성의 원리는 빛과 어둠을 플러스(+)와 마이너스(-)로 개념을 기호화하고, 빛에 가까운 밝은 노란색을 플러스라 하며, 어두움에 가까운 파란색을 마이너스라고 정의하고, 각각의 양극을 대립관계로 나타낸 것을 말한다.

플러스(+)에는 빛, 밝음, 강함, 따뜻함, 가까움, 밀침, 산성이 해당되고, 마이너스(-)에는 탈취, 암흑, 어둠, 약함, 차가움, 멈, 끌어당김, 알칼리가 해당된다.

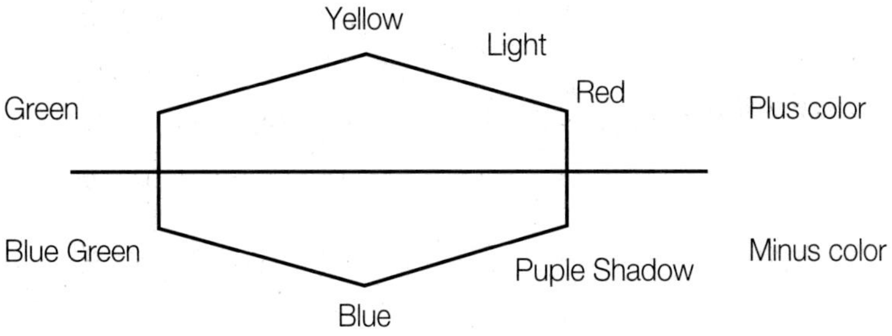

[그림 5-1] 괴테의 양극성

2) 상승의 원리

상승의 원리로는 프리즘을 통해 보는 가시광선에서 그 예를 찾을 수 있는데 노랑은 주황을 거쳐 빨강으로 상승하고, 파랑은 청자색으로 상승한다. 상승된 빨강과 청자색은 서로 대립의 관계이며 대립된 두 색을 결합하면 보라가 된다. 기본

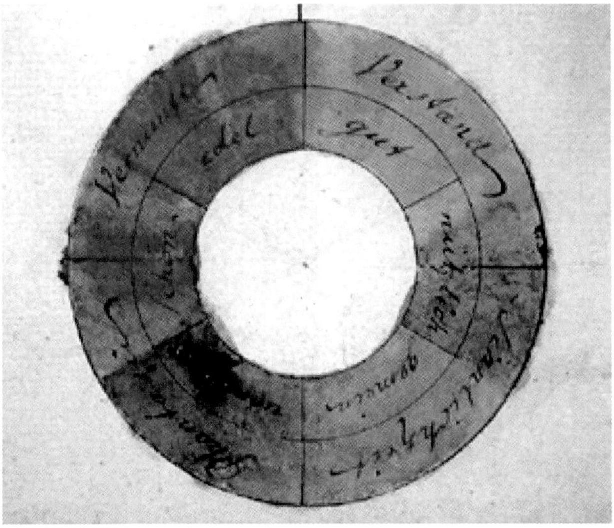

[그림 5-2] 괴테의 색상환

적인 노랑과 파란색이 결합하면 녹색이 되며 그 외의 다른 모든 색채 역시 색들의 혼합물로 만들어진다.

이처럼 그는 눈이 어떤 특정한 색을 지각할 때는 눈은 저절로 그 대립관계에 있는 색을 불러일으켜 균형력을 가지며, 감각내부에 대립된 색들이 모여 전체가 구성되는 색상환을 필연적으로 나타낸다는 것이다.

3) 총체성의 원리

색상환의 원주에서 보면 노랑에 의해 대립으로 유도된 청자색에는 빨강과 파랑이 들어 있으며, 파랑에 대립으로 상응하는 주황 속에는 노랑과 빨강이 들어 있고, 녹색은 파랑과 노랑의 결합이며 빨강을 대립으로 유도한다.

괴테는 이것을 총체성이라고 하였다. 총체성의 원리란 서로 대립된 양극성과 상승의 두 원리에 의해 생겨난 많은 색의 대립과 조화된 모습을 한눈으로 볼 수 있도록 색상환 위에 나타낸 것을 말한다.

[그림 5-3] 괴테의 총체성

4) 상징주의적 색채

또한 상징주의적인 색채관을 가지고 있는 괴테는 색 그 자체의 성질을 고찰하는 것뿐만 아니라 색이 나타내는 연상적인 이미지나 색이 가진 상징성에 대한 연구도 하였다.

예를 들면, 노랑은 눈과 심장을 설레게 하며 빛에 보다 접근하는 태양빛으로 쾌활함, 즐거움, 부드러움을 나타내지만, 파랑을 보면 무언가 어두운 느낌을 갖게 한다. 빨강에 대해서는 태양이 떠오르면 달이 지는 새벽과, 태양이 지면 달이 떠오르는 황혼은 서로 피하는 극단적인 대립의 관계이지만 신비스런 탄생이기도 하다며 빨강을 시적 방법으로 표현하기도 하였다.

3. 에발트 헤링

독일의 심리학자이며 생리학자인 헤링(Ewald Hering: 1834~1918)의 주요업적은 색을 인식하는 생리학에 대한 것이다. 그는 괴테의 영향을 받아 빨강, 노랑, 초록, 파랑의 4원색과 흑, 백 등의 색을 포함한 기본적인 여섯 가지 색채를 현상학적으로 색의 대립과정을 설명하며 이를 이론으로 제안하였다.

이러한 이론은 우리 눈의 망막에는 서로 반대되는 색으로 쌍을 이룬 빨강과 초록, 노랑과 파랑, 흑과 백의 세 가지 유형의 광화학물질이 있다고 가정을 하고, 망막에 빛이 들어올 때 물질이 분해와 합성이라는 반대의 반응이 동시에 일어나 그 반응의 비율에 따라서 각각의 색채를 지각한다는 것이다. 즉, 여러 가지의 다양한 색은 물질이 분해와 합성을 일으키는 반응의 비율에 따라 보이는 것이다.

예를 들어, 빨강-초록 물질은 빨간색의 광선에 의하여 자극을 받으면 분해되어 빨간색 감각이 되고, 초록광선의 자극을 받게 되면 합성하여 초록 감각이 된다. 빨강-초록 물질과 노랑-파랑 물질이 동시에 분해를 일으키면 빨강과 노랑의 중간에 있는 주황색의 색각이 생기고, 이 두 물질이 동시에 합성하게 되면 초록과 파랑의 중간에 있는 청록의 색각이 생긴다는 것이다.

또한 헤링은 흑색 배경 위의 백색 정방형을 보고 난 후 먼 곳으로 시선을 옮기면 흑색의 정방형이 잔상으로 나타나는데, 이는 시세포 속의 흑과 백이 모든 파장에서 분해 작용이 일어나 흑색의 정방형이 잔상으로 나타나는 것이라고 했다. 마찬가지로 노랑을 보고 있으면 노랑은 파랑의 잔상을, 빨강을 보고 있으면 녹색의 잔상이 나타나는데, 이는 물리적인 혼합이 아닌 지각에 바탕을 둔 심리적인 보색으로 눈 자체가 스스로 안정된 평행 상태를 회복하기 위한 심리적 현상 때문이라고 한다.

헤링은 이와 같은 현상을 반대색설, 혹은 대립과정이론(opponent-process theory)이라고 하였으며, 색채를 심리적 지각에 바탕을 둔 그의 이론은 이후에 스웨덴의 NCS 색체계와 일본의 PCCS 색체계의 기초가 되기도 하였다.

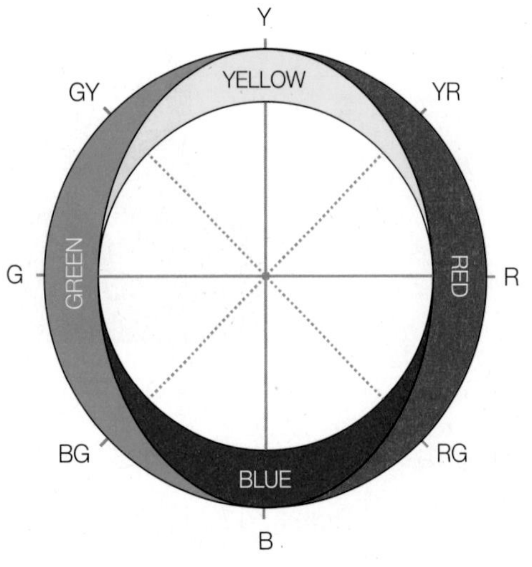

[그림 5-4] 빨강-초록, 노랑-파랑의 심리적인 보색

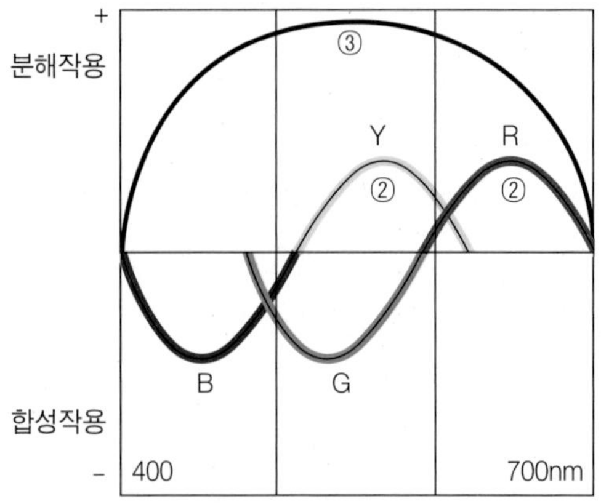

[그림 5-5] 분해와 합성

4. 루돌프 슈타이너

독일계 오스트리아인의 학자이자 인지학(人智學, anthroposophie)의 창시자인 슈타이너(Rudolf Steiner: 1861~1925)는 신비사상가, 건축가, 교육자로서도 유명하지만, 괴테의 정신적이며 영혼적인 요소가 작용하고 있는 색채론을 기초로 하여 색의 본질에 대해 연구하면서 색의 속성을 물리적 관점이 아닌 정신적 관점에서 설명하였다.

괴테의 색채론이 빛과 어둠의 상호작용이라는 신비에만 기초해 있다면, 그는 색채를 정신과학의 관점에서 녹색, 살색, 흰색, 검은색의 본질에 대하여 각각 설명을 하였다.

녹색, 살색, 흰색, 검정의 네 가지 색은 각각 상(像)의 성격을 이끌어 내며, 상(像)의 본질 자체가 어떤 매체를 통해 그림자나 영상(映像)을 만들어 낸다고 하며 색채와 함께 작업을 하는 것은 색채가 가지고 있는 정신적인 것과 함께 체험하는 것이라 한다. 다시 말해, 네 가지 색의 본질적인 특성은 녹색은 살아 있는 것의 죽어 가는 영상이며, 살색은 혼적인 것의 살아 있는 영상이며, 흰색은 영적인 것의 혼의 영상이며, 검은색은 죽음의 영적인 영상이라 한다.

이와 같이 색채의 본질을 이해하기 위해서는 색채가 여러 가지 현실세계의 영상이라는 것을 전제하지 않으면 안 된다고 한다. 다음은 그가 얘기하는 네 가지 색의 본질에 대해 살펴보도록 한다.

1) 녹색

녹색으로 현상되는 식물은 생명체를 가지고 있는 가장 본래적인 생명존재이다. 동물은 같은 생명체이면서 혼을 가지고 있고, 인간은 여기에 덧붙여 영을 가지고 있다. 녹색의 본질인 생명체는 녹색이라는 식물 속에서 살아 움직이지만 그 자신을 밖으로 드러내는 것은 녹색이다. 다시 말해, 식물의 본질은 생명이지만 생명을 볼 수 있는 하나의 영상은 녹색인 것이다.

색의 본질에 대해 인간을 예로 들면, 인간의 피부색은 살(肉)색이다. 살색은 인간이 갖고 있는 혼(魂)에 따라 색이 달라진다. 놀랐을 때 파랗게(綠) 질린 얼굴색이거나, 화가 났을 때 빨갛게 변하는 얼굴색으로 나타나는 색의 본질은 혼의 영상이다.

우리가 살아 있다고 느끼는 것은 우리의 육체 속에 혼이 생생하게 작용하고 있다는 것을 말한다. 이러한 혼이 인간에게서 떠나갈 때 우리는 이를 죽음이라고 한다. 인간에게서 혼이 떠나갈 때 인간의 피부는 녹색에 가깝게 변해 간다. 따라서 녹색은 죽음으로 나아가는 생명을 보여 주는 영상적 표현이라고 말할 수 있다.

2) 살색

살(肉)색의 본질은 영혼(靈魂)이 살아 있는 영상으로서, 영혼의 살아 있는 영상을 표현한 색이라고 슈타이너는 설명한다.

살색을 바라볼 때는 살색의 본질인 영혼이 움직이는 피부색의 운동성을 볼 수 있어야 하고, 이러한 피부색을 표현하고 싶으면 자신이 그 영혼 속에서 살아야 한다고 한다. 또한 자신의 영혼을 육체에 충만하게 하고 영혼을 살색으로 느낄 수 있는 색채를 체험하는 것은 영혼이 정신세계에 이르는 길이며 색채 자체로도 유동적이고 생기 넘치는 요소를 갖게 된다고 한다.

3) 흰색

그가 설명하고 있는 흰색은 태양광이거나 조명인 빛을 포함한 것으로서 색을 지각하게 하는 것이 빛의 본질이다. 하지만 빛의 본질인 빛 그 자체는 볼 수가 없다. 따라서 빛 그 자체로는 색이 아니기 때문에 빛을 색채와 같은 방식으로는 체험할 수가 없다. 빛을 지각하기 위해서는 그것을 어디든 반사시켜야만 한다. 그 이유는 색은 물체의 표면에 머물러 있지만 빛은 공간 속으로 흘러가기 때문이다.

이러한 빛은 빛과 친화적인 인간에게 인간 스스로 빛을 통해 존재하고 있다는 사실을 실감하게 하며 빛의 체험은 인간이 영적이라는 것을 나타내는 것이다. 다시 말해, 혼은 빛을 통해 인간을 체험하고 있는 것이며 빛은 인간의 정신을 이끌어 주며 정신의 혼적인 영상이 곧 빛이라고 슈타이너는 말한다.

4) 검은색

녹색이 식물의 본질적인 색채인 것처럼 검은색 또한 무언가의 본질적인 색깔이라고 한다. 슈타이너는 식물이 탄화하면 검은 숯으로 변하게 된다고 하며 검은색을 나무가 죽어 연료가 된 숯에 비유하였다.

생명은 검은색 속에서는 운동을 하지 않으며 따라서 절대적인 어둠의 검은색 속에서는 어떤 생명도 운동할 수가 없다. 그것은 식물 속의 살아 있는 생명이 숯으로 변한 식물과 함께 떠나가면서 운동을 멈추기 때문이다.

하지만 형체가 없는 영(靈)은 어두움 속에서도 작용하며 활동의 장을 얻는다. 그것은 영은 어두운 검은색 속에서도 이입될 수 있는 유일한 것이기 때문이다.

따라서 슈타이너는 검은색을 통하여 영을 표현할 수 있다고 하며 검은색의 본질을 죽음의 영적인 영상이라 한다.

5. 바실리 칸딘스키

칸딘스키(Wassily Kandinsky: 1866~1944)는 러시아 모스크바 출신으로 주로 독일에서 활동한 화가이며 최초의 현대 추상미술의 개념을 정립한 선구자이기도 한 그는 자신만의 독자적인 색채이론을 형성하였다.

그의 독자적인 색채이론은 많은 색채이론을 포괄적으로 수용하여 체계화한 것으로, 특히 이콘의 상징성과 신지학을 통해 그 정신적인 틀을 마련하였으며 이콘의 정형성과 괴테의 색채론을 통해 조형의 구조를 다시 체계화하였다.

다음은 칸딘스키의 색채이론에 영향을 미쳤던 이콘과 신지학을 간단히 알아보고, 괴테의 색채론을 참고하여 색채의 구조를 통일하고자 한 기본색상의 구조에 대하여 구체적으로 살펴보도록 한다.

1) 이콘(Icon)

동방 그리스도 교회의 성화상을 지칭하는 것으로 사실적이기보다는 상징적인 미술이다. 선과 색을 통해 교회의 신학적 가르침을 전달하는 기능을 갖는다.

정형화된 색감과 구도를 중심으로 흰색은 신성한 존재, 녹색은 생명과 희망 등 각각 정형적인 상징적 의미를 가지고 있으며, 이를 상징적으로 표현한 것을 말한다.

2) 신지학

미국의 블라바츠키(Helena Blavatsky: 1831~1891)가 중심이 되어 1875년 신지학 협회를 설립하여 조직된 것으로, 서양과 동양의 종교철학의 융합을 바탕으로 하나의 보편적인 진리를 추구하는 것을 목표로 하는 정신 운동을 말한다.

신지학의 사상은 신을 직접적인 체험으로 알 수 있다고 하는 신비주의 경향으로 자연 세계의 본질과 진리는 사람의 직관과 정신을 통해 파악한다는 것이다. 이와 같은 신지학은 종교로부터 파생되었지만 철학적 요소가 강해 많은 지식인들이 선호하였으며, 당시 많은 예술가에게도 영향을 주었다.

3) 기본색상의 구조

전통적인 빨강, 노랑, 파랑의 3원색을 기본색으로 괴테의 색채론 중 심리보색 관계를 적용하여 심리작용으로 인한 색의 내적 성격을 분류한 다음, 분류된 색의 관계를 대립으로 한 색상구조를 형성했다.

(1) 한 쌍의 대립 I과 II

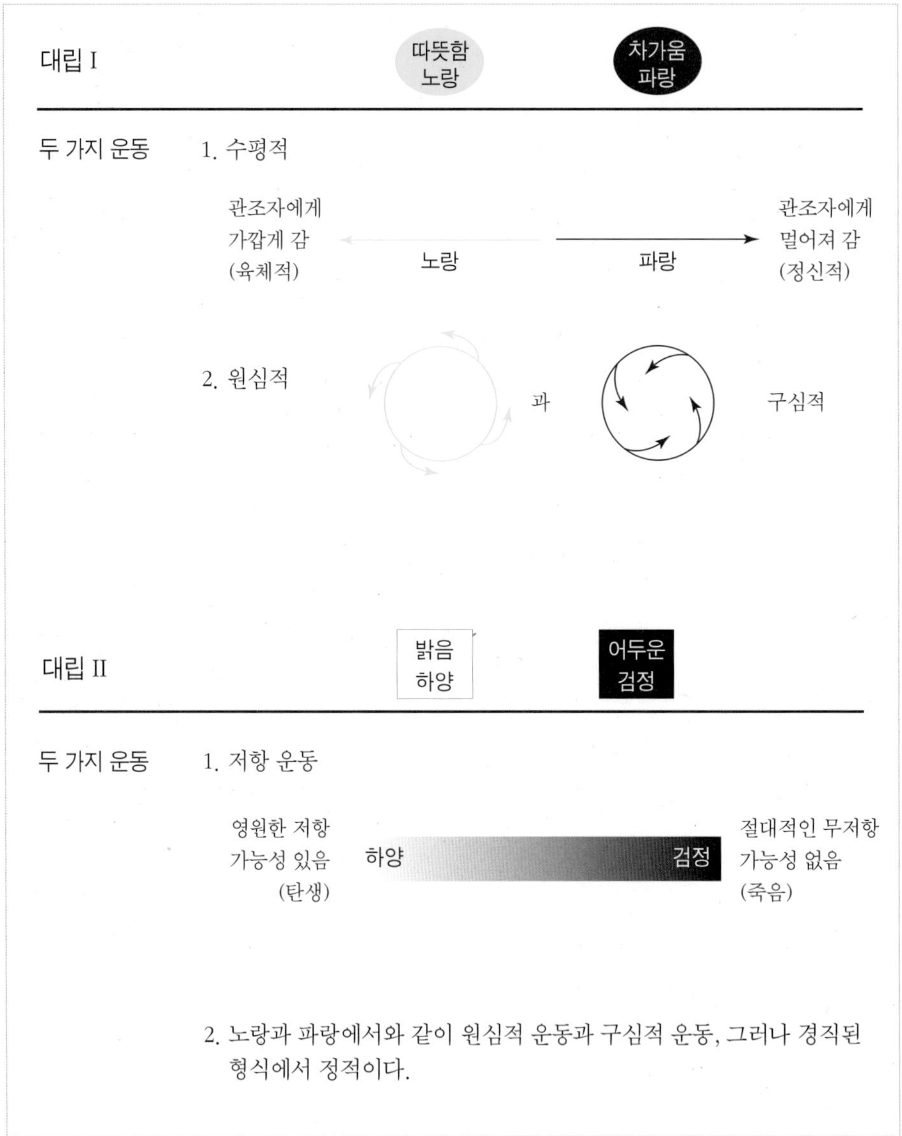

[그림 5-6] 심성작용으로서의 내적 성격

출처: 권영필(2007).

① 대립 I의 설명

[그림 5-7] 수평적 운동

노랑과 파랑의 수평적 운동으로 노랑의 따뜻함과 파랑의 차가운 색채의 대립을 동일한 평면 위에서 보면, 노랑은 관조자(보는 사람)를 향하여 움직이며 다가서고, 파랑은 관조자에게서는 멀어지며 자신의 마음 안쪽으로 향한다. 전형적인 하늘색이라고도 하는 파랑은 인간을 무한의 세계로 끌어들이기도 하며 인간에게 순수와 초감각적인 동경을 일깨워 주기도 한다. 또한 노랑에 비해 예민하지도 않으며 심화되어 침잠하다. 반면, 노랑은 전형적인 지상의 색으로서 밝은 노랑은 지향적이고 증진하는 힘을 주기도 하고 정신적인 따뜻함을 발산하기도 한다. 하지만 쉽게 예민해지기도 하는 노랑은 사방으로 자기 힘을 소모하는 경솔함이 있어 때로는 광적이기도 하다.

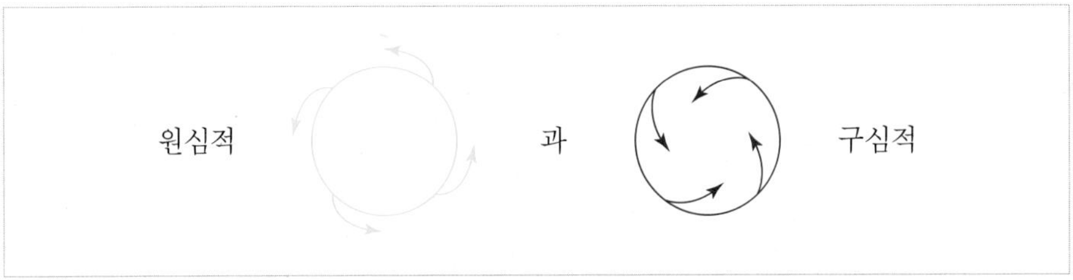

[그림 5-8] 원심적과 구심적 운동

빛을 방사해 중심에서 밖으로 향하는 원심적 운동을 하는 노랑은 보고 있는 우리에게 가까이 오는 느낌을 준다. 반면, 파랑은 마치 자기 집 쪽으로 움츠러드는 달팽이처럼 안쪽으로 하나의 구심적 운동을 일으켜 보고 있는 우리로부터 멀어지는 운동을 한다. 원심적 운동을 하는 노랑에서는 눈을 찔리는 듯한 느낌을 받으며, 구심적 운동을 하는 파랑의 원에서는 빨려드는 듯한 느낌을 받게 한다.

② 대립 II의 설명

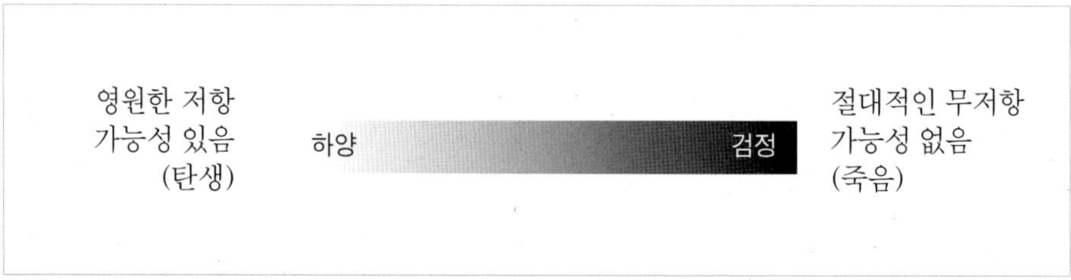

[그림 5-9] 저항운동

물리적인 속성으로서의 밝기 대립, 즉 하양과 검정의 두 색 역시 두 가지 운동을 하고 있다. 첫 번째 운동은, 색 자체가 가지고 있는 내적 가치에 있어서 하양은 탄생을, 검정은 죽음을 의미하여 정신적인 저항운동으로서 대립을 이룬다. 이때 하양의 의미란 물질적으로 뛰어넘을 수 없고 파괴할 수 없는 무한으로 들어가는 차가운 장벽과 같은 혹은 가능성으로 꽉 차 있는 커다란 침묵과 같은 것으로 죽음을 의미하는 검정과는 반대인 색을 말한다.

노랑과 파랑에서와 같이 원심적 운동과 구심적 운동, 그러나 경직된 형식에서 정적이다.

[그림 5-10] 정적운동

두 번째 운동은, 노랑과 파랑에 밝고 어두움을 첨가하였을 경우 흰색을 섞은 노랑은 더욱 밝아지며, 검정을 섞은 파랑은 더 어둡게 되어 원심과 구심적 운동의 물리적 유사성을 극대화할 수 있다.

이 외에도 따뜻한 성격을 가진 노랑과 차가운 성격을 가진 파랑을 물리적으로 혼합했을 때 나타나는 초록은 노랑과 파랑의 수평적, 원심적, 구심적운동은 소멸되어 이상적인 균형을 얻는다. 완전한 초록은 존재하는 모든 색 중에 가장 고요하고 평온한 색이 되기도 한다. 하지만 휴식의 시간이 지나가면 오히려 지루해지듯이 수동적인 초록은 평온 속에 침잠해 있는 여름의 지배적인 색으로 자기만족, 혹은 비만을 느끼게도 한다.

초록에 노랑을 혼합한 밝은 초록은 생기를 얻어 젊고 기쁨에 차며 능동적인 힘을 얻게 되지만, 밝음이 심하여 하양에 가까우면 정적이고 경직되며 무관심이 강해질 수도 있다. 반면, 파랑을 혼합한 어둡고 짙은 초록은 침잠해지면서 진지해지고 사색적이 되기도 하지만 검정에 가까운 더 짙은 초록은 움직임이 없는 평온이 강하게 울려지기도 한다.

정신적 유사성이 비슷한 노랑과 파랑의 혼합된 초록, 하양과 검정의 혼합된 회색은 각각의 독립된 정신적 성격은 모두 잃었지만 두 대립적인 성격의 정점으로서는 중립적인 성격을 갖게 된다. 이러한 대립의 효과는 경험적 · 심성적으로 사람이 느끼는 감각의 결과로서 과학에 기초를 둔 것은 아니다.

(2) 한 쌍의 대립 Ⅲ과 Ⅳ

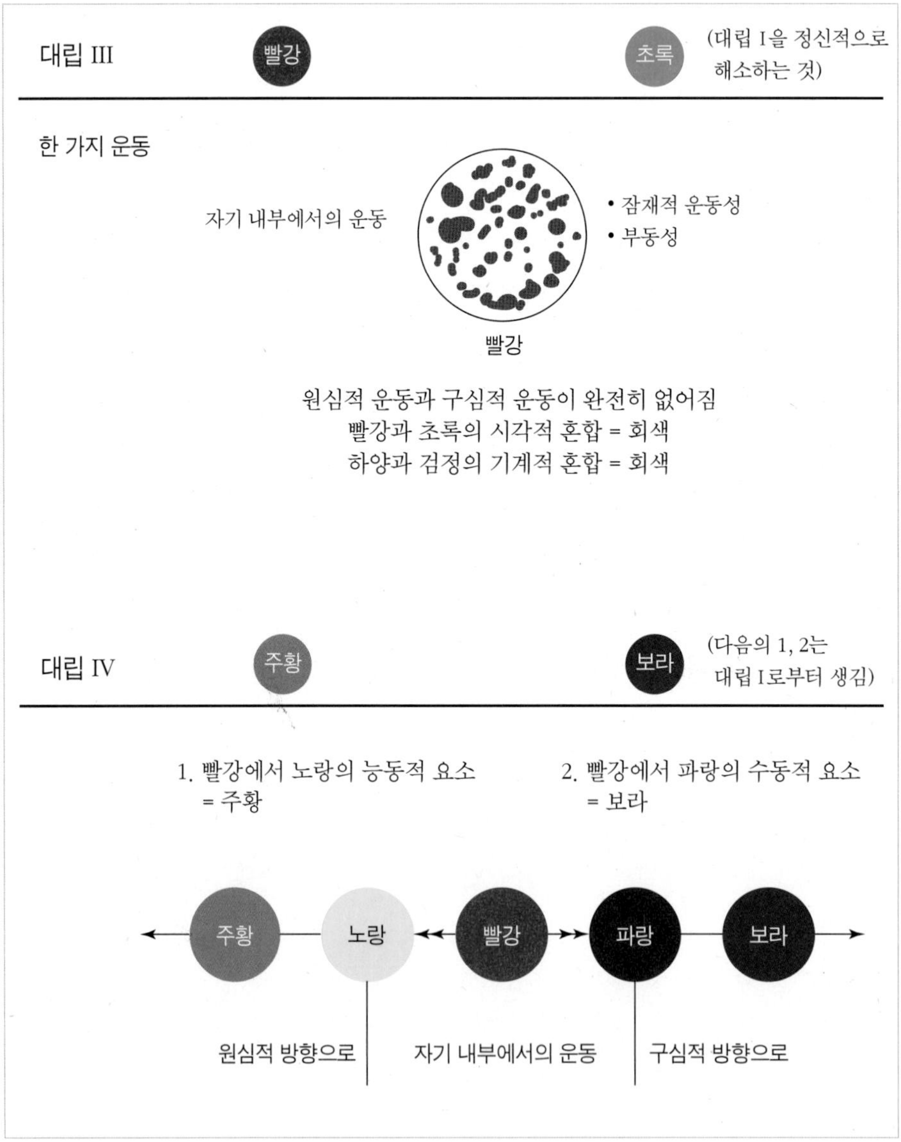

[그림 5-11] 보색으로서의 물리적 성격

① 대립 Ⅲ의 설명

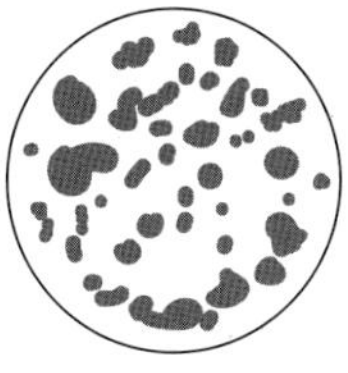

[그림 5-12] 한 가지 운동

한 가지 운동은 빨강을 기준으로 물리적 보색 관계를 갖고 있는 초록을 대립하여 빨강의 다양한 성격을 초록으로부터 느껴지는 물리적 성격을 말한다.

빨강은 그 한계가 없고 힘, 에너지, 지향성, 결단성 등의 감정을 일으키게 하며 생기에 차 있고 활동적이며 목적을 의식한 무한한 힘에 동요하는 색이다.

하지만 모든 에너지와 강렬성을 가졌음에도 불구하고 거의 목적을 의식한 무한한 힘을 외부로 향하지 않고 주로 자기 내부에서 분출하고 작열하는 내적 작용을 하며 소위 남성적인 성숙한 색이기도 하다.

이러한 성격을 갖고 있는 빨강은 밝은 색에서부터 어두운 색상에 이르기까지 그 영역이 넓고 다양하다. 같은 계통인 노랑을 혼합해 명도를 높여 주면 진한 빨강(주홍), 노랑에 가까운 빨강(주황), 진노랑 등의 색상이 나타나고, 차가운 계통인 파랑을 혼합하면 보라, 초록을 혼합하면 회색 등의 다양한 모습으로 다양한 영역을 갖고 있다. 이처럼 넓고 풍부한 빨강의 다양한 색상은 다양한 물질적 형태 속에서 그 성격 역시 대단히 풍부하고 다양하다.

하지만 사방으로 자기 힘을 소모하는 노랑이 지닌 경솔한 성격은 가지고 있지 않다. 오히려 빨강은 파랑에 의해 약화되는 성질을 갖고 있다.

이와 같이 자기 자신에 충실하며 내적 가능성이 충만한 빨강은 중립적 성격으로서 노랑과 파랑의 원심적 · 구심적 운동은 하지를 않는다. 오히려 보색의 관계이며 동시에 대립의 관계인 초록으로 인하여 내부적으로 한 가지 운동에만 집중하게 한다.

② 대립 IV의 설명

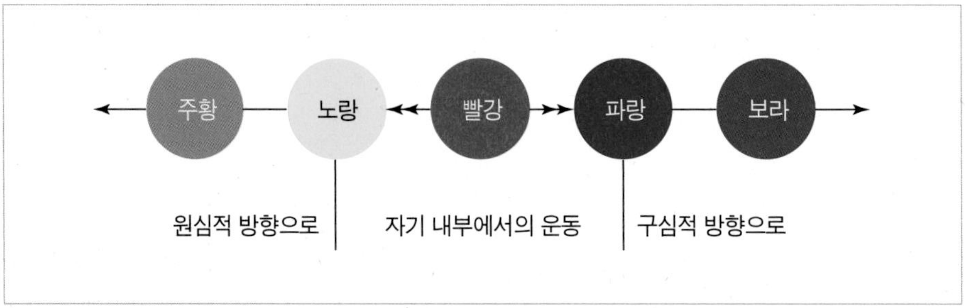

[그림 5-13] 보색관계

빨강에 밝고 따뜻한 노랑을 혼합하여 명도를 높인 주황이나 파랑을 혼합한 보라는 노랑과 파랑의 각각 대립된 관계의 성격을 형성하여, 주황은 원심적 운동을, 보라는 구심적 운동을 하게 한다.

주황은 중간노랑과 일종의 유사성을 가지고 있으며 색소로서도 매우 많은 노랑을 가지고 있다. 예를 들면, 힘, 에너지, 지향성, 결단성, 기쁨, 승리(완성) 등의 감정을 일깨워 주기도 하며 불타오르는 격정과 같이 쉽게 압도되지 않는 자기 자신에 충실한 힘과 같은 예민한 감정을 지속시키기도 한다. 이러한 빨강의 의미도 가지고 있으면서 노랑의 의미도 같이 가지고 있는 주황은 내부에만 있는 빨강보다는 노랑의 의미인 인간에게로 가까이 오게 하는 힘을 더 가지고 있어 조금 더 따뜻한 의미를 가지고 있다.

이와는 반대로 인간으로부터 멀어지려는 파랑의 의미와 내적 에너지에 더 강렬한 빨강이 혼합되어 있는 보라는 물리적이고 심리적인 의미에서 볼 때 냉각한 빨강이다. 빨강이 주는 열정적인 느낌과 파랑이 주는 아주 차가운 의미의 보라는 서로 혼합이 어우러지지 않아 불꽃이 꺼져 버린 것 같은 요소를 가지고 있으면서 내부에 비극적인 요소도 함께 가지고 있어 일종의 병적으로 나타날 수가 있다.

또한 거의 안정되지 않은 불균형 상태에 놓여 있는 주황과 혼합할 경우 균형을 잃는 경향도 있다. 이처럼 주황과 보라는 단순한 원색 색조의 영역에서 보면 네 번째이자 마지막 대립으로 이 색상들은 물리적인 의미에서는 상호 보색관계에 놓여있다.

(3) 하양과 검정 양극 사이에 있는 색환(色環)

칸딘스키의 대립관계로 만든 색채의 구조를 정리해 보면 다음과 같은 결론을 낼 수 있다.

그가 색을 분류한 첫 번째 기준인 따뜻함과 차가움의 성향인 노랑과 파랑, 상호 보색관계인 빨강과 초록, 주황과 보라 등 6가지의 색상은 세 쌍의 큰 대립으로 형성되고 연속적인 경계를 통해 꼬리를 물고 커다란 원으로 연결되어 있다.

그 좌우에는 두 번째 기준인 밝음과 어두움의 성향인 하양과 검정이 탄생과 죽음으로 놓여 있는 것을 볼 수 있다.

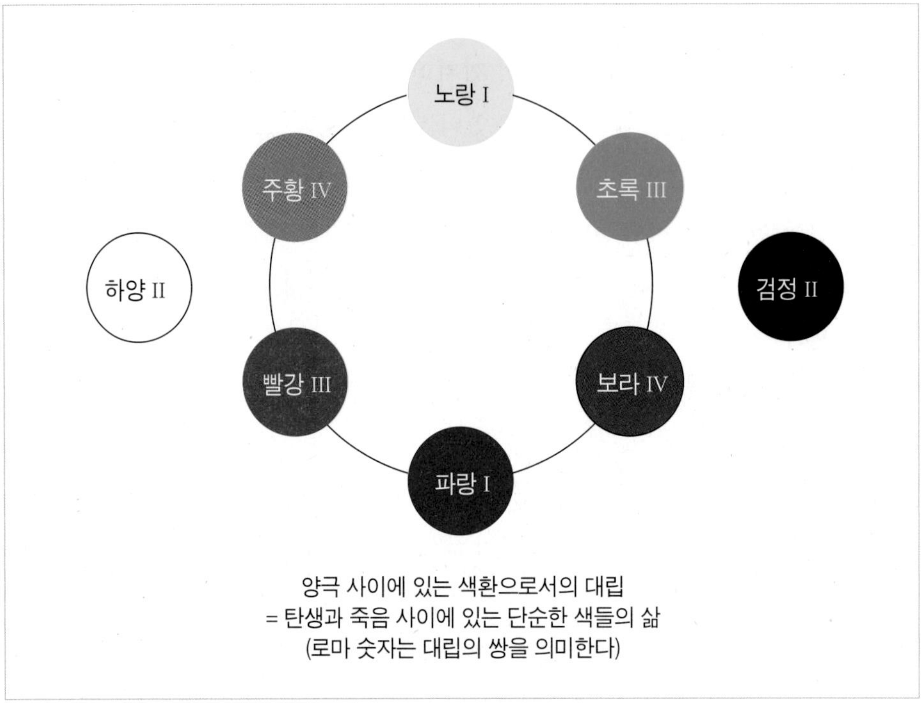

[그림 5-14] 대립의 쌍

6. 칼 구스타프 융

언어학자이자 목사의 아들로 스위스 바젤에서 출생한 융(Carl Gustav Jung: 1875~1961)은 그리스어와 라틴어를 공부하던 청년기에 아버지가 정신병원 상담 목사로 활동하면서부터 정신분석에 관심을 가지게 되었다.

지그문트 프로이트의 정신분석학에 영향을 받은 융은 자신의 심리학인 분석심리학의 기초를 세웠으나 신비적인 색채를 지니고 있는 데다가 난해하여 심리학의 일반에 대해서는 영향을 끼치지 못하였다.

하지만 '외향형(外向型)'과 '내향형(內向型)'으로 나눈 인간의 유형론(typology)과 원형(原型), 집단무의식 등의 개념은 정신의학과 종교 · 문학 관련 분야의 연구에 큰 영향을 미쳤다.

특히 융은 원형론에서 색채를 이용한 만다라를 심리학적 입장에서 정의하였으며, 이를 가장 적절하게 상징하는 것이 만다라라고 하였다. 만다라는 집단무의식의 원형으로서 자기인식을 돕는 과정을 말하며 무의식이 보내고 있는 메시지를 이해하는 것이 상징의 해석이다.

상징이란 자연 발생적인 무엇을 나타내는 것으로서 분명하고도 직접적인 의미 이상의 감추어진 무엇인가를 내포하고 있다. 이러한 상징은 개인적이기보다는 집단적인 성질을 지니고 있으면서 인간의 의지에 따라 마음대로 생성시키거나 소멸시킬 수 있는 것이 아니며 다른 상징으로 대체할 수 있는 것도 아니다. 수백만 년 동안 경험한 집단무의식 속에 생겨난 결과로 심리의 표면에 원형으로 나타난다.

융은 "시대와 공간을 초월하여 나타나는 상징이 있는데, 그것은 원형의 모습으로 인류의 마음에 깊이 뿌리박혀 있다. 그리고 사람들은 그것에 본능적으로 반응한다."라고 한다. 이러한 상징은 마음의 무의식적인 내용물에서 파생한 자연적 상징과 문화적 상징으로 나누어 볼 수 있다.

자연적 상징은 근원적인 원형으로써 다양한 심상의 모습으로 나타난다. 반면, 자연적 상징과 구별되는 문화적 상징은 수많은 변용의 과정과 어느 정도 의식적인 발전 과정을 거쳐 문명사회에 수용되면서 집단적 이미지가 된 것을 말한다.

오랜 세월의 발전 과정을 거쳐 왔음에도 그 본래의 신성한 힘 혹은 마력을 지니고 있는 문화적 상징은 어떤 사람들에게는 깊은 정서적 반응을 불러일으킨다. 이것을 융은 원형이라고 하며 원형에 의한 집단무의식에서의 상징인 만다라와 만다라를 통한 색채의 상징적 힘을 믿었다.

7. 파버 비렌

미국의 색채연구자로서 이론가이며 실제적인 기능인(技能人)인 비렌(Faber Birren: 1900~1988)은 풍경화가인 아버지의 영향으로 어린 시절부터 그림그리기와 색의 혼합에 재능을 보이기도 한 그는 가족들의 모습을 묘사한 벽화를 그려 집을 장식하기도 하였다.

시카고에 위치한 예술 전문학교에 다니면서 초상화와 회화를 배운 비렌은 1920년 시카고 대학에 입학하여 교육학을 전공하였으나 색채연구에 대한 관심이 더 많아 2년 뒤에 대학을 그만두고 자신의 연구에 착수했다.

시카고에서 처음 색채상담 업무를 시작한 그는 1940년부터 1970년대까지 색채이론가 뿐만 아니라, 제품의 색채, 환경의 색채 등 색채에 관한 여러 응용분야에 걸쳐 뛰어난 실천가였다. 그의 주요한 고객으로는 뒤퐁, 후버, 제네럴 일렉트릭, 메이스니트, 미네소타 광업, 네셔널 레드, 하우스 앤드 가든 매거진, 웨스트 버지니아 펄프 제지회사 등이 있다.

지금도 마케팅에서 많이 이용되고 있는 비렌의 색채조화이론에 대한 내용을 정리해 보면 다음과 같다.

1) 색 삼각형

오스트발트 색채체계이론을 수용한 비렌은 색채의 지각은 카메라나 과학 기기와 같이 자극에 대한 단순 반응이 아니라 정신적 반응에 지배된다고 전제하였다.

또한 그는 삼각형의 구도를 이용하여 색채에 대한 조화를 설명하기도 하였는데 삼각형의 각 꼭짓점에 순수 원색인 순색과 흰색, 검정을 놓고 각각의 모서리를 연결한 직선상 위의 중간 영역에 순색과 흰색이 합쳐진 밝은 색조(tint), 흰색과 검정이 합쳐진 회색(gray), 검정과 순색이 합쳐진 어두운 색조(shade), 그리고 세 군데의 각 모서리 꼭짓점을 연결하여 만들어진 중립적인 색을 톤(tone)이라고 하는 4가지의 색조군을 만들었다.

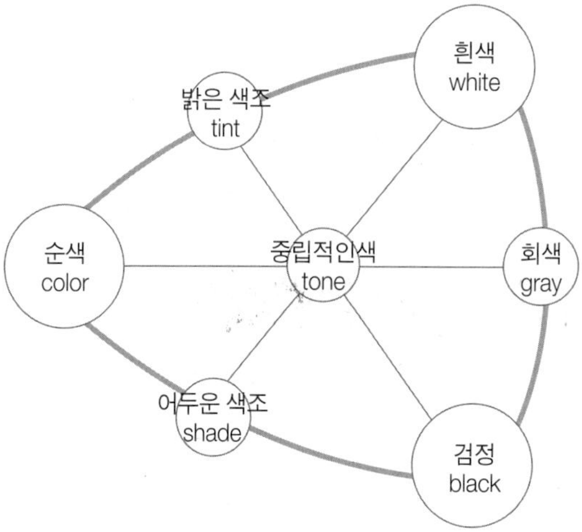

[그림 5-15] 비렌의 색 삼각형

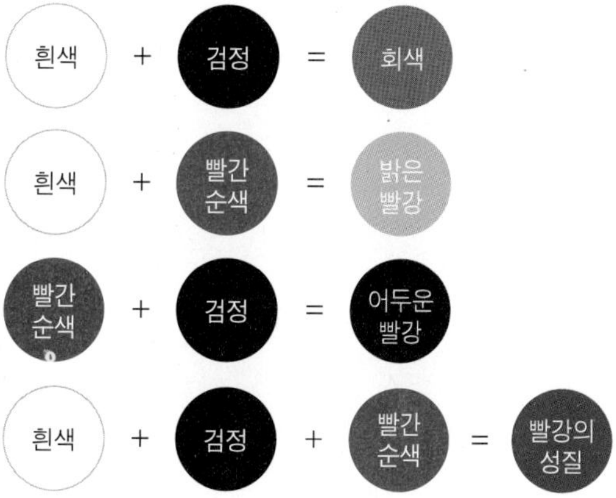

[그림 5-16] 4가지의 색조군

이처럼 삼각형을 이용한 색의 개념도를 비렌은 색 삼각형이라고 하며 색채의 미적 효과를 나타내는 데는 순색, 흰색, 검정, 밝은 색조(tint), 회색(gray), 어두운 색조(shade), 톤(tone) 등 최소 7가지의 색 범주가 필요하다고 한다.

또한 비렌은 색 삼각형의 동일 선상에 위치한 색상들은 어느 방향으로 연결되더라도 그 색채들 간에는 관련된 시각적 요소가 포함되어 있어 서로 조화롭다고 하며 8가지 타입의 조화모델을 제시하기도 하였다. 이와 같은 그의 색 삼각형의 모델은 PCCS 색체계의 근본이 되기도 한다.

2) 8가지 타입의 조화모델

(1) 밝은 색조(tint), 톤(tone), 어두운 색조(shade):

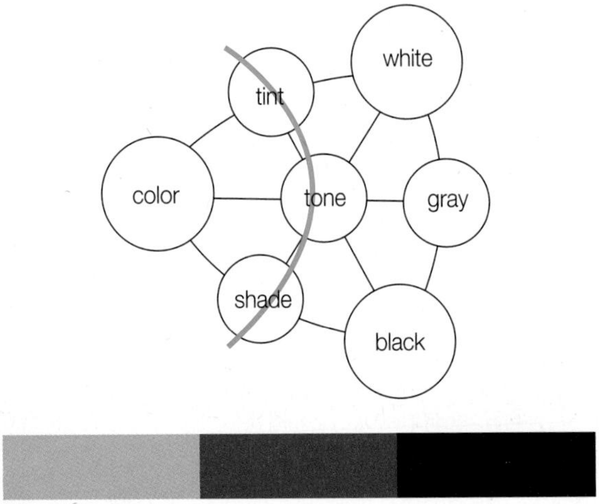

세련되고 안정적이며 감동적인 조화이다.

(2) 흰색(white), 회색(gray), 검정(black):

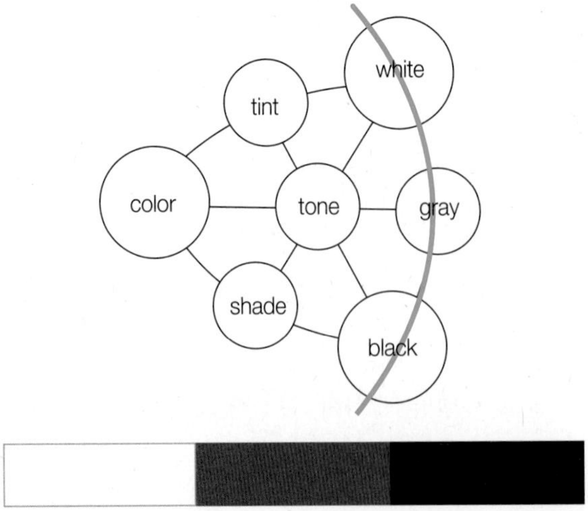

안정감이 있고 절제되고 깔끔 명료하다.
무채색은 다른 어떤 명도의 유채색과도 자연스럽게 조화가 된다.

(3) 밝은 색조(tint), 톤(tone), 검정(black):

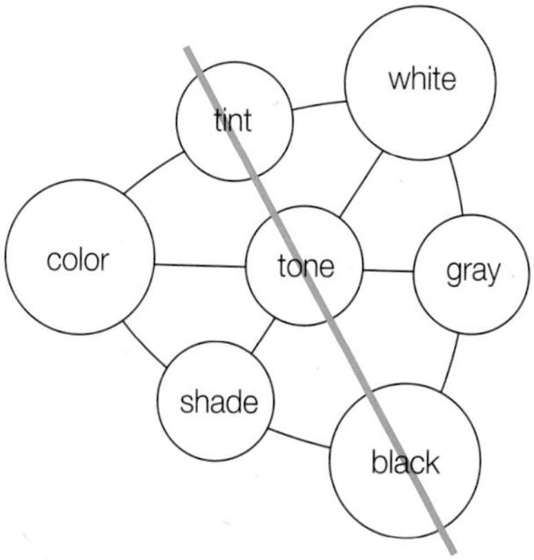

부드럽고 세련되며 무게감이 있어 차분한 느낌이다.

(4) 순색(color), 어두운 색조(shade), 검정(black):

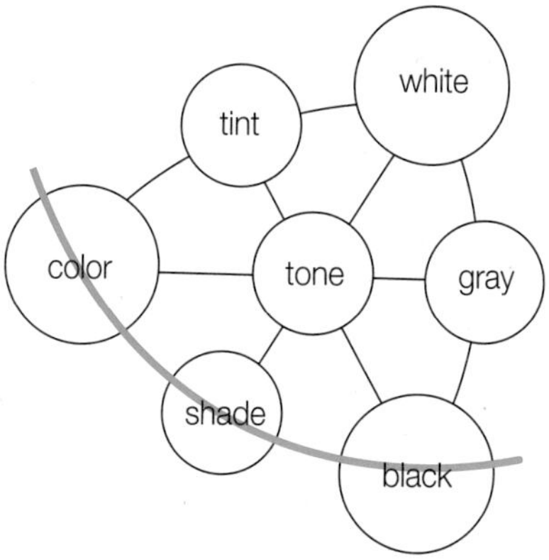

무겁고 단단하며 깊이와 풍부함을 준다. 때로는 화려한 느낌이 들기도 한다.

(5) 흰색(white), 톤(tone), 어두운 색조(shade):

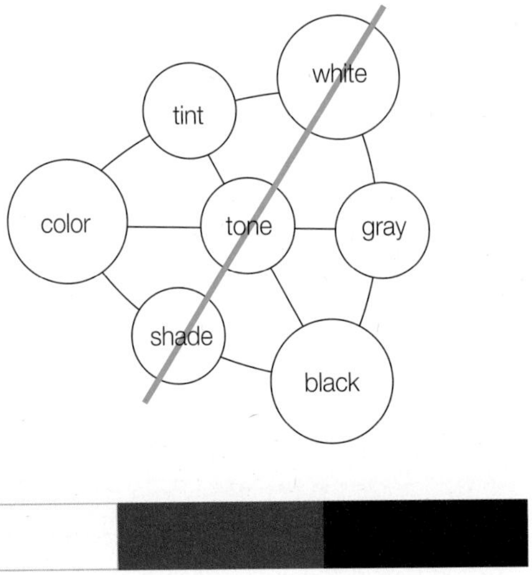

자연스럽고 단정한 느낌으로 세련감을 준다.

(6) 순색(color), 밝은 색조(tint), 흰색(white):

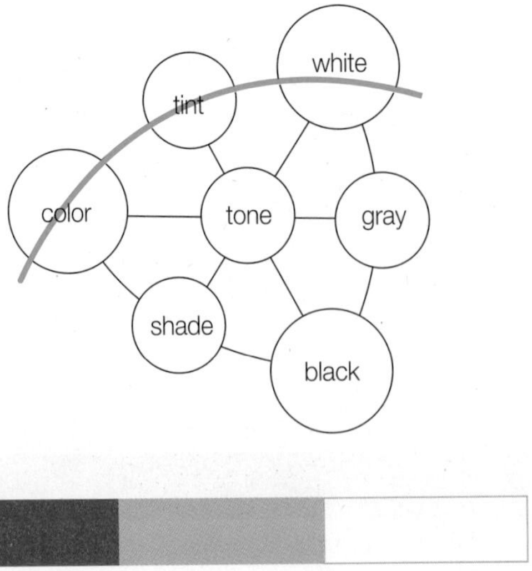

깨끗하며 싱그러운 봄 느낌이 나는 밝은 분위기로 조화로움을 준다.

(7) 순색(color), 흰색(white), 검정(black):

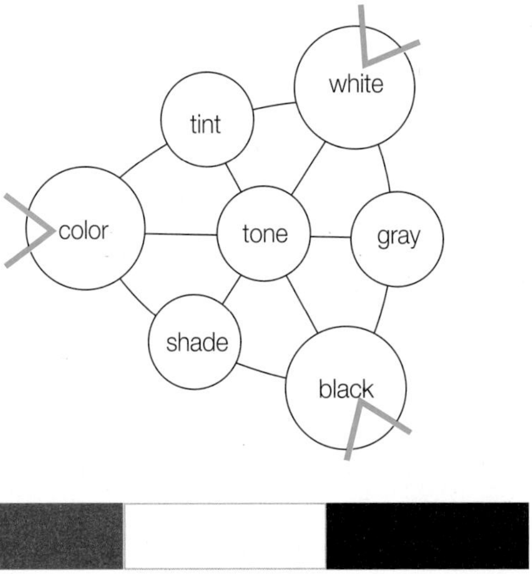

색채 조화의 기본 구조로 현대적인 느낌으로 강하고 원초적이며 활동적이다.

(8) 밝은 색조(tint), 회색(gray), 어두운 색조(shade):

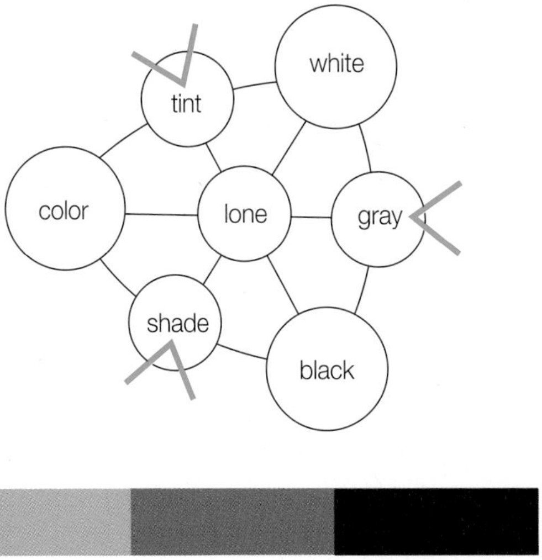

고상하고 우아하며 고급스러운 느낌의 배색이다.

3) 색채의 형태

형태로도 적용이 되는 색채는 추상화가인 칸딘스키를 비롯하여 조형 교육가인 요하네스 이텐과 더불어 비렌 역시 어떤 특정한 형태를 연상시킨다고 하였다.

그는 빨강은 정사각형을, 주황은 직사각형을, 노랑은 역삼각형을 초록은 육각형, 파랑은 원, 보라색은 타원형 등의 형태를 연상시킨다고 한다.

제6장
색채의 성격

1. 색채의 감정적 기능

색은 색 그 자체만으로는 존재할 수가 없다. 무제한으로 확장될 수가 없기 때문에 형태가 있어야만 존재한다. 프리즘을 통해 나타난 7가지의 빨강, 주황, 노랑, 초록, 파랑, 남색, 보라 등의 단색광 역시 따로 떨어져 하나로 존재하는 것이 아니라 광선인 직선의 형태가 서로 인접되어 존재한다.

색에서 인간이 일상생활을 하면서 심리적으로 감정을 느끼는 것은 색에는 색상, 명도, 채도 등의 속성과 대비와 조화, 동화 등이 다양하게 포함되어 있기 때문이다. 예를 들면, 색채 대비로 인하여 각각의 색이 더 강조되어 다르게 보일 수도 있고, 동화 작용을 통하여 인접한 색과 비슷한 색이 되기도 하며, 다른 색과 비교되었을 때 무겁거나 가볍게 보이기도 한다. 따뜻하게 느껴지거나 차갑게 느껴지는 색이 될 수도 있다.

이처럼 색채로 인해 느끼는 인간의 심리적 감정을 다음과 같이 살펴보도록 한다.

1) 색채의 온도감

색채를 통해 따뜻하거나 차다고 느끼는 온도감은 색상, 명도, 채도 중에서도 색상과 더 밀접한 관계가 있다.

색상이 온도감에 미치는 영향을 알아보기 위해 스위스 출신으로 독일의 예술가이자 바우하우스의 교사였던 이텐(Johannes Itten)은 청록색과 다홍색의 방을 이용하여 각각의 방 안에 사람이 직접 느끼는 체감온도를 실험하였다. 실험한 결과 다홍색 방의 사람들이 청록색 방의 사람들보다 더 따뜻함을 느낀다는 것을 밝혀냈다. 또한 물리학자인 뉴홀(S. M. Newhall)도 50종의 색 샘플을 이용하여 사람이 느끼는 난색과 한색을 분류하는 실험을 하였다. 실험 결과, 사람이 느끼는 따뜻한 색은 빨간색과 빨간색 계통인 주황색의 범위라는 것과 시원하다고 느끼는 색상은 파란색과 파란색의 범주에 있는 초록색에서부터 자주색에 이르기까지 넓은 분포에 이른다고 하였다.

이처럼 색은 빛의 반사정도에 따라 열을 흡수하여 보존한다. 밝은 색은 많은 빛을 반사하며 어두운 색은 적은 빛을 반사한다. 난색계열이 따뜻하다고 느끼는 이유 역시 여름의 작열하는 태양, 불 등에서 연상된 색채이기도 하지만 물리적으로도 가장 긴 파장의 열감이 우리 몸에 깊숙이 전해지면서 우리 몸을 따뜻하게 하고 기온을 돌게 하는 가온효과가 있기 때문이다. 반면, 한색계열인 파란색은 시원한 바다나 푸른 하늘이 연상되어 시원하거나 찬 느낌을 갖기도 하지만 반사하는 빛의 양이 적기 때문이기도 하다.

이와 같이 온도감을 느끼는 색상은 크게 빨간색 계통과 파란색 계통의 색상으로 나눠지는데 빨간색 계통을 따뜻하게 느껴진다고 난색(暖色), 파란색 계통의 색상은 차갑게 느껴진다고 한색(寒色)이라고 부른다. 그 외에도 때에 따라 따뜻하기도 하고 차갑게도 느껴지는 중간색을 중성색이라고 한다.

난색과 한색, 중성색을 그림으로 표시를 하면 다음과 같다.

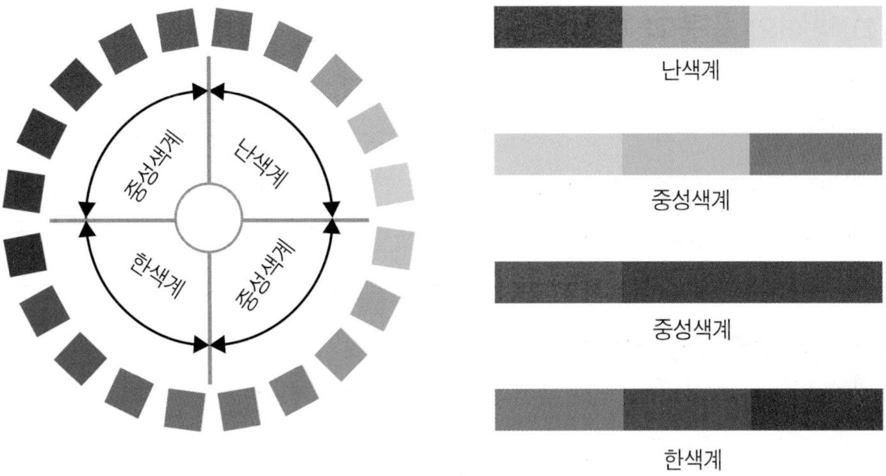

[그림 6-1] 난색, 한색, 중성색계열

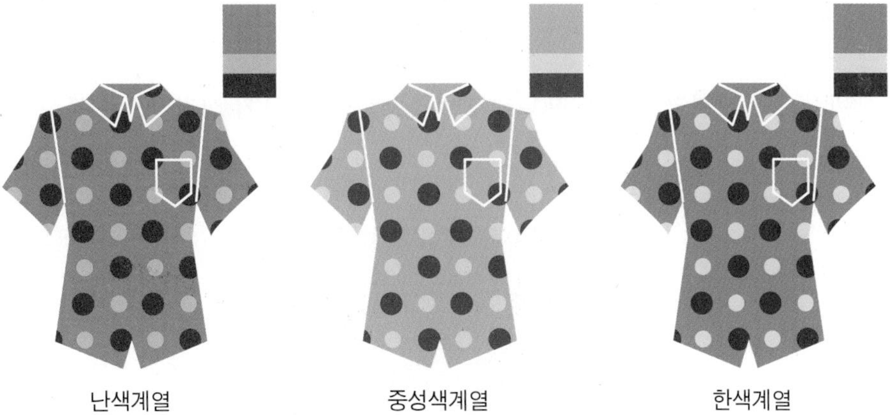

[그림 6-2] 온도감의 예

출처: IROUSE-색채와 이미지의 정보 사이트.

2) 색채의 흥분과 진정감

색채의 자극은 눈을 거쳐 신체의 모든 기관으로 퍼져 나가며, 때에 따라 신경을 긴장시키거나 진정시킴으로서 흥분 또는 진정의 반응을 일으킨다.

일반적으로 채도나 명도가 높은 난색계열인 경우 신체를 기능적으로 촉진해 맥박을 증가시키고 내분비 작용을 활발하게 해 줌으로써 심리적으로 흥분감을 유도한다. 반면, 채도나 명도가 낮은 한색계열인 경우는 심리적으로 진정, 혹은 안정감을 느끼게 한다.

이와 같은 색채를 통해 느끼는 심리적 작용을 이용하여 정신병원에서는 흥분 상태의 환자는 푸른색 방에, 우울증 환자는 붉은색 방에 머물게 하여 감정을 진정시키거나 흥분시키는 색채치료 요법으로 사용되기도 한다.

(1) 채도, 명도가 높은 난색계열

맥박을 증가시키고 내분비 작용을 활발하게 해 줌으로써 심리적으로 흥분감을 유도한다.

[그림 6-3] 흥분색

[그림 6-4] 난색계통의 인테리어

출처: 리엔 건축전문블로그.

(2) 채도, 명도가 낮은 한색계열

심리적으로 진정 혹은 안정감을 느끼게 유도한다.

[그림 6-5] 진정색

[그림 6-6] 한색계통의 인테리어

출처: 현대데코빌 블로그.

3) 색채의 거리감

두 개의 색상이 같은 거리에 있는데도 서로 다른 거리에 있는 것처럼 느껴지는 것을 색채의 거리감이라고 한다.

앞으로 튀어나올 듯한 느낌을 주는 색을 진출색 혹은 돌출색이라 하고, 뒤로 물러나는 듯한 느낌을 주는 색을 후퇴색이라 한다. 따뜻한 색, 즉 난색은 한색보다 앞으로 진출하는 느낌을 주며, 색상이 같을 때는 명도가 높은 고명도이거나 채도가 높은 고채도가 진출하는 느낌을 준다. 또한 무채색보다 유채색이 더 앞으로 진출하는 느낌을 준다. 반면, 한색이거나 명도와 채도가 낮은 색들은 뒤로 멀리 후퇴하는 것 같은 거리감을 느끼게 한다.

다시 말해, 색상이 난색과 한색이 있는 경우는 난색 쪽이 앞으로 진출해 보이지만 같은 난색끼리의 경우는 밝은 색이 어두운 색보다 더 앞으로 진출해 보인다. 이러한 느낌의 색채들은 팽창이나 수축과도 연관을 가지고 있어 실제의 면적보다 크게 보이거나 작게 느껴지기도 한다.

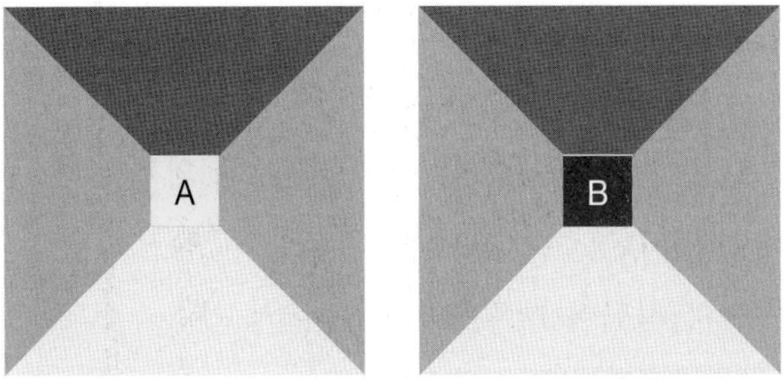

같은 회색 배경 위에서
A가 B보다 앞으로 더 진출해
보이는 느낌을 준다.

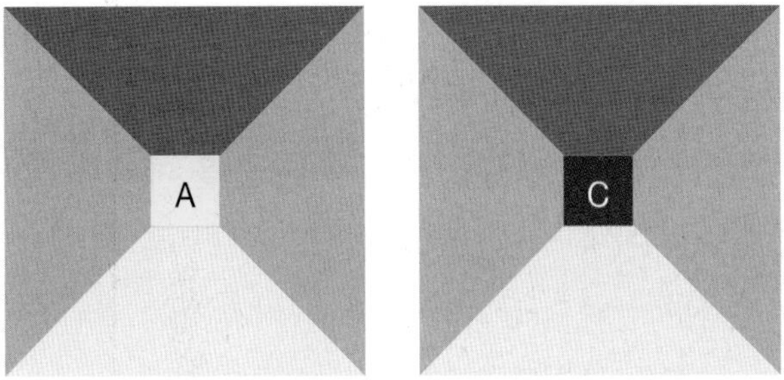

같은 회색 배경 위에서
A가 C보다 앞으로 더 진출한
느낌을 준다.

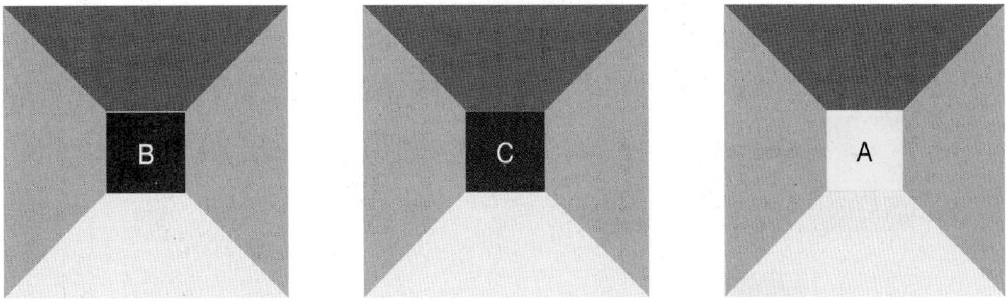

같은 회색 배경 위에서 B보다 C가 더 앞으로 진출한 느낌을 주며, C보다 A가 더 앞으로 더 진출된 느낌을 준다.

[그림 6-7] 거리감

4) 색채의 팽창과 수축감

난색이나 고명도, 고채도의 진출되어 보이는 색상은 실제보다 외부로 확산되는 성향으로 면적이 좀 더 크고 팽창되어 보인다. 반면, 한색이나 저명도, 저채도와 같은 후퇴색과 비슷한 성향을 가지고 있는 색은 면적이 실제보다 축소되어 보이게 하는데 이것은 심리적 현상 때문이다.

일상생활에서도 이와 같은 경험은 쉽게 알 수 있다. 예를 들면, 같은 사람이 입은 옷의 색상에 따라 몸집이 크게 보이거나 수축해 보이는 것이다.

이와 같은 색채가 가지고 있는 심리적 효과를 이용한 사인물을 제작할 경우, 배경은 저명도, 저채도, 한색으로 하여 후퇴나 수축감을 느끼도록 하고, 글자는 진출이나 팽창해 보이는 난색을 선택한다면 글자만 눈에 잘 띄게 하는 효과를 볼 수 있다.

하지만 높은 명도와 채도는 물체의 윤곽선을 흐리게 하여 팽창하는 효과와 함께 실재의 재질이나 용적감을 떨어뜨릴 수도 있다.

주위의 색이 어두울수록 A색이 팽창되어 보인다.

주위의 색이 밝을수록 B색이 수축되어 보인다.

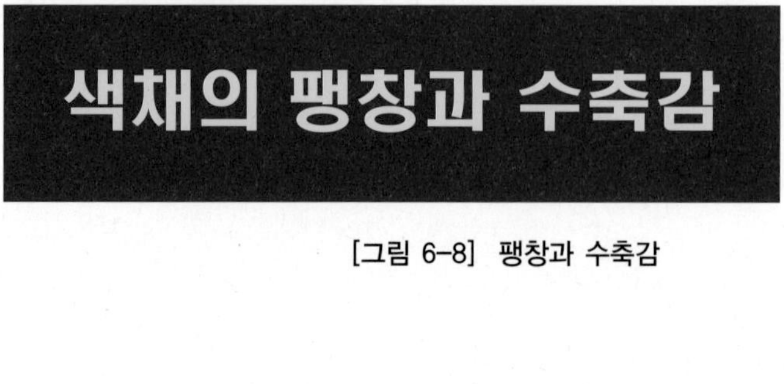

한색 바탕 위에
난색 글씨인 경우
글자가 눈에 더
잘 들어온다.

[그림 6-8] 팽창과 수축감

5) 색채의 무게감

색에는 무거워 보이는 색과 가벼워 보이는 색이 있는데 이것은 심리적 현상으로 실제로 색이 무겁거나 가벼운 것은 아니다. 이처럼 무게감에 가장 영향을 미치는 색의 속성은 명도이다.

명도가 높은 유채색이거나 무채색은 가볍고 경쾌한 느낌을 주며, 명도가 낮은 저명도의 어두운 색상은 무거운 중량감을 느끼게 한다.

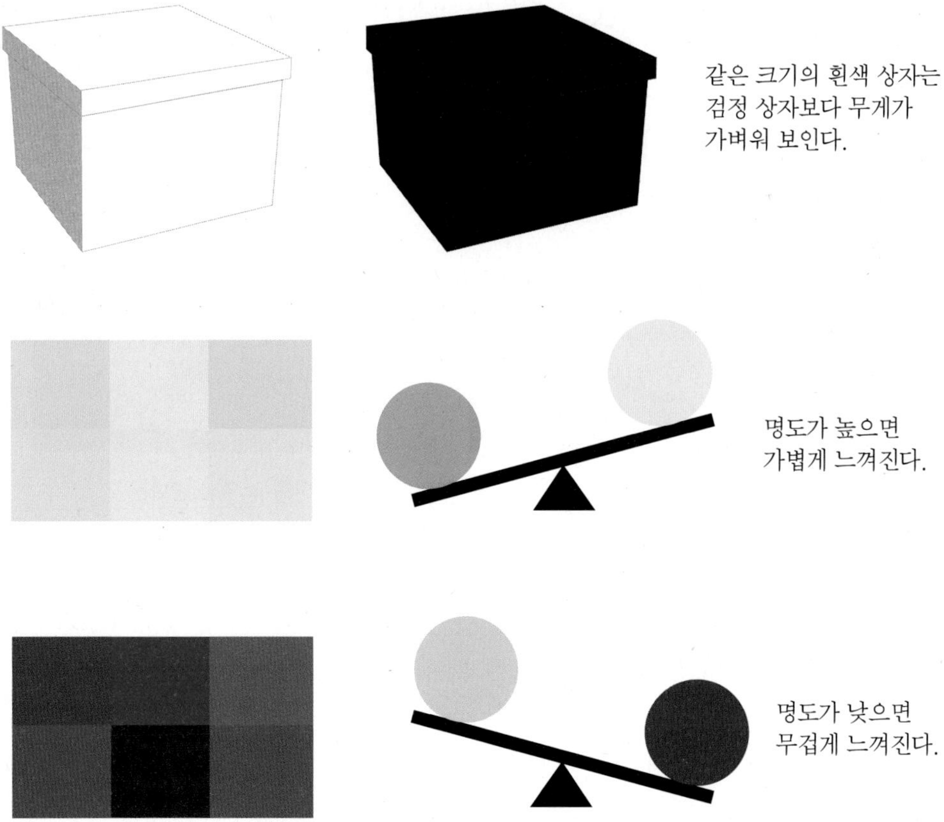

[그림 6-9] 무게감

6) 색채의 경연감

경연감이란 시각적인 경험에서 색이 단단하여 강하거나 부드럽게 느껴지는 것을 말하는데, 채도에 주로 영향을 받는다. 채도가 높은 색은 강하고 날카롭게 느껴지며, 채도가 낮은 경우는 부드러운 느낌을 준다.

색상으로는 난색계열의 색상은 부드럽고 한색계열의 색상은 딱딱한 느낌을 준다. 명도가 낮고 채도가 높은 한색인 경우 딱딱하고 단단한 느낌을 받는다.

명도가 높고 채도가 낮은 난색계열의 경우 부드러운 느낌을 준다.

명도가 낮고 채도가 높은 한색계열인 경우 딱딱한 느낌을 준다.

[그림 6-10] 경연감

7) 색채의 시간감

장파장 계열인 난색계열은 시간이 느리고 길게 느껴진다. 반면, 단파장 계열인 한색계열은 시간감이 빠르고 짧게 느껴진다.

(1) 길게 느껴지는 색

파장이 긴 난색계열은 시간의 흐름이 길게 느껴진다. 난색계열의 빨강색상을 이용하여 커피숍이나 레스토랑을 꾸미게 되면 자리에 오래 머물러 있었던 것 같은 시간감으로, 사람들이 자리를 빨리 뜰 수 있는 심리적 효과를 볼 수 있다.

[그림 6-11] 난색계열

[그림 6-12] 난색계열의 공간

출처: http://blog.naver.com/eden1010/150029668788

(2) 짧게 느껴지는 색

단파장의 한색계열은 시간이 짧게 느껴진다. 한색계열인 파랑색상으로 역 대합실을 꾸미는 것은 시간이 빨리 지나가는 듯한 심리적 효과로, 기차 시간을 기다리는 사람들의 지루함을 조금이라도 덜어 줄 수 있게 하고자 하는 것이다.

[그림 6-13] 한색계열

[그림 6-14] 한색계열의 공간

출처: http://blog.naver.com/eden1010/150029668788

8) 색채의 속도감

색채에 있어서 높은 채도와 높은 명도는 속도가 빠르게 느껴지고 낮은 채도와 낮은 명도는 느리게 느껴진다. 예를 들면, 속도감을 주는 색상은 황록색, 노란색, 빨간색과 주황색 등의 고명도의 색들이며 채도가 높은 엷은 색상들이 속도감을 증가시킨다. 반면, 저채도와 저명도의 색상들은 속도감이 떨어지는 느낌을 준다.

[그림 6-15] 속도감

9) 색채의 면적감

명도가 면적의 크기 판단에 영향을 미치며 일반적으로 같은 크기라도 밝은 색상으로 채색된 쪽이 더 넓게 느껴지는 심리적인 것을 말한다. 색상은 면적이 커지면 커질수록 명도, 채도가 함께 증대되어 실제보다 더 밝고 선명하게 느껴지지만, 색상의 면적이 작아지면 작아질수록 명도와 채도가 같이 감소되어 원래의 색상보다 더 어둡고 칙칙하게 느껴진다. 또한 어둡게 느껴지는 색상은 면적이 커지면 커질수록 더 어둡게 느껴진다.

A가 B보다 더 넓게 보인다.

[그림 6-16] 면적이 같은 다른 색상

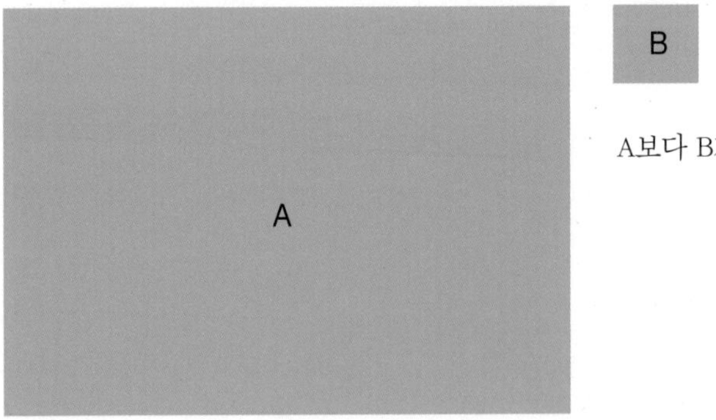

A보다 B가 더 어둡게 느껴진다.

[그림 6-17] 면적이 다른 같은 색상

10) 색채의 화려함과 수수함

색채가 주는 화려함은 고채도, 고명도일 경우이며 수수함을 느끼게 하는 색상은 저채도 저명도의 색상이다.

[그림 6-18] 화려함

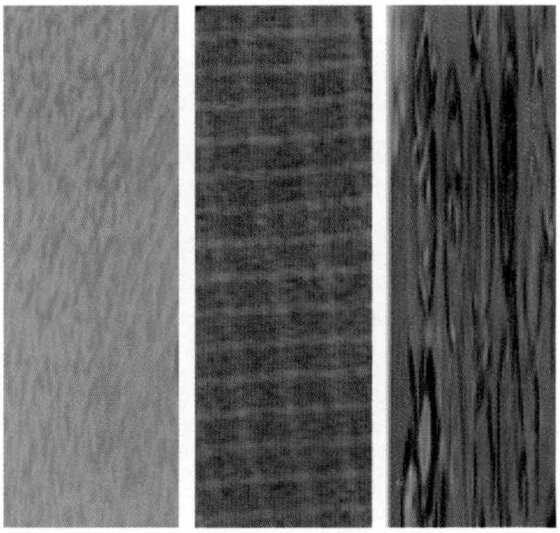

[그림 6-19] 수수함

11) 색채의 형태감

미국의 색채학자인 비렌은, 색은 어떠한 형태를 연상시킨다고 하며 다음과 같이 연상되는 형태를 설명하였다.

빨간색은 성질이 뜨겁고 건조하며 불투명한 느낌을 주는 색으로, 구조적으로는 평면이나 날카로운 모서리가 연상되며, 단단하고 견고하게 보이고, 사각형이나 6면체가 연상된다고 한다. 또한 주황색은 빨강과 같이 날카로운 모서리를 연상하게는 하지만 빨강보다는 약하게 느껴지는 장방형이 연상된다. 노란색은 사람의 시선을 끄는 명시도가 가장 높은 색으로, 뾰족하고 날카로운 느낌을 주고, 세속적인 것보다는 영적인 느낌을 주는 것 같다고 하며, 추상적으로는 역삼각형이나 피라미드형태가 연상된다. 초록색은 시원하고 신선하며 부드러운 느낌을 주는데, 그것은 망막의 초점에 상이 명확하게 맺히지 않기 때문이며 6각형이나 20면체를 연상하게 하는 색이다. 망막에 흐릿하게 상을 맺는 파란색은 차갑고 축축하여 멀리서 보면 잘 보이지 않고, 영적인 느낌을 주기도 하여 원이나 구를 연상하게 한다. 부드럽고 흐르는 듯한 느낌을 주는 자주색은 눈에 초점이 잘 잡히지 않는 색이지만, 파란색과는 달리 속세와 좀 더 밀접한 관련을 맺고 있는 느낌을 준다. 달걀모양과 같은 아래위가 긴 둥근 모양의 난형(卵形)을 연상하게 한다고 한다.

이텐 역시 색채와 모양의 조화로운 관계를 찾는 연구에서 색채와 형태의 가치는 질적으로 일치해야만 한다고 하며 비렌과 비슷한 연구 결과를 보여 주었다.

정사각형의 형태를 두고 같은 길이의 두 수직, 수평선이 교차하는 정방형은 물질성, 중력 그리고 날카로움의 한계를 상징한다고 하며 이를 색에 비유한다며 빨간색이라고 한다. 그것은 빨강의 중량과 불투명성은 정방형의 정적이고 중량감 있는 형태와 일치하기 때문이다. 독일의 생리학자인 베버(Ernst Heinrich Weber)와 페히너(Gustav Theodor Fechner) 역시 빨강은 정사각형의 성격인 중량감과 안정감이 느껴진다고 한다.

노란색이 연상되는 삼각형은 투쟁적이고 침략적인 효과를 가지고 있으며 주목성인 성격을 갖고 있다. 이와 유사한 사선을 가지고 있는 마름모꼴, 사다리꼴 지그재그형 등의 형태들 역시 같은 느낌으로 사고(思考)를 상징하며 무중량적이다. 타원형, 길쭉하며 둥근 모양인 장원형, 물결과 같은 모양인 파상형 포물선 등 굴곡성이 있는 모든 형태를 모두 원으로 포괄하며 이러한 원의 형태는 끊임없이 움직이는 유동성의 성격을 갖고 있다. 이를 색을 표현한다면 정신의 상징인 파랑과 연관 지어 설명된다.

이외에도 2차색에 조화되는 형태를 찾아본다면 주황색은 직사각형 혹은 사다리꼴 형태로 긴장감을 느끼게 한다. 녹색은 원에 가까운 육각형으로 원만함이 연상되며, 보라는 타원의 성격인 유동성과 연관을 지어 설명된다. 또한 검정색은 사다리꼴, 회색은 모래시계, 흰색은 반달모양 등으로 짐작해 볼 수 있다.

이처럼 색채와 형태의 관계는 심리적 반응으로서 보는 사람이 이에 대한 연상이 작용하는 것이라고 볼 수 있다.

[그림 6-20] 색채의 형태감

또한 칸딘스키는 색을 운동, 선, 각, 평면형과 관련지어 노랑은 중심으로부터 멀어지려고 하는 원심운동, 파랑은 중심 쪽을 향해 쏠리려는 구심운동으로 움직이며 빨강은 안정적이라고 보았다. 그리고 수평선은 검정 또는 파랑, 수직선은 흰색 또는 노랑, 사선은 회색 또는 녹색이나 빨강으로 표시하였다.

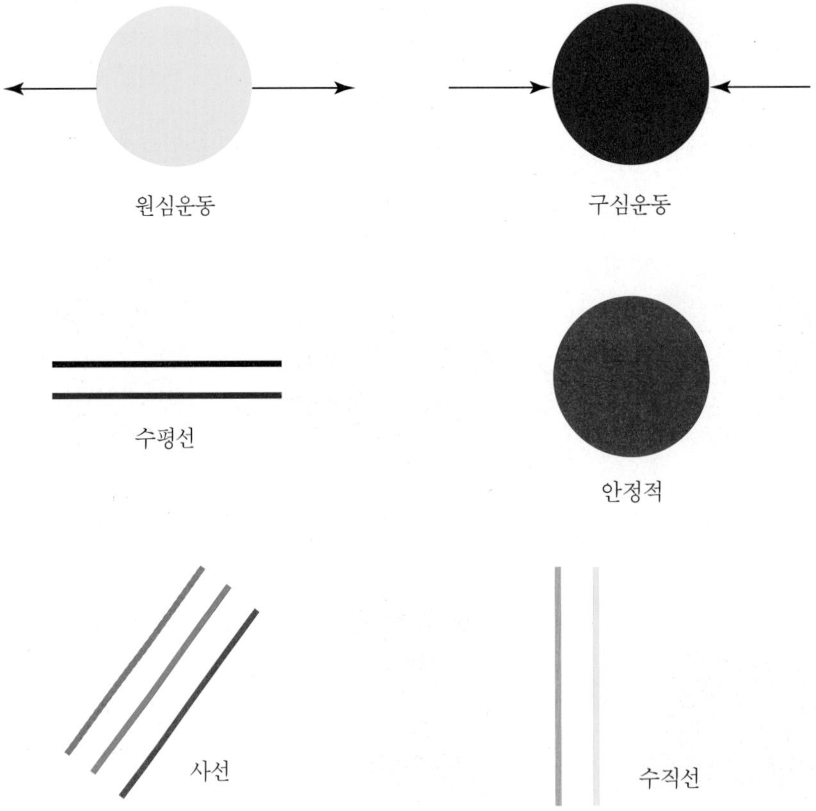

[그림 6-21] 색채의 운동감

2. 색채의 환경적 기능

잠을 자는 순간이나 깨어 있는 매순간 우리를 둘러싼 생존해 있는 모든 것과 우리의 생활에 영향을 미치는 자연적인 조건이나 상태를 환경이라고 한다. 이러한 환경 속에 색채는 가정, 직장, 여가 생활 등 우리의 손이 닿는 어디든 우리와 함께 존재하며 존재하지 않는 곳이 없다.

어떠한 사물을 보든지 어떤 물체를 보았을 때 사람들은 '예쁘다.' '곱다.' '맛있어 보인다.' '새콤해 보인다.' '빠르게 느껴진다.' '편안하다.' '고요하다.' 등의 다양한 수식어로 물체를 표현한다. 이러한 표현은 빛의 파장에 의해 반사된 물체의 색상이 동시에 밝고 어두움, 순수함 등의 정도에 따라 눈으로 지각되고 이것이 뇌로 전달되어 사람의 심리 상태에 영향을 주어 표현되는 것이다.

주위의 색이 밝고 조화로울 때는 기분이 좋아지기도 하지만 어떤 색을 보았을 때는 분노, 공포, 불쾌 등의 특유한 감정이 느껴지기도 한다. 이러한 감정은 혈압, 맥박과 같은 자율신경이나 호흡 등의 신체 반응으로 이어져 우리의 건강과 안녕에도 영향을 미친다.

이처럼 색채는 인간과 밀접하게 관계를 가지고 있으며 자연에서부터 사람의 감정이나 생활공간, 건강, 심지어 행동 등에 이르기까지 미치는 영향은 그 범위가 넓고 다양하다. 이러한 색채와 환경에 관련된 내용을 다음과 같이 구체적으로 살펴보도록 한다.

1) 색채와 계절

인간은 태어남과 동시에 눈을 뜨는 순간부터 눈을 감는 순간까지 색을 보고 색을 느끼며 색과 함께 그 속에서 살아간다. 이만큼 우리 생활과 함께하는 색은 자연과도 함께한다.

무심코 바라본 하늘이 파란색이며, 장미의 꽃잎이 붉은색이며, 나무의 잎은 초록색, 황금색으로 익어 가는 가을의 들판, 이처럼 인위적으로 색을 가하지 않은 자연이 주는 자연 그대로의 색을 자연색이라고 한다. 감각적인 눈으로 잘 관찰해 보면 자연색은 시시각각 늘 변하면서 또한 사람의 심리에도 많은 영향을 미친다.

어느 것보다 깨끗하고 청량한 동이 트는 새벽의 파란색과 선명하고 강한 노란색의 하늘색은 사람에게 활기를 주며 일터로 나가게 하는 에너지를 불러일으키지만, 해질녘의 주황색을 기조로 한 어두운 노란색과 탁한 붉은색의 하늘은 사람에게 외로움과 허무를 느끼게 한다. 또한 자연의 색은 사람의 성장환경과도 밀접한 관련이 있다. 고향을 떠나온 뒤 고향이 그리워지는 것은 자라면서 머릿속에 형성된 고향의 색채이미지, 즉 고향의 자연색이 인간에 대한 그리움과 결합이 되어 영상으로 나타나기 때문이다.

또한 자연색은 계절과도 관계가 있다. 계절에 따라 다양한 색채의 변화는 각 계절이 지니는 공통된 색채의 정서를 공감하게 된다.

(1) 봄

만물이 소생하는 봄의 자연색은 활짝 핀 개나리의 노랑과 파릇파릇 솟아나는 새싹의 연두색, 만개한 벚꽃의 분홍색 등이다. 이러한 색상은 사람에게 생명의 기운을 느끼게 하며 설렘과 홍분, 생동감이 일으켜 사람으로 하여금 움직이고 싶

은 충동을 느끼게 한다. 그동안 웅크렸던 감정을 발산하며 희망과 새로운 출발의 정서를 느끼게 한다.

(2) 여름

봄의 색채가 밝고 옅으며 화사한 것에 비하면 여름의 자연색은 한층 강렬하고 성숙한 느낌을 준다.

뭉게구름의 하얀색이나 잎이 우거져 짙은 녹색, 작열하는 태양의 붉은색, 시원함을 느끼게 해 주는 바다의 파란색 등은 더위를 분출하는 원색적인 여름의 대표적인 자연색이다.

다른 어느 계절보다 조도가 높아서 이글거리는 태양의 붉은색은 인간의 감정을 흥분시키고 생명력을 불태우며 활동이 왕성하게 일어나게 한다. 젊음의 계절이라고 표현하는 것도 이와 같은 이유 때문이다.

푸른 바다와 녹음이 짙은 짙푸른 녹색 등 여름의 자연색은 열심히 일하고 난 다음 심신을 쉬게 하고 싶은 마음을 자연적으로 일어나게 한다.

(3) 가을

곡식이나 과일 등이 결실을 맺는 계절인 가을은 모든 것이 풍족하다. 누렇게 익은 황금색 들판은 풍요로움과 만족스러움을 느끼게 하며, 알록달록한 붉은색 단풍은 사람의 마음을 들뜨게 하여 행동으로 정서적 표출을 하게 한다.

이처럼 가을의 자연색은 귤색, 주황색, 다홍색, 빨강, 갈색, 금색 등의 화려한 색이기도 하지만 추수를 끝낸 황폐한 누런 들판이나 고왔던 단풍잎이 갈색의 낙엽으로 변하여 떨어지고 앙상한 가지만 남아 있는 모습 등은 인생의 허무함과 외로움, 고요함 등의 고독의 쓸쓸한 정서로 극명하게 나뉘어 구분된다.

(4) 겨울

냉기가 서려 춥고 건조한 긴 밤에 소리 없이 눈까지 내리는 날은 흰색, 회색, 검정을 포함하고 있는 대표적인 겨울의 풍경을 연상하게 한다.

눈을 상징하는 흰색은 깨끗함, 청결함을 느끼게 하며 냉하고 건조한 추운 날씨는 비애, 우울, 쓸쓸함, 적막함 등의 회색을 떠오르게 한다. 또한 어두운 밤은 암흑, 공포, 스산함, 축소, 위축, 음산함 등의 검정이 떠오른다.

이러한 어두운 밤이 긴 겨울의 자연색은 인간의 활동력 역시 약화되고 소극적으로 움츠러들게 하는 시련의 시간이며 휴식의 시기이기도 하다.

따라서 겨울의 자연색인 무채색은 사람의 감정에 울림을 주지 않을뿐더러 무덤덤하게 지켜보고 사색하게 만드는 효과가 있다.

2) 색채와 음식

붉은 조명으로 신선도를 더욱 높인 붉은색 육류나 갈색의 빵 등은 보기만 해도 식욕을 당기게 한다. 비렌 역시 순색들 가운데는 빨간색이 가장 식욕을 돋우는 색 같다고 하며 사과, 버찌열매, 소고기의 갓 베어낸 살 등을 예로 들었다.

반면에 오렌지나 망고 등의 밝은 노란색이거나 연두색 등은 새콤한 신맛을 느끼게 하며, 복숭아, 딸기 등의 난색계열이나 분홍색 등에서는 달콤하고 부드러운 단맛을 느끼게 한다. 연한 청색과 회색, 흰색 등은 소금이 연상되어 소금과 같은 짠맛을 느끼게 하며, 진한 청색이나 채도가 낮은 짙은 녹색계열 등의 음식은 쓴맛을 느끼게 한다.

이와는 반대로 식욕을 억제하는 색상들도 있다. 어두운 파란색, 보라색 등이 대표적인 색상으로 식욕을 억제시키거나 식욕이 아예 느껴지지 않는 색상들이다. 하지만 음식 그 자체의 색으로는 적합하지 못하지만 다른 색으로 된 음식을 맛있어 보이게 하는 배경색으로의 효과는 있다. 예를 들면, 식욕을 당기게 하는 빨간색 음식을 담는 그릇으로의 파란색은 빨간색 음식을 더 맛있어 보이게 한다.

이처럼 색채가 심리적으로 생리적 현상에 영향을 주는 것은 무엇보다 미각의 감정에 영향을 주기 때문이다. 미각에 영향을 받는 음식의 색채는 사람의 건강에도 유효하게 영향을 미친다.

일반적으로 빨간색, 주황색, 노란색 등의 따뜻한 난색계열의 색상을 가진 음식은 인간의 자율신경을 자극하여 사람의 기분을 들뜨게 하고, 식욕을 촉진하기도 하며, 소화 기능을 도와주기도 한다. 활력을 북돋아 주는 녹색계열의 음식은 알칼리성을 포함하고 있어 신체 내에서는 균형을 이루게 한다. 또한 파란색, 남색, 보라색의 음식에는 진정효과가 있다.

음식의 색채가 신체에 미치는 영향에 대해 차크라를 참고로 하여 구체적으로 살펴보면 다음과 같다. 차크라는 동양의 개념으로, 보이지 않는 에너지가 신체의 특정한 통로를 통하여 흐른다는 것을 기초하여 에너지가 집중되어 있는 7개의 신체부위를 말한다.

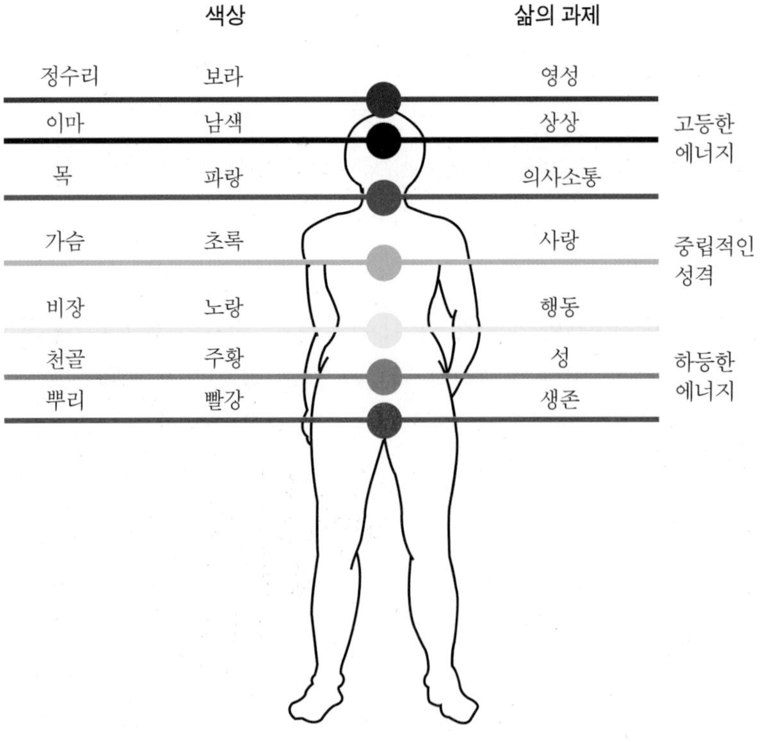

[그림 6-22] 차크라

출처: 김정숙 역(2006).

(1) 빨간색 음식

감정을 흥분시키는 작용을 하여 우울한 사람에게는 자극을 줄 수 있는 파장이 길고 느린 빨간색은 차크라에서 보면 하등 단계의 신체 에너지인 생식기관과 관련이 있다 .

이러한 빨간색의 차크라는 무의식적인 통제 기제들, 즉 자율신경계와 연결되어 있어 동맥을 확장시키고 혈류 속도를 빠르게 하여 활력을 북돋아 주어 본능적으로 생명을 유지하게 한다. 빨간색 에너지가 지나치게 많은 경우는 지나치게 활동적이거나 물질적인 것에 집착하게 되며, 지나치게 적은 경우는 비현실적이고 자신감이 상실되며 자신 스스로 버림을 받았다는 느낌을 받기도 한다.

철분 함유량이 많은 음식들이 주로 빨간색을 띠고 있으며 대표적으로 비트, 사과, 딸기, 붉은 고추, 빨간 양배추, 토마토, 체리, 수박, 빨간 양파, 연어, 육류 등이 있다.

(2) 주황색 음식

조급한 마음을 가라앉혀 주므로 새 출발을 위한 무언가를 기다릴 때, 혹은 슬픔과 실망 등을 제거하는 마음의 여유가 필요할 때 긍정적 기분을 유발하는 주황색이 도움이 된다.

신체 부위 중 천골에 위치하는 주황색의 차크라는 피를 정화하는 역할을 하며 장에서 머물고 있는 음식을 제거하고 면역체계를 강화해 준다. 주황색 에너지가 지나칠 경우는 강한 활동적 욕구가 많고 부족할 경우는 비활동적으로 위축되거나 우울하게 된다.

주황색의 에너지가 필요할 때 가장 좋은 음식으로 오렌지, 파파야, 복숭아, 멜론, 망고, 당근, 주황색 파프리카 등이 있다.

(3) 노란색 음식

본능적으로 사람을 끌어당기는 색으로 힘찬 느낌을 주는 노란색은 웃음, 즐거움, 재미 등의 가볍고 밝은 감정을 느끼게 한다.

신체 부위 중 비장에 위치하는 노란색의 차크라는 강력한 신경 흥분 물질인 아드레날린을 생산하는 부신에 영향을 미친다. 콩팥 위에 위치해 있는 작은 호르몬 분비 기관인 부신은 부족할 경우 독소와 염증, 비만으로도 연결될 수 있다.

기억력이 감퇴된다고 느낄 때라든지 과도한 체중을 감소하고 싶을 때는 활동량이 많은 노란색을 이용하면 몸과 마음을 민첩하게 움직이며 기운이 나도록 부추겨주기 때문에 도움이 된다. 노란색이 지나치게 많을 때는 거만하고 오만하며 비판적이며 무슨 일이든지 자신의 뜻대로만 하려하는 경향이 있지만, 부족할 경우는 의심이 많아지고 지나치게 비판적이 될 수도 있다.

노란색의 에너지가 필요할 때 가장 좋은 음식으로는 레몬, 자몽, 파인애플, 파파야, 복숭아, 순무, 양배추, 살구, 당근, 노란 후추, 옥수수, 노란 호박, 계란 노른자, 올리브기름, 버터 등이 있으며 햇볕을 쬔 물도 도움이 된다.

(4) 초록색 음식

불안감, 공포, 두려움, 혐오 등의 감정을 완화하는 초록색은 진정효과가 있으므로 주의를 집중해야 하는 일이나 깊이 생각해야 하는 일 등에 좋은 환경을 제공하는 데 도움을 준다. 하지만 지나치게 많이 사용하면 지루함을 느끼거나 나태해 지기 쉬울 수도 있다.

신체 부위 중 가슴에 위치하는 초록색의 차크라는 심장과 신경계에 연결되어 있으며 면역계를 담당하는 흉선에 영향을 준다. 자기보존 본능이나 자기 자신의 건강을 돌보는 능력과 관련이 되는 초록색 차크라는 지나치게 활동적일 경우 오히려 다른 사람들이 자신을 돌보아 주어야 한다는 안이한 생각을 갖게 되며 비활동적일 경우 감수성이 부족해진다.

초록색의 에너지 음식으로는 상추, 아보카도, 그린 콩, 오이, 강낭콩, 허브 등이 있다. 이러한 엽록소가 많이 들어 있는 음식은 허약한 몸을 회복시키기 위해 영양 상태를 돕고 체력을 강하게 하는 강장제 역할을 한다.

(5) 파란색 음식

마음을 차분하게 만들어 심신의 회복력을 높여 주는 파란색은 지나치게 조용하고 신중한 것으로 인해 행동이 억제되어 체중이 증가되는 감정적인 환경이 마련되기도 한다.

신체 부위 중 목과 인두에 위치하는 파란색의 차크라는 우리 몸의 대사를 촉진하고, 기능을 유지시키는 갑상선과 부갑상선을 조절한다. 갑상선에는 '타이록신'

이라 부르는 갑상선호르몬이 분비되는데, 타이록신이 부족하면 세포 내 산소공급량이 줄어들어 몸에서 열이 생성되지 못해 손발이 차고, 추위를 쉽게 타며, 만성피로, 우울증, 변비 등의 증세가 나타나고 체중이 증가된다. 반면, 과하게 분비될 경우는 맥박수가 빨라지고 신경이 불안하고 짜증이 나며 피곤과 불면증을 경험하게 되며 체중이 감소하게 된다.

모세혈관을 강화하고 혈압을 낮추는 데 일조하는 파란색의 에너지 음식으로는 블루베리, 서양 자두, 배, 셀러리, 아스파라거스, 감자 등이 있다.

(6) 남색 음식

종종 제3의 눈이라고도 하는 내면의 시각 기관인 남색 차크라는 골수와 신경계에 연결되어 있으며, 대뇌반구 사이의 깊숙한 곳에 있는 송과샘이라고 하는 작은 내분비기관에 영향을 미친다. 송과샘에서 생성되는 주요 호르몬인 멜라토닌은 스트레스·공포와 같은 외부 자극에 의해 작용하는 교감신경계에 의해 분비가 증가되기도 하며 감소되기도 한다.

너무 많은 남색 차크라의 에너지는 불안 발작, 환각, 망상 등의 정신 이상으로 자신의 신체와의 접촉을 잃고 다른 현실에 사는 것처럼 보이기도 한다. 반면, 에너지가 비활동적으로 부족할 때는 다른 여섯 가지 에너지와의 접촉도 어려워져 직관력을 사용하는 것에 대해 두려움을 느끼기도 하며 자신에 대한 신뢰도 낮아진다.

남색 에너지 음식으로는 가지, 브로콜리, 포도 등이 있다.

(7) 보라색 음식

리더십을 증진하기도 하며 감정적인 변덕을 진정시켜 주기도 하는 보라색은 차크라에서는 정수리 부분에 위치하며 송과샘과 연결되어 있다. 빛에 반응하는 송과샘은 우리의 이해 영역을 훨씬 초월하는 가장 높고 신성한 차원으로 우리를 연결시켜 준다.

너무 많은 보라색 에너지는 예술가와 시인 등에게는 영적인 계시로 그들의 예술적 작업에 도움이 될 수도 있지만 대다수의 일반인들에게는 그저 불편하고 혼란스럽게 느껴질 수도 있다. 반면, 너무 적고 비활동적인 에너지는 내면의 공허감과 무감각한 느낌을 초래하기도 하여 공허감을 채우는 과정에서 때로는 이기적이 되거나 자기중심적이 될 수도 있다.

보라색 음식으로는 건포도, 비트, 보라색 브로콜리 등이 있다.

3) 색채와 주거

일상적인 생활 속에서도 우리는 색채의 영향을 받으며 살고 있다. 가족의 건강을 책임지는 주방, 가족 모두가 모여 함께 즐기는 거실, 수면을 목적으로 하는 침실, 아이들의 공부방 등에도 색채는 감성적 이미지 측면에서 매우 중요한 요소로 작용한다.

조화로운 색상을 사용하면 평안하고 차분한 분위기가 형성될 것이고, 반면에 색상을 잘못 선택하면 눈에 자극적일 뿐만 아니라 불편하고 피로한 분위기가 만들어 진다. 그것은 색채가 우리의 정서를 변화시키는 역할을 하여 심리적으로 마음을 기쁘거나 편안하게 해 줄 수 있을 뿐만 아니라 불편하거나 불안하게도 하는 기능적인 것을 제공하기 때문이다.

다음은 색채가 집안의 환경에 미치는 영향에 대해 살펴보도록 한다.

(1) 주방

음식을 만들기 위해 분주하게 움직이는 공간인 주방(kitchen)은 노란색이나 주황색, 혹은 적갈색 등의 색상이 좋다. 노란색이 주는 방사의 힘이 음식을 만드는 동안 활발한 신체활동을 느끼게 하고, 적극적인 사고를 촉진하기도 하여 다양한 요리를 만들기 위해 순간 집중을 하는 데 도움을 주기 때문이다.

반면, 빨간색과 파란색 계통의 색상은 일정한 시간이 소모되면 작업공간을 벗어나고 싶은 심리가 일어나거나 무력감을 느낄 수 있으므로 주방의 색채로는 피하는 것이 좋다.

요리가 끝나고 가족이 모여 식사를 즐기는 분위기에서는 흰색이나 갈색의 색채로 꾸미는 것이 좋다. 흰색은 모유와 같은 색상으로 어머니가 주는 영양분이나 편안함을 느끼게 해 주기 때문이며, 갈색은 식물이 자라나는 자연과 연결된 색채이기도하지만 인체의 위장과도 같은 색채로, 소화를 촉진하는 데 도움을 주기 때문이다.

출처: home-designing

이때 식사 시간을 오랫동안 천천히 즐기고 싶을 때는 시간이 짧게 느껴지는 한색계열의 색상을 이용하여 분위기를 연출하면 시간이 빨리 지나가는 듯한 심리적 효과로 도움이 되기도 한다.

(2) 거실

손님을 접대하거나 가족들이 함께 휴식을 취하거나 생활하는 거실(living room)인 경우는 단지 눈을 만족시키려는 것 이상의 중요성을 지니고 있다.

따라서 사적인 공간과는 완전히 분리된 공간으로, 이용하는 사람들의 성향이나 공간의 성격에 따라 색이 미치는 영향을 고려하는 것이 좋다.

예를 들면, 다툼이 잦은 사람들에게 거실의 색상으로는 마음을 가라앉힐 수 있는 기분 좋은 파란색을 사용하는 것이 좋으며, 가족 모임이나 친구 초대를 즐기는 성향일 경우는 적극적이며 활발한 느낌을 주는 노란색을 사용하는 것이 분위기를 극대화하는 데 더 도움이 된다.

반면, 녹색 분위기의 거실은 편안한 휴식을 즐기기에는 좋지만 지나친 녹색은 분위기가 가라 앉아 침체되기가 쉽다.

출처: home-designing

(3) 침실

잠을 자기 위한 목적으로 마련된 침실(sleeping room)은 성인인 경우는 넓은 대지나 자연을 상징하는 밝은 초록계열이나 파란색 계열 등의 색상을 사용하면 심리적으로 안정감을 느끼게 하여 편안한 휴식과 수면을 취할 수 있도록 한다.

반면에 빨간색이나 주황색 등은 너무 자극적이어서 불면증을 초래할 수도 있다. 편두통이나 두통, 불면증이 있는 경우는 남색이 도움이 된다.

출처: home-designing

어린아이들의 침실인 경우에는 복숭아색, 파란색, 연두빛 노란색, 따뜻한 크림색, 분홍색 등의 부드럽고 따뜻한 엷은 중성색이 좋다. 채도나 명도가 낮으며 부드럽고 안정된 중성색들은 심리적 안정에 도움이 된다.

하지만 어두운 베이지나 갈색 등의 명도와 채도가 낮은 침울한 색은 무기력하며 내향적으로 우울증을 경험하게 될 수도 있으므로 아이들의 침실에는 부적합한 색상들이다.

(4) 공부방

아이들의 공부를 위해 꾸며진 공부방(study room)은 항상 깔끔하고 깨끗한 분위기가 유지되어야 하며 필요 이상의 다양한 색상은 정신이 산만할 수도 있고 불면증을 유발할 수도 있으므로 삼가는 것이 좋다.

사고력을 증진하며 집중을 도와주고 지치지 않는 에너지가 솟아나도록 하기 위해서는 에너지를 방사하는 노란색을 이용하는 것이 좋다. 시험기간을 겪는 십대 자녀들의 공부방인 경우는 쉽게 피곤해지지 않도록 좀 더 강렬한 노란색으로 꾸며주는 것도 도움이 된다.

출처: home-designing

4) 색채와 언어, 행동

색채에 대한 정서적 태도는 우리가 쓰는 언어, 속어, 은어 등 일상적인 대화 등과 행동 등에서도 잘 나타난다.

화가 난 사람의 얼굴을 보고 '시뻘겋다', 서슬이 '시퍼렇다' 혹은 겁에 질려 놀란 사람을 두고 얼굴이 '하얗게' 질렸다 또는 뜻하지 않는 일이 벌어졌을 때는 눈앞이 '깜깜하다' 등 언어적 감정을 색채로 표현하는 경우가 종종 있다. 경제적인 부분이 손실을 보았을 때는 적자(赤字)를 보았다고 붉을 '赤' 자에 글자 '字'를 쓰기도 하며, 정치에서는 자신의 생각과 다른 반대파를 일컬어 빨갱이니 혹은 급진파라고 몰아붙이기도 한다. 또 빨간색 띠를 두르는 등 적극적인 행동으로 자신의 생각을 표출하기도 한다. 경축일과 축제일 혹은 일요일 등은 빨간색으로 즐거움이나 열정을 표시하기도 한다. 이와 같이 색채는 언어와 행동이 가지는 감성적 이미지를 함께 가지고 있다.

다음은 산업자원부에서 지원하고 I.R.I 색채연구소에서 프로젝트로 참여하여 개발한 한국인의 감성과 행동구조의 추상적 의미를 구체적인 색채의 이미지로 언어화한 '한국인의 감성척도'를 참고로 하여 색채와 언어, 행동에 대해 구체적으로 살펴보도록 한다.

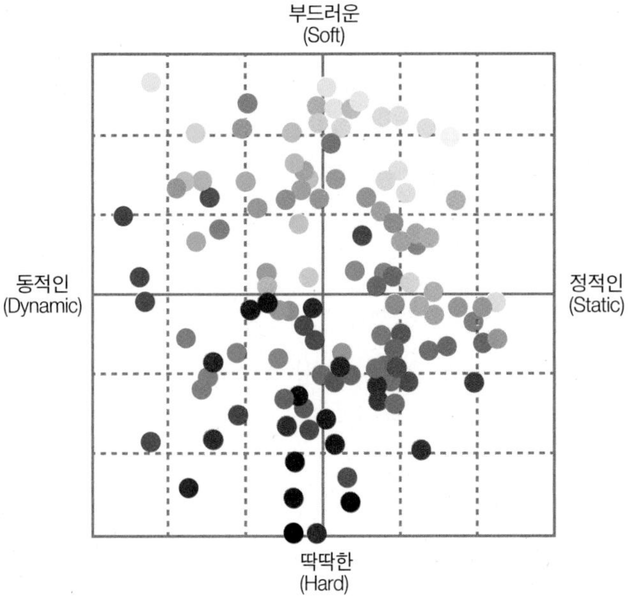

[그림 6-23] IRI 단색 이미지 공간

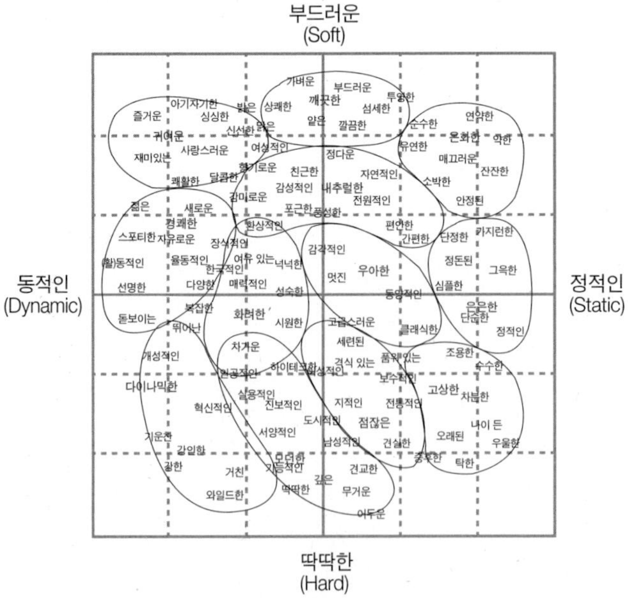

[그림 6-24] IRI 형용사 이미지 공간

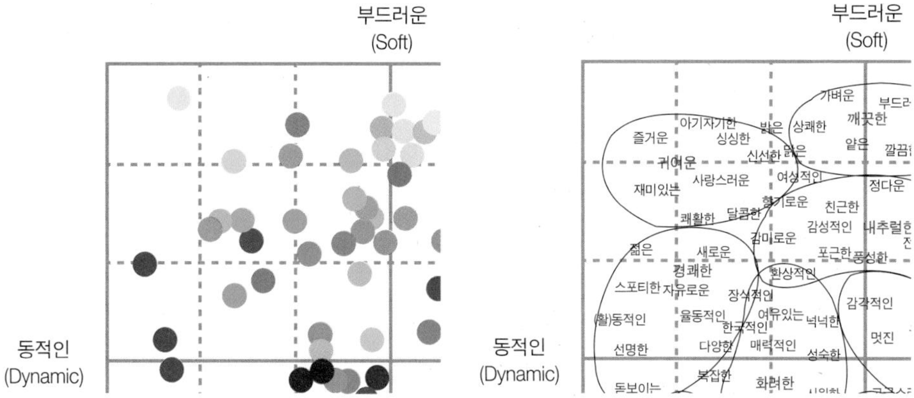

[그림 6-25] 부드럽고 동적인

가벼운, 상쾌한, 얇은, 맑은, 밝은, 신선한, 이성적인, 향기로운, 달콤한, 쾌활한, 재미있는, 즐거운, 아기자기한, 싱싱한, 사랑스러운, 새로운, 젊은, 스포티한, 활동적인, 선명한, 다양한, 한국적인, 장식적인, 율동적인, 자유로운, 여유 있는, 매력적인, 성숙한, 넉넉한, 환상적인, 포근한, 감미로운, 감상적인, 친근한, 풍성한, 감각적인

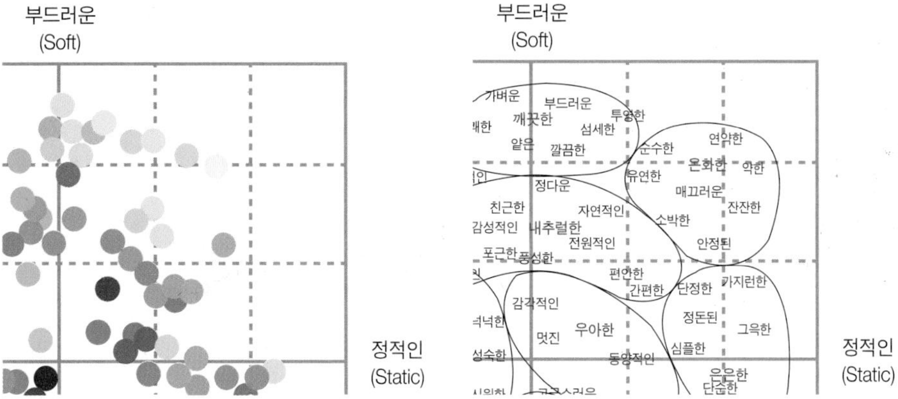

[그림 6-26] 부드럽고 정적인

부드러운, 투명한, 섬세한, 깔끔한, 정다운, 자연적인, 전원적인, 편안한, 간편한, 편리한, 멋진, 동양적인, 순수한, 유연한, 소박한, 안정된, 잔잔한, 매끄러운, 약한, 연약한, 단정한, 정돈된, 심플한, 가지런한, 그윽한

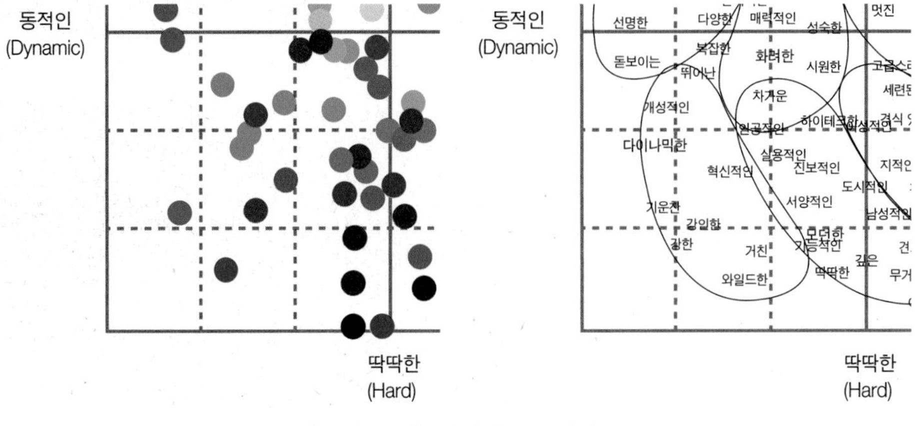

[그림 6-27] 딱딱하고 동적인

복잡한, 돋보이는, 뛰어난, 개성적인, 기운찬, 강인한, 강한, 와일드한, 거친, 혁신적인, 차가운, 인공적인, 실용적인, 진보적인, 서양적인, 기능적인, 딱딱한, 하이테크한, 시원한, 이성적인, 도시적인, 깊은

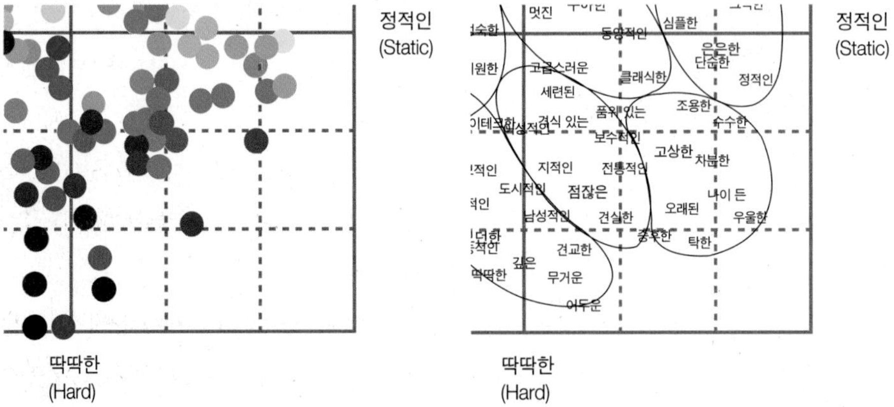

[그림 6-28] 딱딱하고 정적인

고급스러운, 클래식한, 세련된, 격식 있는, 지적인, 견실한, 전통적인, 보수적인, 품위 있는, 단순한, 정적인, 조용한, 수수한, 차분한, 나이 든, 오래된, 우울한, 탁한, 중후한, 남성적인, 견고한, 무거운, 어두운

3. 프랑크 H. 만케의 색채 경험

색은 인간의 생활 속에 속해 있으며 생활과 밀접하게 연관되어 있다. 따라서 생활 속에서 색채를 본다는 것은 색채를 물리학적으로 인식하는 것뿐만 아니라 생각과 감정을 느끼는 것을 동시에 활성화하는 감정적인 요소를 함께 지니고 있다는 것이다.

빨간색을 한 예로 들면, 물리학자는 프리즘을 통해 투과된 가시광선의 광파장으로 627~780nm의 주파수를 가지고 있는 단색광이며 눈에 보이는 빨간색은 빨간색 외의 색들은 흡수가 되고 빨간색만이 반사된 것이라고 물리적인 관점으로 설명을 한다. 또한 물리적인 것 외에 빨간색에 대한 사람의 경험도 동시에 인식이 된다.

빨간색에 대한 사람의 경험이란 생활 속에서 빨간색에 대한 자극으로 인해 감정과 상징에 대한 이상(理想)을 사람이 느끼고 만든 것을 말한다. 빨간색에 대한 경험이 좋았던 사람은 자신의 내면에 빨간색에 대하여 긍정적인 감정과 상징을 만들 것이고, 빨간색에 대한 경험이 좋지 않았던 사람은 빨간색에 대해 부정적인 감정과 상징을 만들 것이다. 이것이 사람마다 갖고 있는 빨간색에 대한 경험적이며 주관적인 속성으로 외부에서 받은 빨간색 자극은 내면세계, 즉 빨간색에 대한 사람이 갖고 있는 심리적 반응이 된다.

이러한 빨간색에 대한 색채 경험은 개인의 주관적인 경험에 의한 것이기는 하지만 개인의 주관적인 색채 경험은 곧 색의 객관적인 것에 영향을 받는다. 색의 객관적인 것이란 색이 가지고 있는 보편적이며 공통적인 상징을 말하는데, 이는 인류의 태초부터 심리적 · 생물학적으로 유전적이며 유산된 것을 말한다. 따라서 색채는 주관적인 것 같지만 객관적인 상징이 주관성에 영향을 미친다는 것이다.

이처럼 색을 본다는 것은 물리학적으로 단순히 눈으로 인식하고 대뇌의 감각세포가 이를 지각하는 것보다 더 심오하고 복잡하다. 이것은 의식적이거나 무의식적으로 색을 인식한다는 체험의 의미가 포함되어 있기 때문이다. 이에 대해 색채학자인 만케(Frank H. Mahnke)는 인간이 색을 경험하는 과정을 6단계로 나누고 나눠진 6단계의 관련된 모든 요소가 서로 간에 상호관계로 인식이 되어 인간이 느끼는 색의 체험에 영향을 미친다고 한다. 다음은 만케의 6단계 색채 경험을 구체적으로 살펴보도록 한다.

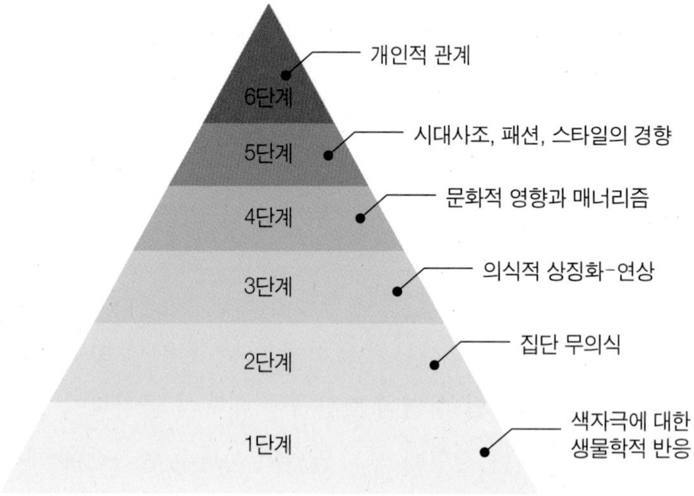

[그림 6-29] 만케의 색채 경험 피라미드

1) 색 자극에 대한 생물학적 반응 단계

생물의 생존과 관계되는 가장 기초적인 반응으로서의 색은 인간에게 있어서 먹이를 찾거나 약탈자로부터 자신을 보호하기 위해 과시 또는 위장하기 위한 것이기도 하다. 색을 통해 식용인지 그렇지 않은 지를 가려낼 수 있으며 주변의 환경을 이해하고 해석하는 데 색은 필수적이다. 동물이나 식물도 마찬가지로 화려한 꽃가루의 색으로 벌이나 나비들을 유혹하는 꽃이나, 녹색식물의 생존을 위한 광합성, 주위의 위협으로부터 자신을 보호하기 위해 주변의 색으로 변하는 카멜레온, 문어 등의 변색 동물들이 대표적인 예다.

이처럼 인간이나 동・식물은 빛으로부터 필요한 것을 받아들이고 그렇지 않은 것을 거부하면서 자연스럽게 색을 식별하는 시각이 발전하였다. 이러한 과정을 만케는 1단계인 색자극에 대한 생물학적 반응이라고 하였으며 이는 색상이나 색 조합에 관해 생각하고 느끼는 방법의 범위를 벗어나 생리적 현상으로서 의식적으로는 조정하기 힘든 반응이라고 한다.

2) 집단 무의식 단계

만케는 색에는 태초부터 인간에게 전해져 온 체험의 기억들이 유전적으로 내재되어 있다고 한다.

그는 이것을 개인이 경험한 개인적 체험의 의식적이거나 무의식인 것이 아니라 융의 심리학인 집단 무의식으로 설명을 하였다. 융의 집단 무의식은 인간은 태어날 때부터 이미 원시적 이미지를 조상 대대로 물려받고 왔으며 인류 이전의 동물 조상뿐 아니라 인간 조상까지도 포함하는 인류 체험의 기억들이 인간 두뇌의 유전적 축적계획안에 기록되어 있다는 것이다. 이처럼 사람이 느끼는 집단 무의식의 선천적 지식의 경험은 인간을 구별할 수도 있고 인식할 수도 있다. 예를 들면, 유아들은 2개의 검은 점인 눈동자를 좋아하는 경향이 있는데 이것은 머릿속에 사람 얼굴의 원형이 이미 새겨져 있기 때문이라고 한다.

이처럼 인간의 정신에는 희미하게 감각적・자극적 및 강력한 근원이 존재한다. 색은 이러한 원형적 의미를 지닌 원시적 이미지의 일부로서 잠재적 이미지와 경험 속에 수천 년 동안 인류의 초기 감정과 기원이 함께 존재되어 왔다고 볼 수 있다.

다시 말해, 색채의 경험은 집단 무의식에 의해 교육과 경험이 직접 지배하지 않았던 최초의 인류로부터 경험되고 학습된 유전적 연상이라고 한다.

3) 의식적 상징화-연상 단계

의식적 단계에서 이루어진 연상 및 상징화의 어느 정도는 일부 학습된 반응일 수도 있다. 일정한 문화권 내의 사람들 간에는 기본적으로 하늘과 물은 파랑, 불은 빨강, 자연은 초록이라는 1차적인 연상과 빨강은 혁명, 금색은 사치, 분홍은 사랑과 같이 감정과 관계된 2차적인 연상이 일치하는 부분이 있다. 또한 색의 연상이나 상징은 문학에서도 찾아볼 수 있는데, 침울한 경우에 파랑으로 자신의 감정을 표현하기도 하며 녹색으로 휴식이 필요하다는 것을 표현하기도 한다.

종교, 의학, 치료, 신화, 연금술, 점성술, 심지어 출생, 결혼, 장례의식 등 인간생활에 있어서 많은 중요한 역할을 하고 있는 색의 상징들은 지역적 · 인종적 특성을 만들기도 하고, 범세계적인 공동의 연상이 되기도 한다.

이러한 색의 상징이나 연상들은 상당한 부분 현대적이기는 하지만 대부분 이미 과거로부터 이어져 내려와 지금까지 활발하게 사용되고 있는 것이며 해를 거듭할수록 그 의미들은 상당한 일치성을 보이고 있다. 이를 프랑크 H. 만케는 3단계인 의식적 상징화단계라고 불렀다.

4) 문화적 영향과 매너리즘 단계

색 체험을 통해 특정 문화나 단체, 지방의 특색이 되는 색의 연상이나 상징화, 매너리즘이 이루어지는데 이는 지역적 특성이 강하고, 소속 단체에서 학습된 결과를 보인다는 점이다. 터키석을 예로 보면, 실제로 터키에는 터키석이 산출되지 않는데도 불구하고 과거 이집트 지역의 시나이 반도에서 채굴된 터키석이 터키를 통해 유럽으로 수출되면서부터 터키라는 이름이 붙여졌으며 터키에서는 옅은 초록색에서 진한 하늘색까지의 터키석을 민족색으로 사용하고 있다. 고대 이집트에서는 터키석은 신령한 힘을 가진 것으로 인식되어 액운을 막아 주며 행운을 가져다주는 신성한 돌로 여겼으며, 아메리카 원주민의 전설에도 신의 힘이 지상의 돌에 깃들어 하늘과 바다를 열리게 해 준다고 생각했다. 지금의 사람들도 12월의 탄생석으로 터키석을 성공과 승리, 지혜를 상징하는 보석으로 터키석을 몸에 지니면 육체와 정신을 올바르게 이끌고 악운을 막아 준다고 생각한다.

[그림 6-30] 터키석

또 한 예로, 아랍민족은 마호메트를 신성시하는 이슬람 문화권 사람들로, 초록색을 천국의 상징색으로 사용하였다. 이슬람교에서 가장 신성한 장소인 이스탄불의 블루모스크(푸른 사원) 역시 이슬람교도들에게 생명을 구원하는 성스러운 성지이므로 파랑 또는 청록색의 식물 문양과 모자이크 장식을 사용하여 천국을 나타냈다.

[그림 6-31] 블루모스크

[그림 6-32] 내부 1

[그림 6-33] 내부 2

[그림 6-34] 인도 국기

인도인들은 생명, 활동, 영광을 나타내는 빨간색을 정열적이고 건강한 색으로 선호하였으며, 노란색은 농작물의 성장과 신부에게 축원하는 의미로 사용하였다. 그리스도교, 이슬람교와 더불어 세계3대 종교인 인도 동북부 지역에서 창시된 불교의 색채 역시 희생을 의미하는 주황색과 노란색 등의 난색계를 주로 사용하였으며, 인도 국기에 있는 주황색은 용기와 희생을, 흰색은 진리와 평화를, 초록색은 공평과 기사도를 상징하는 색이다.

중국인들은 붉은색이 부귀와 행운을 가져온다고 믿었기 때문에 중국인에게 빨강은 덕과 진실, 성실을 상징한다. 아프리카의 사막지역에서는 물에 대한 동경이 강하여 파랑을 생명 또는 재생, 부활, 안식처 등의 상징으로 여기며 선호한다. 게르만 민족은 고대 유럽의 게르만계를 통칭하는 것으로, 러시아와 스칸디나비아 반도 일대의 민족을 의미한다. 이러한 게르만 민족은 삼림이 풍부하여 주로 숲에 거주지를 마련하고 숲의 색과 조화를 이루는 짙은 갈색으로부터 황토색에 이르는 자연적인 색채들을 선호하였다.

중남미의 넓은 영역에 분포한 라틴 아메리카 민족은 주로 풍토색의 영향을 받아 강렬한 원색을 선호하였다. 특히 일조량이 많은 지중해 연안이나 남미와 같은 곳에서는 눈의 동공색이 갈색으로 짙게 변하는 적시화가 일어나며 이로 인해 화려한 원색을 선호하기도 한다.

우리나라는 요사스런 귀신을 물리치기 위하여 쓰는 색의 의미인 벽사색이 있다. 벽사색에는 음의 기운을 지닌 여성을 의미하는 색인 청색과 양의 기운을 가진 남성을 의미하는 홍색이 있다. 혼례를 치루는 남녀가 벽사색을 사용하는 것은 신성한 혼례에 악귀가 붙지 않게 하는 의미이기도 하지만, 남녀가 서로 화합하는 의미로서 사용하기도 한다. 또한 아기가 태어나면 문 입구에 금줄을 매달고 붉은 고추와 푸른 솔잎을 꽂아 두어 외부 사람들에게 아기가 태어난 것을 알리는 의미이기도 하고, 부정을 타지 않도록 하기 위한 벽사의식이기도 하다. 이러한 예를 보면, 나라마다 문화적인 차이는 뚜렷하지만 색에 대한 반응은 보편적이며 문화적인 경계선을 넘나들고 있다는 것을 알 수 있다.

[그림 6-35] 소망성취부적

[그림 6-36] 금줄

[그림 6-37] 예단 포장

5) 시대사조, 패션, 스타일의 영향 단계

'패션'이란 '유행'이라는 말이다. 유행은 그 시대를 살아가는 많은 사람의 문화적 가치와 사회적 흐름의 결정체이다. 따라서 대다수의 사람은 직접적이든 간접적이든 유행에 영향을 받고 영향을 주며 살아간다.

이 단계에서 사용된 색채의 흐름은 계속 변화하며 그중 일시적으로 유행된 색채의 경향이 시대사조를 따르게 되는데, 예를 들면 그 시대에 사용된 색채를 중심으로 역사적 유물이나 유적의 제작된 연대를 측정하기도 한다.

시대사조에 의한 유행색은 색채가 적용된 대상과 제작의 용이성 등이 반영되어 그 변화의 기간이 다르게 보이지만 일정한 주기를 두고 반복되기도 한다. 그러나 현대에 들어서 색채의 표현수단이 발달함으로써 색채를 표현할 수 있는 범위가 넓어졌다. 그 결과 지역적 특정 문화집단의 경향보다는 시대적인 영향이 더 강하게 작용하여 색채를 자주 변화시키며 지역성과 인종을 초월하기도 한다. 하지만 그 색채가 가지고 있는 상징이나 연상은 보편적인 것으로 실제로 새로운 것은 없다.

6) 개인적 관계 단계

색에 대한 개인적 관계란 개인적으로 호감 가는 색이나 혐오하는 색을 말한다. 예를 들면, "빨강은 싫어, 파랑은 좋아."라는 등의 개인적으로 선호하는 색은 특정한 이유나 객관성보다는 개인의 기호에 따르는 것으로 일시적인 경향일 수도 있고 교육이나 체험을 넘어선 것일 수도 있다.

다시 말해, 개인적인 관계에서는 보편타당한 색채의 경향보다는 개인적인 호감이나 혐오감이 작용한다고 볼 수 있다. 일반적으로 색채를 경험하는 방법은 만케의 색 경험 피라미드의 모든 단계 간이 서로 상호관계로 인식되며, 이는 무의식과 의식 모두가 포함되어 있다. 따라서 색에 대한 개인적 기호와 그 의미는 개인적으로 정신분석적 색채실험을 통해 밝혀낼 수 있다.

제7장

색채의 상징과 연상

1. 색채유래와 상징

일반적인 개념의 상징은 임의의 언어로 만들어진 기호로서 말로 설명하기 힘든 추상적인 사실이나 생각, 느낌 등을 구체적인 사물로 나타내거나 대표성을 띤 기호나 표시, 물건 따위로 나타내는 것을 말한다. 다시 말해, 상징은 언어화된 기호의 보편적인 성격을 가지고 있으므로 눈에 보이지 않는 추상적인 개념이나 생각을 형태나 색을 가진 다른 것으로 알기 쉽게 표현하는 것을 말한다.

철학에서 상징(symbol)이라 함은 어떤 사상(事象)이나 개념에 대해 새로운 의미가 부여되는 감각적인 말을 뜻하는 것으로, 인간에게만 부여된 고도의 정신 작용의 하나이며 대체 언어로서의 기능을 함께 가지고 있다. 우리가 일상적으로 사용하는 말과 글, 몸짓, 숫자, 기호, 색깔 등이 이에 포함되며 인간의 수많은 사회적 행동은 상징을 매개로 하여 이루어진다고 해도 과언은 아니다.

이러한 상징은 우리가 만든 것이 아니라 과거로부터 오랜 기간 동안 동일하게 인식되면서 일반적인 것이 되고, 시대라는 흐름 속에서 고정된 관습 혹은 습관처럼 자연스럽게 받아들여지게 되는 것이다.

상징의 의미를 인간의 역사와 함께해 온 색채와 관련하여 살펴보게 되면 '색채'는 이미 의미화가 되어 있다. 이미지와 그 색이 갖는 의미, 즉 관념은 하나로 결합되어 색채를 지각하기 이전에 어느 정도의 일반성과 보편성을 갖고 있다.

대표적인 예로, 녹색은 자연의 활발한 성장, 재탄생, 희망 등과 같은 의미로 통하며 확대해서 설명하면 희망과 녹색의 이미지 결합은 기독교인들의 자연의 녹색과 종교의식이 결합된 종교적 상징성을 갖는다. 또한 고대 로마에서는 도시에서 권력이 가장 강한 사람을 두고 빨간색 옷을 입은 사람이라는 뜻을 가지고 있는 '코치나티'라고 불렀는데, 이때 빨간색은 그들의 권위를 돋보이는 상징의 색이였다. 순결을 상징하는 웨딩드레스의 흰색이나 달콤함과 부드러움의 상징인 분홍색, 진한 커피 향과 어울리는 갈색 등이 색채가 주는 상징의 의미이다.

이처럼 색채는 우리 시각을 둘러싸고 있는 환경이며 이런 의미에서 색채는 문화이며 역사이다.

다음은 이러한 색채에 대하여 이름이 붙여진 유래와 상징에 대해 빨강, 노랑, 파랑, 흰색, 검정을 기본으로 하여 구체적으로 알아보도록 한다.

1) 빨강

빨강(Red)은 인류의 역사에서 처음 이름이 붙여진 색채로서 그 어원은 스페인어의 어원인 빨간색 땅이라는 '콜로라도(colorado)'에서 유래가 되었다. 영어에서 색을 의미하는 컬러(color) 역시 스페인어의 어원인 '콜로라도'에서 유래가 되었다. 색을 대표하는 빨강이 '색(color)'의 의미로도 사용되며, 동시에 빨간 색채를 띤 '빨간색'이라는 단어로 오랫동안 같이 사용한 것도 이와 같은 이유 때문이다.

러시아에서는 빨간색을 '아름다운'이라는 말과 동일하게 쓰며, 바빌론과 에스키모의 언어에서는 '피와 같은'의 뜻으로도 쓰인다. 영어의 레드(red), 프랑스어의 루주(rouge), 독일어인 로트(rot), 이탈리아어의 로소(rosso) 역시 모두 '피'라는 의미를 가지고 있는 산스크리트어인 루디아(rudhira)에서 비롯되었다.

한국과 중국 등의 동양에서는 음양오행사상의 영향으로 양의 의미인 밝음, 불을 의미하는데, 불과 관련된 어원적 의미는 한자에서도 찾아볼 수가 있다. 중국 최초의 문자학 서적인 『설문해자』에서 붉을 적(赤)은 남방의 색으로 대(大)와 화(火)의 구성으로 그 본래의 의미는 큰 불을 말한다.

[그림 7-1] 적의 갑골문자

또한 거북의 껍질과 짐승의 뼈에 새겨진 갑골문에서는 큰 사람이 불 앞에 있어 불빛으로 인해 붉게 보이는 것에서 붉은색의 의미를 가지게 되었다고 한다.

순수하고 고유한 우리말인 '빨강'의 어원적 의미는 밝음이나 불과 관련된 것으로 양성 모음인 '밝다'와 음성 모음인 '붉다'의 의미를 동시에 지니고 있다.

'붉을(赤)'이 '불(火)'에서 기원했을 것이라 보는 견해도 있는데. 이는 원시인들에게 있어서 불이 하루의 생활을 보장해 주고 활동 무대를 넓혀 주는 것뿐만 아니라 신앙의 대상으로까지 숭배되었기 때문이다.

이와 같이 빨강은 나라마다 서로 다른 어원적 의미를 가지고 있지만 인간이 가장 처음으로 인식하는 최초의 색이면서 고대시대부터 자연발생적인 원시적 상징으로 생명력과 관련된 상징적 의미를 갖고 있다.

생명력은 인간의 본능과 연결되어 성적인 상징성을 갖기도 한다. 성적인 상징은 관능과 유혹을 포함한 에로스와 사랑에 대한 정열을 내포하기도 한다. 피가 갖는 빨간색의 생명감은 활력의 색으로 이와 연관된 힘, 강함, 생명, 용기의 색이라고 볼 수 있다.

인류가 최초의 도구로 사용한 '불' 역시 붉은색이기 때문에 빨간색은 '따뜻함'

'에너지'의 상징을 갖게 된다. 같은 맥락으로 붉은 태양도 빨강의 상징으로 들 수 있는데, 태양이 뜨거운 나라에서는 태양의 열기가 생명을 위협하기 때문에 빨강을 악마의 색으로 여겨 사악함과 파괴력의 부정적인 상징의 의미로 사용되기도 한다.

미국의 색채학자인 파버비렌도 빨강의 근본적인 이미지의 결합은 피의 이미지를 불러일으키며 나아가 상처, 고통, 전쟁, 희생, 혁명 등의 이미지를 떠올리게 한다고 제시하였다. 또한 에너지와 성적인 이미지도 피와 결합되며 불은 따뜻함, 석양, 열기, 홍분, 열정 등의 긍정적인 이미지가 유추되기도 한다.

이처럼 빨강의 이미지는 공격, 죽음, 전쟁 등에서부터 사랑, 에너지, 희생, 헌신 등 그 범위가 다양하고 다층적이지만 일반적이며 보편적인 상징의 의미를 포함하고 있다.

2) 노랑

알타미라와 라스코에 동굴 벽화가 그려지기도 더 이전인 5만 년 전 오스트레일리아 북부 아넘랜드에 있는 인류 최초로 동굴의 벽에 그려진 그림은 목탄과 황토로 그려져 있다. 이때 사용한 황토를 최초의 노란색(Yellow)으로 오커(ocher)라고 부른다. 이후 고대 이집트인들은 아카시아 수액에 황토를 섞어서 쓰다가 기원전 3000년 무렵 석황이라고 하는 노란색 수정 같은 광물을 발견하여 황토를 대신하여 노란색으로 사용을 했다.

힌디어로 노란색을 뜻하는 단어는 석황(orpiment)을 뜻하는 단어에서 유래되었다. 시나이 사막과 소아시아에서 발견되는 석황의 재료는 비소 황화물로 독성이 강한 물질이지만 빛을 반사해 반짝거리는 특성 때문에 황금석이라고도 하며 신의 광채라고도 불렸다. 비소가 섞여 강한 독약임에도 불구하고 노란색을 대체할 만한 원료가 없어 석황은 오래도록 사용되었으며, 이후에 새로운 원료 역시 산화납으로 유럽에서는 1400~1700년대까지 사용되었다.

1750년경 유럽의 화가들은 이탈라아 남부 나폴리 동쪽의 베수비오 산의 흙이 원료인 나폴리 노랑(Naples Yellow)이라는 안료를 사용했는데, 이 또한 납 성분이 포함되어 있어 지금은 잘 쓰지를 않는다. 현재 노란색 안료는 황화 카드뮴이 원료인 카드뮴옐로를 사용하고 있는데, 카드뮴 역시 납처럼 몸에 쌓이면 손발과 관절이 아프고 뼈가 약해져 잘 부러지는 '이타이이타이병'의 원인으로 치명적이다.

이처럼 흙과 관련된 노랑, yellow의 어원은 고대 게르만어의 gelo(젤로)에서 '반짝이는'을 의미하는 고대 영어인 geolu(지루)를 거쳐 yelwe(옐위)로 변화하였고, 현재의 yellow가 되었다. 독일어로 노랑은 gelb(겔프)이며 geolu(지루)는 영어에서 지질학을 뜻하는 geology와 지리학을 뜻하는 geography와 같이 흙과 관련이 있다는 것을 말한다.

오행사상을 상징하는 오방색에서도 노랑은 우주만물의 중심인 땅을 상징한다. 중국 남북조시대 양나라의 주흥사가 지은 천자문의 첫 구절에서 나온 천지현황(天地玄黃) 역시 '하늘은 검고 땅은 누렇다.'라는 것이다.

이와 같은 노란색이 서양에서는 경계와 멸시를 상징했다. 죄를 지은 사람이나 매춘부, 미혼모 등에게 노란 두건이나 망토를 입히거나 빚을 진 사람에게 노란 표지를 달아 다른 사람들에게 멸시를 받도록 했다. 중세의 기독교회화에서는 예수를 배반한 유다에게 노란색으로 옷을 채색하여 이단자를 상징하는 색으로 사용하였으며, 예수를 사형하게 한 유대인들에게는 악마의 뿔을 상징하는 노란색 뾰족한 모자를 쓰게 하여 심한 굴욕을 느끼게 하였다. 또한 독일 나치스가 유대인을 대량 학살할 때도 '다윗'이나 '유대' 등이 적힌 노란색의 별 모양 배지를 가슴에 달게 하여 유대인을 구별하였다.

이와는 반대로 동양에서는 최고의 색으로 노란색을 사용하였다. 세계의 중심이라고 생각한 중국은 중국의 황제만이 용이 수놓아진 노란색 옷인 황룡포를 입도록 하며 노란색으로 신성함과 권위를 상징하였다. 중국에 조공을 바치는 조선의 임금은 빨간색 곤룡포로 종속국임을 나타내었다. 인도에서는 신과 통치자의 지위를 가르키는 색으로 인도의 신(伸)인 크리슈나는 노란색 옷을 입는다.

이와 같이 동 · 서양에서 느끼는 노란색에 대한 생각은 현저히 다른데도 불구하고, 동 · 서양의 성인들의 머리 뒤에서 빛나는 후광 등은 노란색으로 그려져 있다.

플라톤은 다양한 노란색을 태양과 이성이라고 하였으며, 러시아 화가 칸딘스키는 인간을 불안하게 하며 찌르고 자극하는 불안정한 색으로 표현하였다. 심리학자들 역시 정신병의 색으로 신경증에 시달리는 사람들은 멀리하는 것이 좋다고 한다. 하지만 색채학자들은 태양을 상징하는 노란색을 따뜻하고 밝고, 명랑하고 낙천적으로 표현을 하며 연관된 단어로 환희, 희망, 빛 등을 꼽기도 한다.

프랑스어로 'jaune'와 영어인 'yellow'가 질투의 의미를 갖고 있기도 한 노랑은 유다가 예수를 배반하면서 유래가 된 거짓, 배반 등의 부정적 의미도 있다.

이슬람이나 고대유럽의 상징학에서는 노랑을 지혜 혹은 이성의 색이라고 한다. 금을 귀한 것으로 숭상하는 인간의 마음에서 시작된 황금색(黃金色)의 개념이 포함된 황색(黃色)은 신비로운 색으로 신성시되기도 하며 깨달음의 색, 지성과 지식, 행복을 상징하기도 하며, 시기, 질투, 거짓, 배반, 치욕, 경고의 상징으로 쓰이는 노랑을 중국에서는 남성의 색이라고도 한다.

이처럼 노랑의 이미지는 태양, 황금, 신의 힘, 지혜, 지능, 생명의 질료, 부, 낙천적, 행복, 즐거움 등에서부터 시기, 질투, 거짓, 불안정, 배반, 욕망 등 그 범위가 다양하다. 즉, 일반적이며 보편적인 상징의 의미를 포함하고 있다고 할 수 있다.

3) 파랑

기원전 3000년경 고대 이집트에서는 이집트의 젖줄인 나일강에 대한 경외심에서 비롯되어 파란색(Blue)에 대한 동경이 있었다. 이로 인해 모래와 석회, 구리를 원료로 한 이집트 블루 혹은, 나일 블루라고도 불리었던 인류 최초의 합성 안료인 알렉산드리아 블루를 만들어 주변 국가에 수출까지 하였다.

14세기 무렵의 이집트 왕이었던 18세 소년인 투탕카멘의 무덤 안에서 발견된 황금 마스크의 줄무늬 두건에 사용된 파란색이 알렉산드리아 블루이며 이는 장식품이나 장례용품을 채색하는 데도 사용되었다.

이집트의 동쪽에 있던 신바빌로니아 왕국에서는 보석이나 다름없는 청금석으로 파란색을 만들어 사용을 하였다. 그 대표적인 예가 바빌론 성벽에 만들어진 8개 문 중에 하나인 '이슈타르 문'에서 사용된 파란색 벽돌인데, 이슈타르는 메소포타미아 신화에 등장하는 미, 연애, 풍요, 다산, 전쟁 등을 관장하는 여신을 말한다. 이와 같이, 고대 이집트나 신바빌로니아 왕국에서는 파란색이 악한 기운을 몰아내고 번영을 가져다주는 귀한색이라고 믿었다.

[그림 7-2] 투탕카멘의 황금마스크

[그림 7-3] 바빌론의 이슈타르 문

하지만 이미 적색과 황색 염료를 사용해 사회생활, 종교 예식, 예술 창조 활동 등을 하고 있던 고대 그리스나 로마에서는 파란색을 그리 중요하게 여기지 않았다. 색을 통해 생각을 담고 전달하며 강한 인상을 주고 감동을 불러일으키며, 규범이나 체계를 세우고 분류, 동화, 대립, 계층화하는 데 파란색의 상징성은 흰색이나 빨간색, 검정의 고대 사회의 기본 3색에 비해 너무도 약했기 때문이었다.

색에 관한 어휘를 결정짓는 데도 수 세기가 걸린 그리스에서는 파란색을 가리켜 글라우코스(glaukos)와 키아네오스(kyaneos)로 표현하였다. 글라우코스는 호메로스가 자주 쓰던 단어로 파란색이라는 것을 지칭하기보다는 때에 따라 초록이나 회색 또는 파랑을 가리켰으며 가끔은 노랑이나 갈색을 의미하기도 하였다.

어두운 색을 지칭하는 키아네오스 역시 색의 정도나 상태를 가리킨다기보다는 색에서 느껴지는 느낌을 표현하는 단어였다.

이후 게르만족들의 언어에서 유래한 '블라부스(blavus)'와 아랍어에서 유래한 '아주레우스(azureus)'가 인도유럽어족의 언어군 중에 하나인 로망스 어군으로 자리 잡게 되었다. 지금의 프랑스나 이탈이아, 스페인에서 청색을 가리킬 때 사용되는 bleu와 azur는 라틴어가 어원이 아니라 각각 독일어와 아랍어에서 온 단어이다.

이와 같이 로마인들은 파란색에 대해 켈트족이나 게르만족 같은 미개인들의 색으로 취급을 하며 무관심했으며, 때로는 혐오하기도 하였다. 적에게 겁을 주기 위해 대청으로 몸을 파랗게 칠하거나, 신에게 올리는 주신제에 참가하기 전에 여인의 몸에 칠하는 야만적인 색으로 여겨 경계하고 멀리해야 할 색이라고 했다.

짙은 색일 때는 무시무시한 느낌을 주는 죽음이나 지옥을 연상시키는 꺼림칙한 색으로 로마에서 파란색 옷을 입는다는 것은 품위가 떨어지는 일이었으며, 괴상한 모습이거나 상(喪)을 당한 표시로도 사용하였다. 또한 파란색 눈을 가진 여자는 정숙하지 못한 사람으로, 남자는 여자 같은 나약한 인상에 교양이 없거나 우스꽝스러운 추한 사람으로 취급하였다. 이러한 현상은 청색 바탕의 스테인드글라스가 등장한 12세기까지 계속되었다.

신이 빛을 이용해 세상에 권능을 보여 준다고 생각하고 교회의 창에 금속산화물이나 안료를 이용하여 구운 색판 유리조각을 접합하여 만든 유리공예인 스테인드글라스는 11~12세기경 유럽의 기독교 문화에 필수품이 되었다.

스테인드글라스를 통과한 신비로운 파란색은 하늘과 빛에 대한 새로운 개념을 표현하며 이때부터 파란색은 회화나 성화뿐만 아니라 문장이나 복식 등에 귀족적인 색으로 인식되며, 심지어 색 중에서 가장 아름다운 색으로 여겨지기까지 하였다. 대표작으로 윌튼의 두 폭 제단화에서 성화의 오른쪽에 있는 성모 마리아를 표현하는 의복의 색상으로 사용된 파란색이 보석의 일종인 청금석을 뜻하는 값비싼 울트라마린이다. 울트라마린이란 뜻은 '바다 저편'이라는 라틴어에서 유래되었는데 이는 유럽 상인들이 아프가니스탄에서 채취한 청금석을 바닷길로 수입

해 와서 붙여진 이름이다.

신앙심이 깊어진 유럽인들은 성모마리아를 열렬히 숭배하며 비싼 귀한 돌에서 채취한 울트라마린을 성모 마리아의 의복에 사용하기 시작하였다. 이때부터 유럽 전체에 파란색이 사회적으로 새롭게 부상하기 시작하였다.

1140년경에는 파리 북부에 위치한 생드니 수도원의 부속 교회 재건축을 계기로 스테인드글라스 직공들이 만든 '생드니의 청색(bleu de Saint-Denis)'이 있다. 이때 공사를 했던 직공들이 프랑스 북서부 샤르트르로 옮겨 가서 1979년 유네스코 지정 세계유산으로 등록된 샤르트르대성당을 지었다. 이때 성모가 입고 있는 의복의 청색을 샤르트르의 청색(bleu de Chartres)이라 하며 카톨릭교 교구가 있는 샤르트 주의 르망의 청색(bleu du Mans)이 되기도 하였다.

[그림 7-4] 생드니의 청색(bleu de Saint-Denis)

[그림 7-5] 샤르트르의 청색(bleu de Chartres)

'아기 예수를 안은 푸른 옷의 성모'
성모는 왕관을 쓰고 푸른 옷을 입고 앉아 있다. 무릎에 안고 있는 아기 예수는 자궁 안의 예수를 연상케 한다.

이와 같이 고대 그리스나 로마에서는 혐오스런 파란색이 12세기의 유럽에서는 성모마리아가 입은 의복 색으로 인하여 귀족적인 색으로 변신을 하였다. 13세기 프랑스의 루이 9세와 영국의 헨리 3세가 군주로서 파란색 옷을 입을 만큼 선호도가 높아지기도 하였으며, 18세기 프랑스 혁명 등에서는 파랑이 새로운 가치인 진보, 꿈, 자유 등을 상징하며 독일 낭만주의자들은 오히려 파란색을 숭배하기까지 하였다.

우주의 질서를 음(陰)과 양(陽)이라는 상반된 기운의 조화로 설명하려는 동양의 이론인 음양설(陰陽說)에 의하면 파랑은 음(陰)이며, 음(陰)은 정지, 어둠, 추움, 없음, 땅, 달, 여성적인 것, 부드러움, 소극적, 습기 등에 해당되며 드러나지 않는 행위를 말한다. 오행에서 봄을 상징하는 파랑은 창조, 불멸, 생명, 신생, 희망의 뜻으로 젊음을 상징하기도 하는데, 우리나라에서는 푸른 숲(녹색 숲), 푸른 하늘, 푸른 나무(녹색 나무), 푸른 신호등(녹색 신호등)과 같이 녹색과 청색을 구별하지 않고 같이 쓰고 있기도 하다. 또한 우리나라에서는 우리 민족이 가장 선호하는 색으로서 유교적 금욕주의에 의한 정신적이며 고결한 색의 상징으로 여겨져 왔다.

이와 같은 파랑은 왕권, 귀족, 신의, 진실, 지성, 계시, 충성, 아량, 사려 깊음, 경건, 평안, 명상, 평화, 신뢰, 용기, 신선함, 신비로움 등과 수동적, 조용함, 마리아의 색, 심해(深海)의 색, 하늘에 속하는 영적 존재의 색, 무한한 공간의 색, 고대 그리스나 로마에서의 상징인 우울함, 악마, 지하의 세계, 어둠의 색, 노동자의 색 등 상징의 의미가 넓고 다양하다.

4) 흰색

많은 언어 중 흰색과 검정은 밝음과 어두움, 낮과 밤을 구별하기 위해 가장 먼저 생겨난 색으로서 석회나 대리석, 백색의 안료인 연백 등으로 흰색을 표현하였다.

흰색(White)은 우리말의 기원인 아프리카의 중부 산악국가인 르완다어에 의하면 '하얗다'는 '하야+하다'로서 어간은 하야인데 그것은 하늘을 운항하는 것, 즉 태양과 같은 뜻으로 매우 밝은 빛을 의미한다. 프랑스어는 블랑(blanc), 이탈리아어는 비안코(bianco), 독일어는 블랑크(blank)로 모두 '빛나는' '밝은'이란 뜻을 가지고 있으며 영어인 화이트(White) 역시 고대영어인 hwit가 '밝음' '빛나는' '분명한' '공정한' '흰'이라는 뜻에서 나왔으며, 원시 게르만어인 hwitaz도 '희다' '빛나다'에서 유래하였다. 이와 비슷한 어원을 가진 단어로는 고대 색슨어 hwit, 고대 프리지아어 hwit, 스칸디나비아어 hvitr, 네덜란드어 wit 등이 있으며 이와 같은 어원에도 빛, 빛나다, 밝아지다의 의미를 가지고 있다.

이러한 흰색은 아프리카인에게는 근원의 색으로 생명을 태어나게 하는 정액의 색이며, 통과의례를 거쳐 상징적으로 새로 태어나는 사람의 색이기도 하여 성인식에 사용을 하였다. 멕시코에서도 창조신 케찰코아틀의 예언의 증표라고 믿었다.

[그림 7-6] 기원전 2600년경 아마로 옷을 지어 입고 있는 라포테프와 노프레트 부부의 상

[그림 7-7] 부바스티스의 수호신 바스트

오시리스와 이시스의 사이에 태어나서 호루스의 여동생이라고 하며 태양신 라의 딸로 묘사되기도 한다.

고대 이집트와 그리스 · 로마에서도 신성한 색으로 신을 섬기는 사람들은 아마(섬유를 만드는 식물)로 하얀 옷을 만들어 정절을 상징함과 동시에 청렴과 충성을 나타내기도 하였다. 그리스 철학을 계승한 아랍 이슬람 문명에서는 색의 계층에서 최상위로 광휘, 명료함, 충실의 상징이 되기도 하며, 권력과 지배력을 뜻하면서 통합의 화신(化身)이자 신 자체를 나타내는 이미지로 알라신의 사랑을 받았다. 인도의 계급제인 카스트제도에서 가장 높은 계급인 브라만을 나타내는 순수와 신성의 색이기도 하며, 몽골의 종교계에서는 석가모니를 초월적 지혜를 상징하는 흰색으로 나타냈다. 티베트에서는 라마승을 뜻하는 색이기도 하다.

모든 색 중에서 가장 완벽하고 절대적인 색이며 신성함을 상징하는 색으로 신이나 신전 등에 사용을 한 흰색은 기독교에서도 부활한 그리스도나 최후의 날 부활한 자들이 입었던 옷의 색이며 그리스도의 몸을 상징하는 성체의 색이기도 하다. 이것은 흰색이 시작과 부활을 의미하는 색으로서 부활은 죽음이 끝이 아니고 다시 시작한다는 의미로 생명과 사랑, 죽음과 연관되어 있음을 말한다.

결혼식에서 사용하는 흰색은 과거의 생명은 죽고 새로운 생명으로 탄생한다는 의미를 가지고 있다. 장례식에서의 흰색 상복은 가까운 사람이 죽었을 때 죽음을 애도하는 색이기도 하지만 죽음이 끝이 아니라 저승에서의 새로운 삶을 의미하기도 한다. 자연미를 중시 여기는 우리 민족도 흰색은 모든 것의 시작이며 끝이란 의미에서 자연과 가장 잘 어울리고 자연과 합일하는 의미의 색으로 흰색을 꼽는다.

이러한 유래에 의해 생명력, 재생, 부활, 깨끗함, 결백, 빛, 자유, 신성함, 순결, 성실, 무구, 청순, 순수, 믿음, 평화, 행복, 영적인 권위, 초월적인 완전성 등의 긍정적인 이미지와 여성스럽고, 고귀하고, 연약한 이미지를 가지고 있으면서 신분을 상징하는 색이기도 하다. 또한 삶의 경험과 지혜가 풍부한 노인의 흰색 머리카락에서의 흰색이 지혜의 상징이 되기도 한다.

하지만 이러한 흰색은 부정적 의미도 같이 가지고 있다. 인종 차별주의자에게는 진보의 색으로 백인을 우월하게 여기는 백인우월사상으로 인식이 되기도 하며, 중국에서는 연극에 나오는 겉과 속이 다른 역할을 맡은 배우의 얼굴을 하얗게 분장을 하여 이중적인 마음을 표현하기도 하였다. 병색이 완연한 얼굴색이나 노화와 혹은 생명의 불이 꺼진 신체의 색이 흰색이기도 하다.

5) 검정

인간이 인식한 최초의 색이라 할 수 있는 검정(Black)은 사실상 빛이 전혀 없거나 빛을 모두 흡수하므로 색이 없다. 이러한 검정을 영어에서는 블랙(black), 중국어로는 흑(黑), 우리말에서는 '검댕'으로 그 어원은 타는 것을 뜻하는 라틴어에서 비롯되거나, 불을 땔 때 나는 연기가 창 사이로 빠져나가면서 창(窓)이 검게 그을렸다는 의미인 창(窓)과 염(炎)이 합쳐져서 만들어지거나, 아궁이에 불을 지폈을 때 솥 밑 언저리에 그을음이 생긴 것이 그 유래이다.

[그림 7–8] 아누비스 벽화

이집트의 죽은 자들의 신으로서 개, 혹은 표범의 머리를 하고 피부는 거무튀튀한 남자의 모습으로 죽은 자의 미라를 보존하거나 묘지의 문에서 죽은 자를 마중하고 묘지 속의 유족들이 바치는 공물을 죽은 자들에게 전달하는 일을 맡아서 하였다. 죽은 자를 저승으로 인도하는 그리스의 헤르메스와 동일시되어 '헤르마누비스'라는 이름도 갖고 있다.

어원에서 보듯이 검정은 불에 의해서 타고 남은 나무의 재나 숯 혹은 그을음의 흔적을 말하는데, 고대 이집트에서는 기름을 태우고 생긴 그을음을 접착제와 섞어 만들어 사용을 하였다. 이런 방법은 오늘날까지 이어져 오고 있다. 대표적인 예가 물감, 페인트, 잉크, 토너 등의 원료인 '카본블랙(carbon black)'이다. 카본블랙은 가스, 기름, 목재 등을 태우고 남은 탄소 가루를 말하며 그을음과 같은 것이다. 동양에서도 검은색의 먹을 만들어 사용을 했는데, 지금 우리가 쓰고 있는 '송연묵'이 바로 늙은 소나무를 태워 생기는 그을음을 아교에 섞어서 만든 것이다.

최초의 검정은 숯으로, 구석기 시대의 동굴벽화에 그려진 웅장한 동물이나 검은 소, 말의 윤곽선에 사용되기도 하였으며, 손에 숯을 묻혀 바위 등에 손자국을 남기기도 하였다. 고대 중동이나 아프리카에서는 반사회, 악, 요술, 파멸, 죽음을 떠오르게 하는 음울한 색조로 받아들이기도 하였으며 고대 이집트에서는 검정을 사후세계의 상징으로 여겨 사후세계로 인도하는 저승의 파수꾼으로 알려진 아누비스 신을 검정으로 표현하기도 하였다.

중세에서는 암흑의 시대로 검정은 이 시대를 상징하는 색이었다. 기독교의 이분법적 사고인 '빛과 어둠'에서 어둠은 사악하고 슬프고 죽음을 상징하는 지옥의 색으로 규정됨으로 검정은 더욱 부정적 이미지를 갖게 되었다. 인간의 욕망을 억제하고 근엄한 외형을 강조하기 위해 사제, 수도승, 수녀, 성직자 등의 수도복으로도 사용하며 검은 성모상이 만들어지기도 했다.

이후 근세에 와서는 왕후 귀족들이 검은색 옷을 착용하기 시작하면서부터 고결함, 교양이 높은 사람의 색으로 고급스럽고 아름다운 색으로 평가받으며 힘과 권력을 가진 사람들의 잠재적 관능을 과시하는 유혹의 의미도 갖게 되었다. 현대에는 우아하고 세련된 절제미로 가장 도시적이면서 섹시한 색으로 현대성의 상징으로 수용되고 있다.

인도에서는 이러한 검정을 암울한 색조로 카스트의 낮은 색이라고 하였으며, 많은 농경부족에서는 죽음의 색이기도 했다. 죽음은 새로운 삶의 시작으로 인더스 강이 범람할 때는 검은 소와 검은 말을 인더스 강에 제물로 받치며 풍년을 기원하는 기도를 하였다. 중국에서는 신장, 물, 겨울 등의 의미로 검정을 사용하였으며, 중국의 영향을 받은 우리 역시 중국과 같은 의미로 검정을 사용하였다.

오늘날 장례식에 검정을 사용하는 것은 기독교 문화에서 유래한 풍습으로 죽음에 대한 슬픔을 상징하는 것이다. 흰색은 부활을 상징하는 것으로서 죽은 사람에게 하얀색 옷을 입히는 것은 이와 같은 이유이며, 죽은 사람을 떠나보내는 남아 있는 사람들의 슬픔은 검정으로 표현하였다. 우리나라에서는 하얀색 상복을 입었는데 하얀색은 자연 그대로의 상태를 뜻하는 것으로서 죽음은 자연으로 돌아간다는 의미를 가지고 있다.

이와 같이 오래전부터 어느 문화에서든 검정은 밤과 어둠, 죽음, 절망, 슬픔, 악(惡), 두려움, 공포, 저항, 분노, 사회반항과 같은 부정적인 이미지를 상징하기도 하지만, 때로는 죽음 뒤에 오는 생명의 시작인 탄생을 의미하기도 한다. 또한 고급스러움, 모던, 세련, 권위와 위엄, 관능, 풍작을 약속하는 검은 비구름과 비옥한 토양을 뜻하는 긍정적인 이미지의 상징으로서 감정적으로 다양하고 깊은 의미를 지니고 있다.

2. 색채의 연상

연상(聯想)이란 심리학적 용어로서 하나의 관념이 그와 관계되는 다른 관념을 불러일으키는 심리적 현상을 말하는 것으로, 연상의 발단이 되는 것과 연상의 결과는 대체로 대다수에게 공통적으로 인지되어 있어 공감대를 갖고 있으므로 잘못 읽거나 잘못 이해되지는 않는다.

예를 들어, 장미를 보면 정렬과 사랑이 연상되고, 박쥐를 보면 피와 어둠이 연상된다. 이러한 연상 작용은 우리가 색채를 보았을 때도 일어나게 되는데 파란색을 보면 바다나 물이 떠오르고, 빨간색을 보면 피나 태양을 떠올리며 그 이미지로부터 정열과 같은 다른 개념을 이끌어 내기도 한다. 이와 같이 색채는 어떤 관념을 이끌어 내는 힘이 있다.

색채의 연상(color association)이란 이와 같이 색채를 보면 색과 관계있는 사물이나 사건 또는 이전에 경험했던 것 등이 색과 관련지어 떠오르는 것을 말한다. 이와 같은 색채에 대한 연상은 사건이나 경험, 사상, 기억, 지식 등의 개인적인 경험에 따라 다소 다르기는 하지만 일반적으로는 크게 차이가 없이 유사하다.

하나의 예로, 성인과 6~7세의 유아들이 색채상징성에 대해 느끼는 내용을 비교해 보면, 6세 유아들보다 7세 유아들이 조금 더 뚜렷한 상징체계를 보여 주지만, 성인이나 유아 모두 따뜻한 색으로 연상되는 색채는 난색계열, 차가운 느낌을 주는 색은 한색계열이고 위험한 느낌은 빨강이나 검정을 선택했다. 또한 흰색의 경우는 성인이나 유아 모두 깨끗한 느낌을 연상하는 뚜렷한 상징성을 갖고 있었다(이지연, 2010). 이와 같은 결과를 볼 때 성인과 유아가 느끼는 색채에 대한 연상의 상징체계는 매우 비슷하다는 것을 알 수 있다. 이것은 아직 정규교육을 받지 않은 유아들도 어떤 하나의 색채에 대해서 구체적인 연상을 할 수 있으며 또한 추상적 연상도 같이 할 수 있다는 것을 알 수 있는 결과이다.

표 7-1 성인과 유아의 색채상징 비교

	따뜻한	차가운	즐거운	편안한	위험한	밝은	깨끗한
성인	빨강 노랑 주황	파랑 흰색	빨강 주황	초록 파랑	빨강 검정	노랑 흰색	흰색 파랑
유아	빨강 노랑 분홍	파랑 하늘 흰색	빨강 주황 연두 흰색	보라 노랑 연두 하늘	빨강 검정	노랑 하늘 흰색	흰색 하늘 분홍

출처: 이지연(2010).

이러한 결과로 볼 때 색채에 대한 연상은 유아나 성인 모두 일반적으로 차이가 없다는 것을 알 수 있다. 이것은 만케가 말하는 색채 경험이 집단 무의식에 의한 교육과 경험이 직접적으로 지배하지 않더라도 최초의 인류로부터 경험되고 학습된 유전적 연상에 의한 색채의 상징성에 영향을 받고 있음을 보여 주는 것이라고 볼 수 있다.

또한 색채에 대한 연상을 언어로 분류·정리하여 보면 구체적인 것과 추상적인 것으로 나눠진다. 예를 들어, 빨간색을 보면 사과나 태양, 장미, 피, 불 등의 직접적으로 떠오르는 대상이나 사물을 구체적으로 느끼는 반면, 정열이나 사랑, 흥분, 분노, 긴장, 위험 등으로 사물의 전체적인 표상을 추상적으로 느끼는 경우가 있다.

대체적으로 유아의 경우는 짧은 경험이나 학습, 혹은 좁은 활동 범위에서의 생활 주변이나 자연환경 등의 이유로 구체적인 것을 연상하는 편이며, 연령이 증가함에 따라 문화나 사회적인 것까지 포함하여 감성을 표현하는 폭이 넓어져 추상적으로 연상하는 표현이 많아진다. 그 외에도 색채에서 나타나는 구체적인 연상은 유채색에서 그 경향이 잘 나타나며, 무채색은 추상적인 연상으로 많이 나타난다.

다음의 표는 우리나라에서 사용하고 있는 유채색인 먼셀의 10가지 기본색과 무채색인 흰색, 회색, 검은색을 기본으로 하여 색에서 느끼는 구체적 연상과 추상적 연상이 일반화된 것에 의한 색채의 상징을 재구성하여 정리한 것이다.

표 7-2 색채에 대한 연상과 상징

유채색	구체적 연상	추상적 연상	색채의 상징
빨강	봄, 태양, 불, 사과, 피, 딸기	행복, 젊음, 순정, 온화함, 기쁨, 정열, 강렬, 위험, 혁명, 힘, 답답함, 무거움	사랑, 정열, 위험, 경고, 권력, 금지, 불, 심장, 따뜻함, 피, 흥분, 성전, 비도덕적, 강렬함, 애국정신, 혁명, 남성성
주황	가을, 감, 오렌지, 호박, 당근, 저녁, 노을	기쁨, 명랑, 애정, 따뜻함, 희망, 화려함, 악동, 무질서, 명예, 풍요, 중후함, 칙칙함, 노후됨, 엄격	생동감, 즐거움, 경쾌함, 부드러움, 젊음, 화사한, 건강, 조용함, 모성애, 식욕자극, 온정, 친근함, 따스함, 봉사, 희생, 생명력
노랑	황제, 소년, 광물, 금발, 바나나, 유채꽃, 해바라기, 개나리, 병아리	활발, 환희. 발전, 신비, 풍요, 미숙, 노폐, 경박, 도전, 어두움, 음기	지혜, 지능, 태양이나 황금빛, 번영과 부, 낙천적, 즐거움, 자유, 발전, 지성, 명랑함, 상상력, 황금, 이기심, 욕망, 팽창
연두	목장, 초원	초보적인, 신록, 생명, 사랑, 산뜻, 소박, 안정, 차분함, 자연적인	이해, 안정, 생명, 애정, 신앙, 불멸, 희망
초록	전원, 초목, 숲, 밀림, 수박, 자연, 삼림욕	양기, 온기, 명랑, 기쁨, 평화, 희망, 건강, 안정, 상쾌, 산뜻함, 희망, 휴식, 위안, 지성, 고독, 생명, 침착, 우수, 시원함	자연, 삶, 생명력, 상쾌함, 희망, 신선함, 신뢰, 평화, 안전, 건전, 편안함, 휴식

청록	깊은 바다, 깊은 산림	이지적, 냉정, 유령, 죄, 심미, 질투, 찬바람, 청결, 이성	영원한 젊음, 행복, 정화, 순결, 만족, 행운
파랑	하늘, 물, 바다, 사파이어	젊은, 조용함, 상상, 평화, 희망, 이상, 진리, 냉정, 젊음, 어두움, 근심, 쓸쓸함, 고독, 반성, 보수적	평화, 친절한, 동경, 영원, 지혜로움, 냉정함, 차가움, 차분함, 신뢰, 신중함, 조용함, 집중, 우울감, 상상력과 창의, 여성성
남색	영국 황실	차가움, 장엄, 신비, 천국, 환상, 차가움, 이해, 위엄, 신비, 숙연함, 불안, 공포, 고독	공포, 침울, 냉철, 무한, 신비, 고독, 숭고, 영원, 천사, 유규
보라	포도, 가지, 나팔꽃, 라일락	귀인, 고풍, 고귀, 우아, 부드러움, 그늘, 실망, 근엄, 고귀, 섬세함, 퇴폐, 권력, 도발, 공포, 불안, 무거움	예술적, 우아한, 독창성, 예민함, 감수성, 판타지, 허영심, 고독함, 창조, 신비, 염원, 고귀
자주	왕관, 궁중	도회적, 화려함, 사치, 섹시, 권력, 허영, 신비, 중후, 견실, 고풍, 고뇌, 우수, 칙칙함	사랑, 애정, 화려, 아름다움, 홍분, 슬픔

무채색	구체적 연상	추상적 연상	색채의 상징
흰색	웨딩드레스, 설탕, 백합, 진주	청순, 깨끗함, 신성, 청정, 순결함, 밝음, 희망, 숭고함, 결백	순결, 순수, 평화, 신뢰감, 천사
회색	스님, 겨울, 연기, 도시, 아스팔트, 코끼리	소극적, 평범, 차분, 쓸쓸함, 안정, 후회, 단념	고상, 겸손, 우울, 무기력, 소극적, 비, 공해, 비극적, 침울
검은색	밤, 상복, 연탄, 타이어, 장례식, 석탄, 자장면	신비, 정숙, 슬픔, 불안, 죽음, 공포, 허무, 축소	허무, 절망, 정지, 침묵, 견실, 부정, 죄, 주검, 암흑, 불안, 밤, 흑장미, 장례식

3. 만다라의 색 상징

'만다라'라는 용어는 범어, 즉 산스크리트어로서 고대 인도의 표준 문장어인 아리안 언어를 말하는데, 한국민족문화대백과사전에서 manda는 '진수' 또는 '본질'이라는 뜻이며 접속어미인 la는 '변하다'라는 의미를 갖고 있다.

이러한 만다라(mandala)는 밀교의 발전과 함께 인도의 철학적 · 종교적 운동이었던 탄트리즘의 영향을 받아 발전하면서, 여러 가지 조건에 따라 변한다는 뜻을 가진다. 만다라의 본질은 상징적인 불화(佛畵)로서 관념적인 밀교 미술품인 동시에 밀교의 이론을 체계화하여 설명한 것이기도 하다. 밀교란 대승불교의 한 분야로서 7세기 경 인도에서 성립되었으며 실천을 위주로 한 대중 불교운동으로 중생의 삼밀(신체:身, 언어: 口, 정신: 意)과 부처님의 삼밀(身 · 口 · 意)이 서로 감응(感應)일치(一致)하여 현생에서의 성불을 목표로 한 것을 말한다.

미술에서 흔히 만다라의 그림과 그 구조물을 보고 만다라라고 잘못 알고 사용하고 있는 원(圓)의 형태인 만다라는 깨달음을 얻은 부처의 내면세계 혹은 부처의 법신(法身)인 진실의 세계를 상징적으로 표현하여 깨달음에 이르게 하는 데 사용한 것이다. 원형(圓形)의 단(壇)을 기본으로 하여 중앙으로부터 상하 좌우가 대칭이 되도록 여러 부처와 존상들을 질서정연하게 배치하여 깨달음의 경지를 도형화한 것이다. 오색의 모래로 만다라 단을 만들고 의식을 행하고 행한 다음 단을 허물어 형체가 남지 않게 하는 티베트의 만다라 역시 밀교에서 전승되어 온 관법이다.

이와 같은 만다라는 비록 어원은 인도의 고대에서 유래되었으나 상징으로서의 만다라는 그 형상이 근본적으로 인간세계를 감싸고 있는 삼라만상의 원리에 의해서 창조된 것이며 우주의 흐름을 표현한 것이라고 한다(석도열, 2000). 기독교의 십자가(+), 원불교의 일원상(○), 불교사찰의 표시인 만(卍) 자 외에도 인간 정신 속에 있는 자기를 나타내는 여러 가지 상징에서 그 모습을 찾아볼 수 있다. 태양, 보름달, 꽃, 나무의 나이테, 거미줄, 새집, 달팽이, 조개, 소라, 고동, 과일과 과일의 단면들, 물레방아, 시계, 팽이, 바퀴, 소용돌이, 동심원, 사람과 동물의 눈동자 등에서 볼 수 있듯이 만다라 형상은 수없이 많다. 사계절과 천체의 운행도 바로 만다라 구조를 따르고 있다.

심층심리학적 관점에서 접근한 대표적 심리학자 융(C. G. Jung)은 만다라는 원형적 통일체를 상징하며, 원형적 통일체가 의미하는 것은 만다라가 고대의 여러 문화에서 항상 다양한 형상으로 존재해 왔으며 이러한 것들이 현대인들의 꿈이나 무의식적으로 그린 그림을 통하여 원형적 상징 언어로 나타난 것이라고 한다(이부영, 1998). 융이 말하는 원형이란 지리적 차이, 문화나 인종의 차이와 관련 없이 존재하는 인간의 가장 원초적인 행동유형을 말한다.

다음은 원형과 관련하여 만다라에 사용된 기본 5가지의 빨강, 노랑, 파랑, 흰색, 검정과 기본색이 서로 혼합된 주황, 녹색, 보라색, 회색의 상징적 의미를 같이 살펴보도록 한다.

1) 5가지의 기본 1차색

(1) 빨강

빨강은 원시의 인간들이 인식할 수 있는 두 번째 색이었다. 원탁의 기사시대에는 빨간색이 피를 나타내는 색이었고, 자연스럽게 생명을 상징하는 색이기도 하였다. 그 후에는 불을 상징하였으며, 따라서 위험성과 관련지어졌고, 사랑, 원기, 활동력의 상징이 되었다.

선명한 빨간색은 매우 강력한 색이기 때문에 검정처럼 작은 부분을 강조하는 용도로도 사용이 제한되기도 한다.

빨강에 대한 가장 흔하고 정서적으로 강렬한 경험은 피와 타오르는 불이다. 피는 생명과 생물학적인 충동, 정서, 사랑과 미움의 감정, 열정, 관능과 성애에 해당하는 추상적 연상이 연관된다. 반면, 타오르는 불에서 느껴지는 빨강은 따뜻하지만 뜨거운 불이 위협적일 때는 파괴적인 열기를 가진 느낌을 갖는다.

불과 같은 격렬한 감정의 강한 추상적 연상을 켈로그는 "지속적으로 나아가기 위한 의지"를 나타내는 증거라고 했다. 따라서 만다라 그림에서 빨간색이 발견되지 않는 것은 수동성 혹은 자기주장의 결여를 나타내는 것이라고 볼 수 있다. 만다라에 빨강이 너무 많으면 심리적 · 정신적 상태를 의심해 보아야 하며, 반면 빨강이 너무 적으면 심한 수동성과 자기주장을 위한 의지력 결핍으로 볼 수 있다 (정여주, 2001).

이러한 빨간색에 대한 연상된 언어로는 사랑, 열정, 자기신뢰, 힘, 권위, 지구력, 자립심, 삶의 기쁨, 생의 욕구, 획득, 생명력, 강한 의지, 본능적이거나, 격한 분노, 미움, 자기연민, 무례한, 지배적이거나 오만함, 격렬함, 잔인함 등이 있다.

(2) 노랑

노랑은 양면성(兩面性)을 갖는 색으로서 역사상 많은 개념과 관련된 색이다. 삶의 근원인 태양과 빛을 숭배해 온 고대 국가에서는 노란색을 선(善)과 천국, 초현실적인 영의 세계, 거룩하고 고귀한 종교적 세계를 상징하는 태양의 색으로서 숭배했다.

중국에서는 황제에게 부여되는 절대권위의 상징색었으며, 따라서 일반인들은 노란색 사용이 금지되기도 하였다. 19세기 말에는 노란색이 태양보다는 달을 나타내는 색으로서 질투나 퇴폐, 부도덕 혹은 병적인 인상을 주는 색으로 사용되기도 하였다. 또한 고대로부터 현대에 이르기까지 가장 고귀하고 값비싼 금속 중의 하나인 금도 노란색이며, 지금도 경쟁에서 선발된 최후의 우승자에게 수여하는 메달이 황금색인 것은 노란색이 최고 권위의 상징 색으로 사용되기 때문이다.

이처럼 금빛인 노랑은 우주의 중심에서 방사하는 태양을 상징하고, 권위를 상징하며, 종교에서는 영원한 생명의 상징으로 사용된다.

만다라에서 아버지를 노란색으로 상징하기도 하는 것은 이러한 연유에서 비롯된 것으로 볼 수 있다. 상징의 의미로 밝음, 따뜻함, 기쁨, 즐거움, 자유, 발전, 지성, 희망, 지혜, 쾌활함, 외향적 등이 있으며 이와 관련되어 성장하고 발전해 나가려는 의지, 황금색의 풍부함이 연상되기도 한다. 반면, 지나치게 밝고 화려하고 쾌활한 노란색은 눈에 잘 띄기도 하지만 긴장감을 줄 수 있기도 하며 사치와 허영의 이미지를 갖기도 하고 질투, 경박, 미숙, 배신 등의 부정적 의미를 갖게 되기도 한다.

만다라에서 노란색이 압도적으로 많은 경우 어두운 면을 숨기기 위해 하는 노력이라고 볼 수도 있으며 이러한 의미로 속임수, 겁쟁이, 질투, 협소함, 아첨을 잘하는, 교활함, 갈등을 극복하는 시기 등으로 상징되기도 한다.

이처럼 만다라에서 노란색은 다양하게 그 상징적 의미를 나타낼 수 있으며 내면의 빛과 그림자를 대변하는 색으로 해석할 수도 있다.

(3) 파랑

파란색이라고 하면 맑은 하늘, 넓은 대양, 강, 시원한 그늘 등의 무한하고 광활함 등을 연상한다. 이러한 무한함이나 광활함은 반대로 경계가 없고 사라져 없어지는 존재로 인식되기도 한다. 무한하고 광활함은 자유로움과 고요, 평화, 안전, 이상, 원만함, 온유함, 충성, 명예, 침착함, 순진함, 창의력이 풍부함, 신뢰, 젊음, 동경, 희망 등의 의미가 파생되기도 하지만 이완은 실제로도 뇌파를 이완시킨다는 실험결과도 있다.

반대로 경계가 없이 사라져 버리는 부정적인 심리로 작용할 경우 심한 고요와 이완은 권태, 무력, 공허함, 허무함, 우울감, 고독, 근심, 의심이 많은, 정서적으로 불안한, 어두움 등과 연결되기도 한다.

이처럼 긍정적인 희망과 신뢰의 이미지와 부정적인 우울한 이미지를 동시에 보여 주기도 하는 파랑은 무한한 자연이 사라져 버리듯이 곧 사라져 버리는 소멸을 의미하기도 한다. 이는 인간의 이중적인 속성을 보여 주고 있으며 빨간색처럼 드러나지는 않지만 숨겨진 인간의 내면적 욕망을 보여 주는 색이라 할 수도 있다.

또한 파랑은 감각적 에로스의 상징인 빨강에 비해 정신적 에로스를 상징하며 비현실적이고 비물질적이며 수동적인 의미를 갖기도 한다. 또한 신체적이고 물리적인 빨강을 남성적이라고 본다면 정신적이고 비물리적인 것을 여성적이라고 볼 수도 있다.

기독교에서 성모마리아를 파랑으로 상징하여 여성성 특히 긍정적인 원형적 어머니로 상징되는 것도, 어머니 자궁 속의 양수(羊水)를 바닷물과 비슷한 것으로 연관 지어 생명의 잉태와 같은 신비로운 의미를 갖는 것이나 만다라에서 어머니처럼 돌본다는 의미 역시 이런 이유에서다.

만다라에서 연한 파랑은 조건 없는 어머니의 무한한 사랑이나 양육 등을 반영하지만, 진한 파랑은 부정적인 어머니상으로 지배적이고 주도적인 의미를 가지고 있다. 일반적으로 색은 진할수록 그 색이 갖고 있는 의미가 부정적이며 연할수록 긍정적 의미를 가지고 있다(김정미, 2008).

(4) 흰색

흰색은 순결, 순수, 숭고, 믿음, 평화, 행복, 구원, 덕, 완전성, 고결함, 명료함, 천진, 공평성, 신뢰성, 정직성, 진실함, 여성성, 영적 풍요로움, 지혜 등을 상징하기도 하지만 깨끗한 상태로 정화의 의미와 함께 해방의 의미도 동시에 갖고 있다.

고대 이집트에서는 신들이나 파라오가 자신들의 신성함을 상징하기 위해 하얀색 옷을 입기도 하였으며, 죽음을 애도할 때나 죽은 사람이 부활 또는 환생하기를 바라는 의미에서 수의(壽衣)의 색으로 사용되기도 하였다.

모든 색이 다 그렇듯이 색이 지니고 있는 심리적 의미는 긍정적인 것과 부정적인 측면이 동시에 있다(괴테, 2003). 따라서 부정적인 측면에서 흰색을 보면 지나친 순결이나 고결함, 완전성 등은 자신의 감정을 감추어야 하는 심리적 압박감을 느끼게 하거나 차갑게 보이기도 한다.

만다라에 있어서 흰색이 많은 것은 심오한 영적 풍요를 나타내기도 하지만 다른 한편으로는 강한 심리적 압박을 증명하는 의미도 있다.

(5) 검정

검정은 인간이 인식한 최초의 색이라 할 수 있다. 사실상 검정은 빛이 전혀 없거나 빛을 모두 흡수하므로 색이 없다. 하지만 고대 그리스문명의 시민국가시대(기원전 1000~322경)에는 하루가 어둠으로부터 탄생했기 때문에 검정이 생명을 상징하였다. 16세기경에는 영국의 앤 왕비가 애도를 위해 검정을 사용하였고, 이런 연관성은 수 세기가 지난 지금까지도 존재하고 있다.

이와 같은 의미에서 검정은 악, 늙음, 침묵의 상징이며 우울이나 상실감 또는 죽음의 애도를 나타낸다고 하지만 검은색의 가장 큰 위력은 모든 삶의 시작과 끝이다. 또한 우울함과 무의식을 강하게 다루고 있거나 자신 안에 있는 부정적인 인성을 통합하고자 하는 상태를 암시하기도 하며, 강하고 세련된 색으로서 실제로 다른 색들을 더 유쾌한 색으로 만들기도 한다.

루처(Luscher)는 색상 자체를 부정하는 색상으로 죽음과 연관되며 우리가 볼 수 없도록 지워 버리는 속성을 지니고 있을 뿐만 아니라 의식성의 상실, 자아 상실을 의미한다고 했다.

정여주(2014)는 만다라에서 검정색을 개혁, 복구, 가치, 회귀 등과 권태, 강요, 압박, 희망상실, 고독, 죽음, 파괴, 죄, 슬픔, 공포 등으로 검정색과 연상되는 추상적 연상을 긍정적과 부정적으로 구분 지어 설명하고 있다.

2) 기본색이 서로 혼합된 2차색

(1) 주황색

빨간색과 노란색이 혼합된 주황색(Orange)은 빨간색의 강렬함이나 노란색의 따뜻함 등을 함께 지니고 있으므로, 빨간색이나 노란색의 긍정적이거나 부정적인 측면을 동시에 표현하는 양면성을 지니고 있다고 볼 수 있다.

다시 말해, 빨강이 주는 에너지, 생명력, 활동성 등과 노랑의 의미인 빛, 태양, 기쁨, 자유 등에서 오는 자기주장이나 자의식 등의 긍정적인 면과 빨강이 주는 부정적인 본능, 분노, 자기연민, 급한 성격, 오만한, 잔인한 등과 노랑이 주는 부정적인 질투, 자기과시, 염세적, 자기 회의, 소심한, 비겁함, 무기력감 등의 의미가 동시에 나타내는 이중성을 보이기도 한다.

(2) 녹색

노란색과 파란색의 혼합된 녹색(Green)은 나무나 풀 등의 자연의 색으로부터 상징적 의미가 파생되어 우리에게 휴식과 심리적 안정감을 주는 색으로 인식된다. 또한 푸른색이 나타내는 하늘과 노란색이 나타내는 땅이 섞인 혼합된 색으로 신비의 색이기도 하다.

녹색은 나무나 풀이 계속해서 성장하는 생명력을 지니고 있으므로 건강함이나 생명력 등의 원기 왕성함을 의미하기도 하며 익기 전 열매의 색으로 순진, 미숙함, 미성숙 등의 젊은 생명력을 가진 청춘을 상징하기도 한다.

이러한 젊음, 싱그러움은 순수함이나 처녀성, 사랑, 순수, 균형, 성장, 희망, 창조, 치유, 활기 등을 상징하기도 하는데, 이때는 반대로 부정적이고 이질적인 악마를 상징하는 색이기도 하다. 사람들이 혐오하는 파충류의 녹색이 괴물과 같은 악마의 색으로 인식되기도 하고 어두운 숲의 이미지로 두려움, 불쾌함, 병이나 죽음 등의 부정적인 의미는 녹색의 짙거나 칙칙한 색이 주는 의미이기도 하다.

남을 도와주려는 성향을 지닌 사람들의 만다라에서 녹색이 많이 나타나는 경향은 녹색에 혼합되어 있는 노랑의 정서적이고 따뜻함의 상징적 의미가 나타난 것으로 볼 수 있다. 부모가 과잉 보호적이고 소유적인 양육으로 경직되어 있는 경우에는 노랑이나 파랑의 부정적 의미를 나타낸 것일 수도 있다.

(3) 보라색

빨간색과 파란색이 혼합된 보라색(Violet)은 정신이나 사기 등을 높이고 북돋아 주는 빨강의 의미인 에너지, 열정, 사랑, 생명력, 강한 의지 등을 파랑의 의미인 고귀함, 고요함, 평화, 안전, 원만함 등으로 감정을 융화시켜 균형을 잡으려는 의미를 동시에 가지고 있다.

또한 보라는 빨강의 남성적인 것과 파랑의 여성적인 것의 대극(對極)으로 정신과 관련된 대립의 극복, 강한 정서, 정신력, 영적 지도자, 순수한 이상주의자, 인도주의자 등의 의미를 나타내기도 하지만 우울증, 고통, 단식, 신경증 경향, 내적 긴장, 오만한, 광신적 등의 감정적으로 많은 지원이 필요로 하는 부정적인 의미도 있다.

이처럼 보라색은 일상적이지 않음을 나타내는 색이므로 만다라에 보라색이 압도적으로 많이 사용되었다면, 내적으로 긴장이 많으며 특히 남성과 여성의 성(性)역할이나 사회적 위치에 대한 긴장과 관계가 깊다고 볼 수 있다

(4) 회색

흰색과 검정의 혼합된 색상인 회색(Gray)은 중립과 중성을 의미한다. 명도가 높은 밝은 회색은 흰색의 상징성에 가까우며, 명도가 낮은 어두운 회색은 검정의 상징성이 더 많이 포함되어 있다.

이러한 회색은 삶과 죽음의 양극을 함께하고 있음을 강조하는 색이기도 하며 인간에게 영감을 불어넣을 수 있는 신비한 특성을 갖기도 한다. 반면에 고양(高

揚)된 정서의 상실로 인하여 편협적이며 심하면 생명력을 앗아 가는 특성으로 나타날 수도 있다.

회고, 우울, 무기력, 무관심 등을 상징하는 회색은 죄책감, 우울증을 경험한 환자들의 만다라 색에 많이 나타난다고 한다. 백발에 가까운 회색 머리는 지혜, 경험과 관련되기도 하며, 안개를 나타내는 색으로 공허, 모호함을 상징하기도 한다.

이와 같이 모든 색에는 그 색이 지니는 긍정적이고 부정적인 심리 측면이 있으며, 진하고 어두울수록 그 색이 갖고 있는 의미가 부정적이며 연하고 밝을수록 긍정적 의미를 가지고 있다고 말하였다(김정미, 2008).

부록

1. 색채와 성격
2. 아동 사례
3. 청소년 사례
4. 성인 사례 1
5. 성인 사례 2

1. 색채와 성격

'Photoshop 색분해에 의한 CMYK와 청소년 성격과의 관계'[1)]

저자(2009)는 Photoshop 색분해에 의한 CMYK로 청소년의 성격특성을 예측할 수 있는지를 알아보기 위하여 청소년 336명(남학생 189명, 여학생 186명)을 대상으로 CMYK와 MMPI-A 검사를 실시하였다. 다음은 청소년의 성격특성 집단에 따른 CMYK의 차이와 2개의 군집으로 나눈 CMYK 집단에 따라 청소년의 성격특성이 어떠한 차이가 있는지를 알아본 결과를 요약하여 소개하고자 한다.

연구의 필요성 및 목적

급격하게 변하고 다원화되는 현대 사회에서 기계화, 정보화, 조직화로 인한 비인간화의 경향이 사회적 질서와 가치기준을 붕괴시키며, 문화적 · 도덕적 규범의 상실, 정신적 · 신체적으로 경험하는 갈등 등이 다양한 스트레스요인으로 작용하게 되어 많은 사회병리현상과 문제를 초래하고 있다.

이처럼 급변하는 사회의 변화는 이상과 현실의 차이에서 오는 불안으로 반항하며 자아의식이 발달하는 과도기에 있는 청소년들에게도 예외 없이 많은 영향을 미치고 있다. 이러한 상황에서 청소년들이 직면하고 있는 다양한 문제를 인식하고 청소년들이 건강한 삶을 영위할 수 있도록 인성교육 및 청소년 지도에 대한 중요성을 제기하며 이를 위해 청소년들의 문제를 정확하게 진단하고 평가하기 위한 다양한 심리검사가 개발되어 교육 및 심리치료 분야에서 사용되어 왔다.

---

1) 김정미(2008). Photoshop 색분해에 의한 CMYK와 청소년 성격과의 관계. 영남대학교 대학원 박사학위 논문.

그중에 언어를 매개로 하는 객관적이고 체계적인 질문지검사를 살펴보면, 개인의 의식을 외부세계로 실어 나르는 중요한 표현도구이기는 하지만 개인이 소통하고자 했던 느낌과 생각들을 온전히 담아내지 못하는 한계를 보이기도 하고, 때로는 방어기제로 말미암아 개인의 내면을 왜곡하여 표현하는 우를 범하기도 한다. 이는 객관적이고 체계적인 심리검사의 한계이며 문제점이기도 하다.

이에 반해 피험자 나름대로의 핵심이나 정서반응을 일으키게 하여 그 사람의 개인적 세계를 투영하도록 하는 투사검사가 있다. 이는 피검사자가 검사장면에서 과도한 경계심이나 의식적인 방어 태도를 취하지 않게도 하면서 무의식적 욕구와 충동을 투사하여 왜곡된 통각을 자유롭게 표현하게 한다. 특히 임상장면에서 겉으로는 잘 관찰되지 않으며, 개인은 인식하지 못하는 무의식적 역동성의 성격적 구조 내지 요소를 알아야 할 경우에 있어서는 투사검사는 상당히 중요한 정보를 제공하는 진단적 자료가 된다.

그럼에도 불구하고 그림을 통해 얻은 투사검사는 객관적이지 못하다는 이유로 언어를 매개로 하는 질문지 검사를 사용하여 객관적인 것을 증명하려 한다. 이러한 투사검사의 부족한 신뢰도와 타당도를 보완하기 위해 투사검사와 객관적인 성격검사를 관련시켜 객관화하기 위한 선행연구는 많이 있다. 예로서 고등학생의 스트레스와 동적가족화(KFD)에 의한 가족지각에 관한 연구(최외선, 1996), 초등학생의 KFD에 나타난 인물상의 특성과 자아개념에 관한 연구(최외선, 김갑숙, 1996), 동적 가족화에 의한 아동우울의 판별연구(최선남, 최외선, 1995), 미술치료가 선택적 함묵증 아동의 표현언어 능력 향상에 미치는 효과 연구(김옥경, 2004), 여고생의 학교생활화 반응특성과 인성과의 관계(전영숙, 김갑숙, 2004), 여고생의 신경증과 동적가족화(KFD) 관계(김갑숙, 전영숙, 2005), 중학생의 성별에 따른 16PF 성격특성과 인물화(DAP) 성격 요인과의 관계(김수현, 김갑숙, 2007) 등이 있다. 이와 같이 투사검사가 성격을 반영한다는 것을 객관화하기 위한 선행연구들은 색을 제외한 형태로서의 투사검사들이 주를 이루었다. 그것은 색채에 부여하는 의미가 개인마다 다르고, 사회문화 맥락에 따라 색채의 의미가 달라진다는 이유 등으로 색을 제외한 형태로서의 투사검사에만 관심을 가져왔던 것이다.

하지만 색채에 대한 경험에는 개인차가 존재하기도 하지만 보편적인 공통적 경험도 존재한다. 만케(1999)는 색은 태초부터 인간에게 전해져 온 체험의 기억들이 유전적으로 내재되어 있다는 것을 융의 집단 무의식으로 설명하였다. 융(2008)에 의하면 인간은 시각, 청각, 촉각, 미각이라는 감각기관을 통해 받아들여진 매우 제한된 정보들로 의식세계를 이뤄내지만 이러한 의식의 세계보다 더 많은 무의식의 세계가 있다고 하였으며, 이러한 무의식의 세계는 인간의 언어로 구체화할 수 없기 때문에 상징을 통하여 떠올려진다고 한다.

이러한 측면에서 본 연구는 투사검사가 개인의 무의식까지 풍부한 자료를 제공해 줄 수 있음에도 불구하고 부족한 신뢰도와 타당도 때문에 객관적이지 못하다는 것을 컴퓨터를 이용하여 계량이 가능한 투사검사가 되도록 색채를 객관화해 보고자 하였다.

연구 대상

본 연구는 K시에 소재하는 중학생 375명(남학생 189명, 여학생 186명)을 대상으로 MMPI-A와 색 정서 검사를 실시하여 375명의 자료가 수집되었으며, 대상 선정기준에 부적합한 9명의 자료를 제외한 336명을 최종 분석 자료로 활용하였다. 최종분석 대상 선정기준은 MMPI-A 검사의 타당도 척도 기준에 부적합한 자료를 삭제하는 방식으로 이루어졌으며, 구체적인 방법은 다음과 같다. 첫째, 무응답 척도(?)에서 무응답이 11개 이상인 자료, 둘째, 무선반응 비일관성(VRIN) 척도의 T점수가 75이상인 경우 셋째, 부인 척도(Lie, L Scale)와 교정척도(K Scale)의 T점수가 동시에 70점 이상인 경우에 해당하는 것이다.

연구대상의 성별과 학년에 대한 분포는 〈표 1〉과 같다.

표 1 연구대상의 성별과 학년 분포

변인	구분	빈도(명)	퍼센트(%)
성별	남	161	47.9
	여	175	52.1
학년	1학년	108	32.1
	2학년	26	7.7
	3학년	202	60.1

〈표 1〉에 제시된 바와 같이, 성별에 있어서 남학생은 47.9%(161명), 여학생은 52.1%(175명)로 여학생이 남학생보다 조금 많았다. 학년에 있어서는 1학년 32.1%(108명), 2학년 7.7%(26명), 3학년 60.1%(202명)으로 3학년이 가장 많았으며, 그다음으로 1학년이 많았고 2학년이 가장 적었다.

조사 도구

본 연구에서 사용한 측정도구는 청소년의 성격을 알아보기 위해 청소년용 다면적 인성검사인 MMPI-A와 색검사 도구를 활용한 CMYK이다.

1) 청소년용 다면적 인성검사(Minnesota Multiphasic Personality-Adolecent; MMPI-A)

본 연구에서 사용된 도구는 (주)마음사랑에서 2005년에 발행한 청소년용 다면적 인성검사인 MMPI-A이다. 이 검사는 13~18세에 해당하는 청소년에게 적용할 수 있는 검사이며, 총 478문항으로 구성되어 있다. MMPI-A 검사의 각 문항은 "예" "아니요" 둘 중 하나로 응답하게 되어 있으며, 예는 1점, 아니요는 0점을 주게 되어있다. 채점은 컴퓨터를 이용한 채점 프로그램을 사용하였다. MMPI-A 척도는 타당도 척도(8개), 임상 척도(10개), 임상소척도(24개), 내용 척도(15개), 보충 척도(6개), 성격병리 5요인 척도 등 5개의 척도로 구성되어 있다. 이 연구에서는 MMPI-A 검사 중 타당도 척도와 임상 척도만을 중심으로 연구대상 선정과 결과를 분석하였다.

2) CMYK 검사

CMYK는 Cyan, Magenta, Yellow, Black의 약자로서, 녹색빛의 파랑, 보랏빛의 빨강, 노랑, 검정을 의미한다. CMYK 검사는 미리 준비한 색 도구에 물감으로 채색한 것을 스캔을 이용하여 컴퓨터에 입력한 다음, 포토샵으로 이를 원색으로 분해하는 것이다. 색을 분해하여 보면 숨어 있는 CMYK의 원색과 원색의 비율을 찾을 수가 있다. 이때 색을 분해한 CMYK의 처음 수치는 원점수이며, 원점수에서 오차를 감안한 것이 전환점수이다. 오차란 물감을 사용할 때 생길 수 있는 다양한 상황을 말한다. 예를 들면, 붓을 깨끗하게 씻지 않아 붓에 다른 색 물감이 묻어 있거나, 물이 혼탁하여 원하는 색을 얼룩지게 할 경우, 각각 스캐너의 차이 및 컴퓨터가 조작되어 있는 환경의 차이 등을 말한다. 전환점수는 원점수 일의 자리수를 1에서 5까지는 반내림하고 6에서 9까지는 반올림한 것을 의미한다.

본 연구에서 활용한 색분해에 의한 CMYK는 누구나 사용이 간편하고 용이한 것으로 광학이 1200이며, 해상도가 2400인 보급형 스캐너에서 이미지를 읽어 들여 포토샵 7.0에서 작업하여 원색으로 분해한 것이다.

연구 결과

청소년의 성격특성을 CMYK로 예측할 수 있는지를 알아보기 위하여 청소년의 성격특성과 CMYK의 관계와 청소년의 성격특성 집단에 따른 CMYK의 차이를 알아보고, 나아가 2개의 군집으로 나눈 CMYK 집단에 따라 청소년의 성격특성이 어떠한 차이가 있는지를 알아본 결과는 다음과 같다.

첫째, 청소년에 있어서 CMYK와 성격특성의 관계를 살펴보면, C는 우울증, 반사회성, 히스테리, 강박증, 사회적 내향성, 건강염려증, 정신분열증에서 낮은 정적인 상관이 있는 것으로 나타났다. M은 반사회성, 정신분열증, 강박증, 편집증, 건강염려증, 사회적 내향성, 히스테리에서 낮은 정적 상관을 보였고, Y는 유의한 상관을 보이지 않았으며, K는 반사회성, 강박증, 정신분열증, 편집증, 우울증, 건강염려증, 사회적 내향성, 히스테리에서 낮은 정적인 상관을 보였다.

성별에 따라 CMYK와 청소년 성격특성의 관계를 살펴보면, 남학생의 경우 C는 우울증에서만 유의한 정적 상관을 보였고, M은 반사회성, 강박증, 정신분열증, 건강염려증, 사회적 내향성, 우울증, 편집증, 남성성-여성성에서 낮은 정적 상관을 보였다. Y는 유의한 상관을 보이지 않았으며, K는 강박증, 편집증, 사회적 내향성, 남성성-여성성에서 낮은 정적인 상관을 보였다.

여학생의 경우 C는 반사회성, 정신분열증, 사회적 내향성, 강박증, 우울증, 편집증에서 낮은 정적 상관을 보였고, M은 반사회성, 정신분열증, 편집증, 강박증에서 낮은 정적 상관을 보였다. Y는 유의한 상관을 보이지 않았으며, K는 반사회성, 정신분열증, 편집증, 강박증, 우울증, 히스테리, 건강염려증, 사회적 내향성에서 정적인 상관을 보였다.

남학생의 경우에는 C와 M이 우울증과 정적 상관을 나타낸 반면에 여학생은 C는 우울증과 정적 상관을 나타냈지만 M에서는 상관이 나타나지 않았다.

남아가 여아보다 신체적 공격성이나 그 외 외적인 행동 문제를 나타내는 비율이 훨씬 높고, 빨간색은 분노, 탐욕, 사나움, 상처와 관련이 있으며 빨간색이 거칠게 칠해졌을 때는 적대감과 공격성을 표시한다. 이러한 점에서 볼 때, 본 연구에서 C와 M을 포함하는 남학생의 우울증은 적대감을 포함하는 가면우울을 나타낸 반면에 C만을 포함한 여학생은 드러난 우울을 나타내고 있는 것이라고 볼 수 있다.

둘째, CMYK와 청소년 성격특성 간에는 유의한 정적 상관이 있는 것으로 나타나, 이를 보다 구체적으로 파악하기 위해 청소년의 성격특성 집단을 MMPI-A 점수를 기준으로 분류한 안정군과 불안정군 간에 CMYK가 어떠한 차이를 나타내는지를 알아보기 위하여 t-test를 실시하였다.

건강염려증, 히스테리는 C, M, K에서 통계적으로 유의미한 차이가 나타나, 불안정군이 안정군보다 C, M, K를 더 진하게 사용하는 경향임을 보여 주었고, 우울증은 C, K에서 유의미한 차이가 나타나, 불안정군이 안정군보다 C, K를 더 진하게 사용하는 경향임을 나타냈다.

반사회성, 편집증, 강박증, 정신분열증은 M, K에서 통계적으로 유의미한 차이가 나타나, 불안정군이 안정군보다 M, K를 더 진하게 사용하는 것으로 나타냈고, 사회적 내향성은 K에서 통계적으로 유의미한 차이가 나타나, 불안정군이 안정군보다 K를 더 진하게 사용하는 경향임을 보여 주었다. 그리고 남성성-여성성과 경조증은 유의미한 차이가 없는 것으로 나타났다.

색의 혼합에 있어서는 건강염려증, 우울증, 히스테리, 반사회성, 편집증, 강박증, 정신분열증, 사회적 내향성 모두에서 불안정군은 C, M, Y, K에서 수치가 높은 두 가지 이상을 혼합하여 사용한 반면에 안정군에서는 C, M, Y에서 수치가 낮은 두 가지 이하의 색을 혼합하여 사용하였으며, K는 사용하지 않았다. 특히 우울증에서는 C가 높았으며, 반사회성과 정신분열증에서는 M의 수치가 높았다.

셋째, 청소년의 성격특성집단에 따라 CMYK에서 차이가 나타남에 따라, CMYK를 군집분석을 통하여 두 집단으로 분류하고 CMYK 집단에 따른 청소년 성격특성의 차이를 알아보기 위해 교차 분석을 실시하였다.

C는 건강염려증과 우울, 히스테리에서 유의미한 차이를 보였다. 즉, 건강염려증과 우울, 히스테리에 있어서 안정군은 2군집의 연한 색을 많이 사용하였고, 불안정군은 1군집의 진한 색을 많이 사용하였다.

M은 건강염려증, 히스테리, 반사회성, 편집증, 강박증, 정신분열증, 사회적 내향성에서 유의미한 차이를 보였다. 즉, 건강염려증, 히스테리, 반사회성, 편집증, 강박증, 정신분열증, 사회적 내향성에 있어서 안정군은 2군집의 연한 색을 많이

사용하였고, 불안정군은 1군집의 진한 색을 많이 사용하였다.

Y의 경우에는 성격특성에서 유의미한 차이가 나타나지 않았다. K의 경우에는 건강염려증, 우울, 히스테리, 반사회성, 편집증, 강박증, 정신분열증, 사회적 내향성에서 유의미한 차이를 보였다. 즉, 건강염려증, 우울, 히스테리, 반사회성, 편집증, 강박증, 정신분열증, 사회적 내향성에 있어서 안정군과 불안정군 모두가 2군집의 색을 많이 사용하기는 하였으나, 안정군보다 불안정군이 1군집의 색을 사용한 빈도가 더 많아 불안정군이 수치가 높은 K를 사용하였다고 볼 수 있다.

요약하면, 불안정군이 사용한 색과 안정군이 사용한 색에는 현저한 차이가 나타났다. 즉, C의 경우 건강염려증, 우울증, 히스테리에서 불안정군이 진한 색을 사용하는 것으로 나타났고, M의 경우는 건강염려증, 히스테리 , 반사회성, 편집증, 강박증, 정신분열증에서 불안정군이 진한 색을 사용하는 것으로 나타났다. Y의 경우에는 차이가 나타나지 않았고 K의 경우에는 건강염려증, 우울, 히스테리, 반사회성, 편집증, 강박증, 정신분열증, 사회적 내향성에서 불안정군이 수치가 높은 검정을 사용하는 것으로 나타났다.

이 연구결과에서 색이 진하다고 표현한 것은 색의 중량감과 경연감을 뜻하는 것이다. 색의 중량감은 일반적으로 명도가 낮은 어두운 색일수록 무거운 느낌을 주며, 명도가 높은 밝은 색일수록 가벼운 느낌을 주는 것을 말한다. 또한 채도가 높은 색은 강한 느낌을 주고 채도가 낮은 색은 부드러운 느낌을 주며, 난색계열의 색은 부드럽고 한색계열의 색은 딱딱한 느낌을 주는 것을 경연감이라고 한다. 따라서 본 연구결과에서 불안정군이 사용한 CMYK의 진한색은 어둡고 딱딱한 색이라고 할 수 있다.

이러한 관점에서 CMYK와 청소년의 성격특성과 관련지어 살펴보고자 한다.

C의 경우는 건강염려증, 우울증, 히스테리에서 불안정군이 안정군에 비해 진한 색을 사용하는 것으로 나타났다. 이는 C가 우울증에 특히 관련이 높다는 것

을 의미하며, 파란색은 절망, 이별, 고독 등의 의미를 갖고 있으며, 부정적인 성격으로는 놀라움, 우울, 차가움 등의 침울함을 지니고 있고, 공포, 억제, 권태, 무력, 공허함, 정서적으로 불안정 등의 일반적인 색 상징의 의미가 있다(나은미, 2002). 뤼셔는 피로하고 병들었을 때 파랑에 대한 욕구가 증가한다고 하였다.

이는 건강염려증, 우울증, 히스테리에서 C를 진하게 사용하는 것으로 나타난 본 연구결과를 뒷받침해 준다. 또한 건강염려증, 우울증, 히스테리가 공통적으로 보여 주는 활력저하, 고립, 우울과 자살사고 등의 특성은 C가 의미하는 이별, 고독, 무력감, 정서적 불안정을 반영해 주는 것으로 보인다.

M의 경우는 건강염려증, 히스테리, 반사회성, 편집증, 강박증, 정신분열증에서 불안정군이 안정군에 비하여 진한 색을 사용하는 것으로 나타났다.

자극을 유발하는 가장 대표적인 M은 불안과 긴장을 증가시키며(김화중 역, 2003), 외향적이고 적극적 · 정력적 · 충동적이며, 냉정하고 객관적이 되기보다는 격심한 감정과 욕망을 감추고 있다. 또한 정열과 상반되는 분노, 탐욕, 사나움, 상처와 관련이 있으며, 적대감과 공격성을 나타낸다.

광증환자나 경조증 환자가 빨간색을 선택하는 이유는 그들이 소용돌이치는 감정에 '불타는' 느낌과 '유혈이 낭자한' 느낌을 주기 때문이라고 하였고(김화중 역, 2003), 주리애(2004)는 불안장애 환자들이 정상인들보다 빨강과 검정을 동시에 사용하는 비율이 높다고 보고하였다. 그리고 정신신경학의 권위자인 골드슈타인은 인체기관과 색채에 대한 실험에서 인체가 빨간 빛으로 자극의 받았을 때 팔이 정상치보다 더 심하게 벌어지는 정도는 정신의 분열, 좌절 및 외계에 대한 비정상적인 이끌림의 정도와 일치한다고 했다. 그것은 말하자면 환자의 강박관념, 공격성 및 흥분이 빨간색에 의해 달리 표현된 것이라고 말했다.

이는 건강염려증, 히스테리, 반사회성, 편집증, 강박증, 정신분열증에서 불안정군이 M을 진하게 사용하는 것으로 나타난 본 연구결과를 뒷받침해 준다. 또한 반사회성이 보여 주는 충동성과 공격성, 소심하고 위축되어 있고 사회적으로 내향성을 보이는 강박증, 불안과 두려움, 정서적인 불안정을 보이는 정신분열증의 특성은 M이 의미하는 충동, 공격성 및 흥분, 강박관념, 분노의 감정을 반영해 주는 것으로 보인다.

그리고 만약에 빨간색을 싫어한다면 욕구불만에 차 있거나 과거에 좌절했던 경험이나 자기 뜻대로 되지 않을 경우 성을 내는 경향이 있는 사람들이다. 그래서 때로는 변덕스럽다는 이야기를 듣는다. 결국 생명력을 상징하는 빨간색을 싫어하는 사람은 심신이 지쳐 있다는 것을 나타낸다(이효미, 2008). 이는 침울하고 변덕스러우며, 대인관계에서 위축되어 있는 편집증의 특성을 반영해 주고 있다.

Y의 경우에는 불안정군과 안정군 간에 차이가 나타나지 않았다. Y는 기쁜 색이며 지혜, 이해심, 통찰력을 불러일으키는 색(Morton, 1998)으로 명랑, 희망, 행복, 자유, 광명 등의 긍정적인 의미를 가진다(최은숙, 2001; 한창환 역, 2008). 그러나 노랑은 정신 상태를 나타내는 적절하고도 본질적인 색이기 때문에 노랑을 선호하는 경우는 정신분열증세를 의미한다. 화려함이 충만하고, 강제적이며, 뻔뻔하고, 야하고, 거만하며, 깊이와 온정이 없는 피상적인 것으로 보았고(정여주 역, 2004), 권영필 역(2000) 역시 노랑에 대하여 회의적인 태도로서 분노의 발발, 맹목적인 광란, 노발대발하는 색이라고 평가하였다. 이런 평가는 심리학자들에 의하여 확증되었다.

이와 같이 노란색의 상징이 차이가 있음에도 불구하고 본 연구에서 불안정군과 안정군 간에 차이가 나타나지 않은 것은 청소년들이 성격특성과는 관계없이 노란색을 가장 선호하기(이효미, 2008) 때문인 것으로 생각된다.

K의 경우에는 건강염려증, 우울, 히스테리, 반사회성, 편집증, 강박증, 정신분열증, 사회적 내향성에서 불안정군이 수치가 높은 검정색을 사용하는 것으로 나타났다.

검정은 죽음과 절망의 색인 동시에 영원과 신비의 색이다. 비렌(1993)은 예외는 있지만 정신적으로 문제가 있는 사람이 검정에 매혹된다고 하였다. 그러나 검정을 좋아하는 대부분의 사람들은 명랑하고 솔직한 면이 결여되어 있으며 자기만의 세계에 혼자 지내려고 하고, 공포를 이기려는 의욕을 상실한 위축을 보이며 정서적인 행동이 결여되어 있다.

고대 기질론에서는 검정을 '검은 담즙'에 의해 지배되는 우울증 환자와 동일시하였고, 뤼셔, 칸딘스키, 야코비 등은 무(無)의 사상을 표현하였고, 피스터는 검정을 억제성향과 폐쇄와 같은 소극적 인식과 결부시켰다(정여주 역, 2004). 이처럼 검정은 포기를 의미하며, 자신의 운명에 의존하며 결핍과 불안을 주는 손실을 의미한다.

많은 선행연구(나은미, 2002; 주리애, 2004; 정여주, 2001; Malchiodi, 1998)에서 검정으로 대상을 그리는 경우는 대개 우울을 보여 주는 직접적인 표식이었다. 어두움, 상실, 고독, 슬픔, 권태, 죽음, 분노, 부정적인 마음, 공허함, 공포, 위협 등을 보여 주었고, 신체화, 불안, 적대감, 편집증이 높았다고 하였다.

이는 건강염려증, 우울, 히스테리, 반사회성, 편집증, 강박증, 정신분열증, 사회적 내향성에서 불안정군이 수치가 높은 검정색을 사용하는 것으로 나타난 본 연구결과를 지지해 준다. 또한 건강염려증, 우울, 히스테리, 반사회성, 편집증, 강박증, 정신분열증, 사회적 내향성에서 보여 주는 침울함, 위축감, 소심함, 분노, 고독, 죽음, 회피, 두려움, 불안 등의 특성은 K가 의미하는 죽음, 절망, 고독, 권태, 공포, 공허함, 포기를 반영해 주는 것으로 보인다.

앞에서 살펴본 바와 같이 건강염려증, 우울증, 히스테리, 반사회성, 편집증, 강박증, 정신분열증, 사회적 내향성 모두에서 불안정군은 진한 색을 사용한 반면에 안정군은 연한 색을 사용하였다. 이와 같은 결과는 색을 자작할 때 불안정군이 안정군보다 더 많은 수의 색을 사용하여 혼합하였기 때문에 명도와 채도가 낮아지게 된 것에서 비롯되었다고 할 수 있다.

이와 같이 보편적으로 색채에 대한 심리적 속성이 같다는 것은 색이 공통적인 객관성을 갖고 있기 때문이다. 이때 색은 빨간색은 M100, 파란색은 C100, 노란색은 Y100, 검정색은 CMY가 각각 100을 의미한다고 가정을 하였을 때의 원색인 경우이다. 왜냐하면 앞의 연구자들이 밝힌 색의 심리적 속성에는 색명에서 색의 범위를 명확하게 밝혀 주지 않았기 때문이다. 따라서 본 연구결과에서 C가 진하다는 것은 파란에 가깝다는 의미이며, M이 진하다는 것은 빨간색에, K가 진하다는 것은 검정색에 가깝다는 의미로 해석될 때 연구자들이 밝힌 색의 보편적 속성과 같다는 것을 알 수 있다.

또한 CMYK가 남성성-여성성과 경조증에서는 상관을 보이지 않은 본 연구결과는 남성성-여성성은 점수가 높을수록 법규와 관련된 비행을 덜 일으키는 것으로 나타난 연구결과(Hathaway & Monachesi, 1963)가 지지해 준다. 경조증은 자기중심적이고 자기평가에 있어서 과대망상적이고 다른 사람이 보기에 기만적이고 방종하다고 비춰지지만 자신은 낙천적이고 사회적으로 외향적인 사람이라 생각하므로 상관이 없는 것으로 나타난 것이라고 생각된다.

이상과 같이 본 논문에서 밝히고자 한 것은 CMYK가 청소년의 성격특성과 관련이 있다는 것이다. 비록 색채가 개인의 성향과 선호에 따라 느낌이 다르게 지각된다고 하지만 색을 느끼고 경험함에 있어서 주관적인 경험만으로는 설명할 수 없는 보편적인 반응이 존재한다(Mahnke, 1999). 만약에 색채사용에서 보편성이 존재하지 않는다면, 그림에 나타난 내적 경험은 그림을 그린 사람을 제외하고는 어떠한 사람도 이해하거나 느끼지 못할 것이다. 그러나 색채 경험의 보편성이 그림을 매개로 적용되기 때문에 그림을 그리는 사람과 그것을 보는 사람 간에는 시각적인 의사소통이 가능하며 또한 그림이 진단적 · 평가적 가치를 가지게 되는 것이다(주리애, 2004).

따라서 본 연구결과 CMYK는 청소년의 성격을 예측할 수 있는 것으로 나타났다. 이와 같은 연구의 결과는 오늘날 디지털 시대에 적합한 컴퓨터를 활용한 진단방법으로 누구나 사용이 가능하며, 신속하고 정확한 수치로 객관적인 지표를 제시함으로써 미술치료 진단 평가의 표준화를 위한 준거틀을 마련했다는 점에서 그 의의가 있다.

2. 아동 사례

'아동중심 미술치료를 통한 새터민 아동의 자아개념과 학교생활 수행 향상 사례 연구'[2)]

상담 장면에서 내담자가 매체를 다루는 기술적인 요소가 부족하여 작품이 완성되지 않을 때나, 계획한 목표를 달성하지 못할 때에는 혼란스러워하기도 한다. 이럴 때 자유롭게 색채를 표현할 수 있는 물감은 내담자에게 적합한 매체이다. 저자(2008)는 물감을 이용하여 내담자의 마음을 이해하고자 새터민 아동을 대상으로 미술치료를 실시하였다. 17회기의 미술치료과정 중 내담자의 심리상태를 색채로 잘 이해할 수 있었던 회기를 중심으로 내담자가 부여한 색채의 의미를 소개하고자 한다.

연구 대상

본 연구의 대상은 K시에 소재하는 G초등학교 6학년 새터민 여자 아동으로 깨끗한 피부에 갸름한 얼굴, 적당한 체격 조건의 외모를 갖추고 있었다. 특히 웃을 때 가지런한 하얗고 이가 드러난 얼굴은 한창 예쁜 사춘기 소녀를 잘 반영해 주는 듯하였다. 학교 담임선생님의 부탁으로 사회복지사 선생님에 의해 의뢰가 되었으며 친구들에 대한 불만과 미움이 많고, 욕을 많이 사용하며, 여자 친구들과 잘 어울리지 않는 것이 문제였다. 학습에 대한 태도도 많이 부정적이라고 하였다. 어머니와 단둘이 생활을 하고 있는 내담자는 새터민 정착 가정임을 밝히기를

2) 김정미, 이미옥(2009). CMYK를 통해 본 학교 부적응 청소년의 미술 치료 사례. 한국미술치료학회, 16(4), 679-697.

꺼려해 현재 아무도 모르고 있는 상황이라고 하였다.

내담자가 어머니에 대해 느끼는 감정은 "자신에게 관심이 없다, 늘 듣기 싫은 잔소리만 한다."라고 하며 부정적이며 대화가 단절되어 있는 상태였다. 내담자의 어머니 역시도 자녀의 문제로 학교에서 몇 번의 면담요청을 하였으나 번번이 시간이 없다고 거절하였으며, 내담자를 통해 심리검사지를 가정으로 보내어 심리검사를 부탁하였음에도 불구하고 회기가 끝날 때까지 보내지 않았던 것 등으로 미루어 볼 때 내담자를 이해해 주는 데 있어서 심리적 여유가 없는 것으로 느껴졌다. 자신의 어머니와 함께하지 못한 내담자는 집에서도 늘 혼자이며 학교에서도 친구들과 어울리지 못하여 외롭고 우울한 상태였다.

3회: 자유화

자유화

지난 시간 이후 친구 'ㅇㅇ'이가 좀 이상해졌다고 하면서 또 다른 이상한 짓을 꾸밀까 봐 내담자는 불안하다면서 친구와 절교를 하면 좋지만 혼자 다니면 외로울까봐 그러지도 못한다고 하였다. 네 가지(빨강, 파랑, 검정, 하양) 색으로 표현하면서 지금 자신의 복잡한 마음을 표현한 것이라고 하였다. 자신의 내면 깊은 마음속에는 두 가지 흰색과 검정 마음이 있는데, 흰색은 깨끗하지만 의미심장한 자신의 마음이며, 검정색은 악한 자신의 다른 마음이라고 하였다. 빨간색 테두리는 붉은 의지, 타오르는 힘, 강한 마음을 표현한 것이라 하였고 회색으로 표현한 것은 약한 자신의 마음이고 검정은 자신의 굳고 강한 마음이라 하였다. 특히 노란색은 약해 보여서 싫고 거부해야 한다고 하였다. 살기 위해서는 약한 마음에서 강한 마음으로 변할 수밖에 없다고 하며 파란색은 자유롭고 편안하고 싶은 자신의 마음이라 하였다. 그림을 다 그린 후, 내담자는 자신의 그림을 보면서 우유부단하고 답답하다고 하였다. 이어서 O형인데도 왜 이러는지 모르겠다고 하면서 내면의 두 가지 흰색과 검정 마음에 날개를 달아 줘야겠다며 다시 그려 넣었다.

4회: 자유화

자유화

치료실 내에 있는 작은 자석 칠판에다가 자석으로 된 자, 모음으로 된 글자를 이용하여 '엄마 싫어'라고 글자를 만들어 붙였다. 치료사가 반응을 보이기도 전에 엄마, 친구, 담임선생님은 약속을 잘 지키지 않고 자신을 괴롭힌다고 얘기하였다. 물감을 선택하여 자유롭게 그림을 그리면서 초록색은 없느냐고 치료사에게 물었다. 치료사가 노란색과 파란색을 혼합하면 된다고 설명하자, 초록색이 만들어지는 것을 보고는 재미있어했다. 내담자는 그림에 대해 설명하면서 밤 10시는 자신이 좋아하는 시간이며 뭔가 기대되는 시간이라고 하였다. 노란색은 짜증 나는 자신의 마음 같아서 짜증 나는 노란색을 택했다고 하며, 매번 사용하는 검정은 왠지 마음이 편안하다고 하였다. 치료실 오기 전에 짜증이 많이 났었는데 지금은 좀 나아진 것 같다고 말하였다.

5회: 난화 게임

난화 게임

치료사는 내담자와 친밀감을 형성하고 진솔한 의사소통이 이뤄질 수 있도록 난화게임을 하였다. 내담자는 빨간색을 선택하고 치료사에게는 노란색을 선택해 주었다. 그림을 다 그린 후 내담자는 자신 안에 있는 또 하나의 자신인 것 같다고 하였다. 내담자는 스스로 빨간색을 선택하여 그렸는데도 치료사가 그린 약한 노란색보다 약해 보인다고 하였다. 내담자는 약하면 피해를 많이 본다고 하였으며, 상처받은 적이 있지만 아직은 말을 못한다고 하였다.

7회: 자유화

자유화

내담자는 치료사에게 물감을 빨강과 노란색만을 이용하여 그리고 싶다고 하였다. 큰 호수에는 오리가 있고 나무에 있던 잎은 바람에 낙엽 되어 떨어지고, 내담자는 가끔씩 이 호수에 와서 그냥 호수만 바라본다고 하였다. 내담자는 혼자가 되어 외로웠는데 선생님이 같이 있으면 좋겠다며 다시 추가로 치료사를 그려 넣었다. 내담자는 자신 위에 선생님을 그린 것보다 나란히 옆에 그렸으면 더 좋았을 것 같다고 하였다. 내담자는 어느 심리 책에서 호수는 재산이라고 적혀 있던 것을 보았다며, 그래서 크게 그렸다고 하였다. 그리고 내담자는 친구와 좋은 관계를 맺으려면 공부를 잘해야 하는데 하기는 싫다고 하였다. 사람은 누구든 부정적이지만 때에 따라서는 긍정적으로 생각하기도 한다면서 기분이 많이 좋아졌다고 하였다. 치료사는 내담자에게 자신이 외로울 때 같이 있고 싶은 사람이 치료사여서 고맙다고 하며, 긍정적으로 변화하는 자신의 마음을 발견한 내담자를 지지하고 격려하였다.

10회: 자유화

자유화

내담자는 빨간색 물감으로 그리기를 시작하다가 파란색 물감으로 바꿔 그리며 화가 난다고 하였다. 내담자는 화가 나면 이를 꽉 깨물고는 말을 하지 않는다고 하였으며 그래서 답답하고 주위의 사람이 미워진다고 하였다. 내담자가 화가 난 이유는 친구의 생일잔치에 자신은 오지 말라고 친구가 말했을 때 생일잔치에 가지 못하는 사실보다, 기분 나쁜 자신의 감정을 솔직하게 표현하지 못한 것 때문이라고 하였다. 내담자는 누구한테나 솔직하지 못한 것은 누구 때문이기보다는 자신, 그리고 자신이 처해 있는 환경 때문인 것 같다고 하였다. 파란색은 가위 같으며 가위로 착한 자신의 마음을 잘라 버리고 싶다고 하였다. 치료사는 화난 감정에 대한 원인을 발견한 내담자에게 지지와 격려를 아낌없이 하였다. 내담자는 "다른 사람들이 자신에 대해 잘못된 것을 가르치거나 잔소리를 하는 반면에 치료사선생님은 무조건 자신의 얘기를 귀담아 잘 들어 주고 지지를 해 줘서 좋아요."라고 말했다.

11회: 자유화

자유화

내담자의 엄마는 며칠 전부터 운전면허 공부를 하느라 직장에 나가지 않고 집에 계신다고 하였다. 내담자는 자신의 엄마와 차츰 대화를 하기 시작했고 자신의 문제보다는 엄마를 이해해 주고 싶다고 하였다. 자신의 마음이 많이 편해진 것 같다면서 요일을 바꿔서 치료를 계속 받고 싶다고 하였다. 그림은 바람이 살랑 부는 늦여름의 바다에서 염색 천을 말리는 것 같다며 태양이 마음에 들지를 않아 몇 번을 고쳐 그렸다. 바다도 뿌리가 깊어야 한다며 물감으로 재차 고쳐 그렸다.

오늘은 흰색, 빨간색, 파란색만 사용하며 의도적으로 검정은 사용하지 않는다고 하였으며, 꽉 찬 느낌이 드는 파란색 천을 보니 내담자 자신과 같다고 하였다. 장래 희망은 글 쓰는 작가가 되고 싶다며 공부를 기초부터 다시 시작 해야겠다고 하였다. 내담자는 지금까지는 누구도 자신을 이해하지 못한다고 대화를 거부했는데, 며칠 전부터 친구와 학원을 같이 나가기 시작하고 엄마를 이해하기 시작했으며 스스로도 많이 달라졌다고 하였다. 내담자는 자신을 칭찬하는 데 조금은 쑥스럽지만 달라지는 자신을 바라보면 기쁘다고 하였다. 치료사는 심리상태가 안정되어 가는 내담자의 마음을 자연스럽게 따라가면서, 스스로 수용하고 변화되어 가는 내담자를 격려하였다.

16회: 자유화

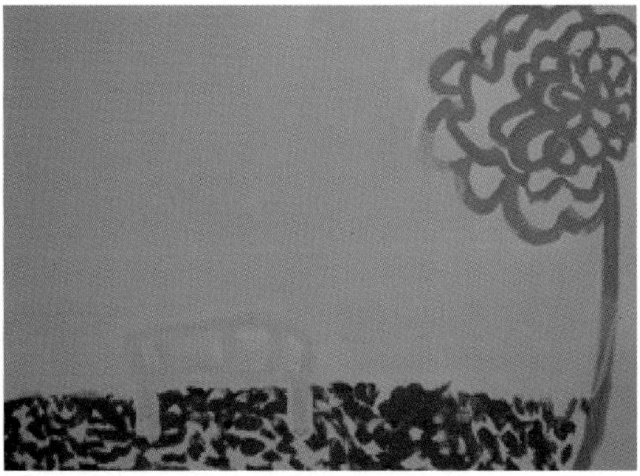
자유화

내담자는 달라진 자신의 마음을 표현하고 싶다고 하였다. 흰색에 빨간색을 섞어 분홍 꽃부터 그린 다음에, 자신이 원하는 그림을 그릴 때마다 붓을 바꿔 가면서 그렸다. 내담자는 초록색을 만들고 싶다며 색을 만드는 것을 치료사에게 질문하였다. 만들어져 있는 초록색보다는 원색을 혼합해 만들어 쓰는 것이 더 예쁘다고 하며 검정은 싫다며 사용하지를 않았다. 내담자는 두 팔을 같이 사용하면서 적극적으로 작업하였다. 흰색에 파란색을 섞어 옅은 하늘색을 만들어 넓은 붓으로 하늘을 칠하면서 화창한 느낌을 위해 하늘색이 좀 더 연했으면 좋겠다고 자신의 감정을 표현하였다. 내담자는 그림을 다 그린 후 사람이 빠져 있지만 없는 것도 좋다고 했고, 화창한 봄날의 오후를 연상하며 평화롭고 따스한 느낌이 들도록 즐거운 마음으로 그렸다고 하였다. 내담자는 편안한 자신의 마음을 그림으로 잘 표현한 것 같다면서 풀밭에 있는 벤치에 편하게 앉아 책을 읽고 싶다고 하였다.

치료사는 표현하고 싶은 대로 필요한 도구나 매체를 스스로 선택하여 사용할 줄 알고, 그림을 다 그린 후에도 부족한 점을 스스로 발견하고 고칠 줄 알며, 적극적이고 활동적인 성숙한 태도를 갖게 된 내담자를 격려하였다.

표 2 색채와 색채의 의미

회기	색채의 사용	내담자가 느끼는 색채의 의미
3회	빨강, 파랑, 검정, 하얀색	빨간색은 붉은 의지, 타오르는 힘, 강한 마음 파랑은 자유롭고 편안하고 싶은 마음 검정은 악한 마음 흰색은 깨끗하지만 의미심장한 마음
4회	초록, 검정, 노랑	초록은 재미있음 노랑은 짜증 나는 마음 검정색은 편안함
5회	노랑, 빨강	빨강은 강하고 싶은 마음 노랑은 상처받은 아픈 마음
7회	주황	주황은 좋은 기분
10회	빨강, 파랑	빨강은 화난 마음 파랑은 착하고 답답한 마음
11회	진한 분홍, 연한 분홍, 연한 파랑, 파랑, 연한 노랑, 노랑	연한 빨강, 파랑, 노랑은 편안한 마음
16회	연한 초록, 연한 파랑, 연한 분홍	연한 초록 파랑, 분홍은 예쁜 마음

3. 청소년 사례

'CMYK를 통해 본 학교부적응 청소년의 미술치료 사례'[3)]

저자(2009)는 색이 투사검사로서의 적용이 가능한가를 알아보기 위해 학교부적응 청소년을 대상으로 CMYK를 사용하여 미술치료를 실시하였다. 색을 객관화하기 위한 방법으로 사용한 CMYK란 C(cyan), M(magenta), Y(yellow), K(black)의 약자로서 녹색빛의 파랑, 보랏빛의 빨강, 노랑, 검정을 의미한다. CMYK 검사는 미리 준비한 색 도구에 물감으로 채색한 것을 스캔하여 컴퓨터에 입력을 한 다음, 포토샵으로 이를 원색으로 분해하는 것이다. 이때 색을 분해한 CMYK의 처음 수치를 원점수라 하고, 원점수에서 오차를 감안한 것을 전환점수라고 한다. 전환점수란 본 저자의 의미로 원점수에서 일의 자리 수를 1~5까지는 반내림하고 6~9까지는 반올림한 것을 말한다. 다음은 학교부적응 청소년을 대상으로 진행된 21회기 중 CMYK 검사가 이루어진 회기를 중심으로 소개하고자 한다.

연구 대상

이 연구의 대상은 K시에 소재하는 G여자 중학교 3학년 여학생으로서 담임교사의 부탁으로 학교사회복지사에 의해 의뢰가 되었으며 의뢰된 내용은 무단결석이 잦고 가출의 경험이 있으며, 또한 학습의욕이 없고 반발심이 많으며 흡연을 한다는 것 등이었다. 내담자의 가족에 대해서는 내담자가 어릴 때 어머니의 가출과 잇따른 아버지의 가출로 지금은 할머니와 내담자, 남동생이 일용직 건축 일을

3) 김정미(2008). 아동 중심 미술치료를 통한 새터민 아동의 자아개념과 학교생활 수행 향상 사례연구. 한국미술치료학회, 15(2). 275-294.

하는 큰아버지의 도움으로 생활하고 있다고 하였다.

3회: 색의 주관적 의미 I

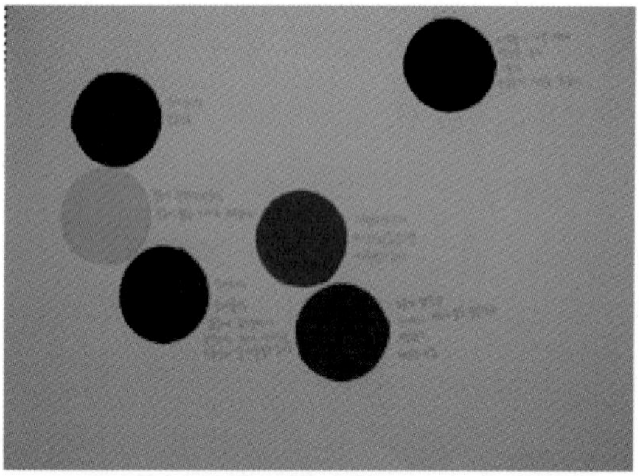

색의 주관적 의미 I

치료사는 색채에 대한 내담자의 주관적인 의미를 알아보기 위해 먼저 물감과 붓의 사용을 알려 준 뒤, 원색을 이용하여 다양한 색채를 만드는 방법을 일러 주었다. 내담자는 혼합된 색을 보며 "우와! 신기하다. 미술가가 된 것 같아 재미있다."라고 하며 잘 칠해야겠다고 하였다. 색을 보면 연상되는 느낌, 기억나는 사람, 기억나는 일 등에 대해 물어보자 색깔 옆에다가 직접 적어 나갔다. 빨간색-화가 난 느낌, 긴급신호 / 노란색-밝다, 행복해 보인다, 웃음이 많은 아이 / 파란색-시원해 보인다, 이 색의 옷을 입으면 시원할 것 같다 / 초록색-신기하다, 신비롭다, k중에 k가 생각난다, 왠지 이 아이는 초록색이 잘 어울릴 것 같다. / 주황색-노을이 생각남, 신기하고, 해가 질듯 말듯하고 멋있다, 편안한 느낌 / 보라색-사람들이 가장 안 쓰는 색인 것 같다, 어둡다, 동굴 속의 어두운 빛 같다고 하였다. 그런 다음 주황색은 같이 노는 친구들이 생각나며, 보라색은 공부만 하는 친구들 같다고 하였다. 내담자가 느끼는 색에 대한 의미는 일반적인 상징적 해석과 일치하였다.

4회: 자신의 마음

내담자의 정서적 심리상태를 알아보기 위해 치료사는 내담자에게 지금 자신의

자신의 마음

마음을 색으로 표현해 보라고 하였더니 빨간색으로 색칠을 하였다. 내담자는 왼손으로 색칠을 하면서 "양손을 쓰면 똑똑하다고 하던데…" 하며 말꼬리를 흐렸다. 치료사가 내담자도 똑똑하다고 하자, 내담자는 자신은 공부를 못하기 때문에 똑똑하지 못하다고 하였다. 공부는 안 해서 못하는 것이라고 치료사가 말하자 내담자는 금방 웃으면서 "맞아요." 하면서 색깔이 선명해서 칠할 때 기분이 좋았다고 하였다. 내담자는 색칠한 것을 보며 "강한 느낌이 든다. 강하고 싶다. 빨간색인데도 밝은 건 아니다. 해 지는 노을 같다. 어두울 때는 좀 가려져서 예쁘게 보여서 좋다. 불꽃놀이는 예쁘지만 밤에 해야 하는 것처럼 여자도 밤에는 예쁘게 보인다."라면서 자신도 어두운 것을 좋아한다고 하였다. 내담자는 빨간색은 강해 보이고, 강하고 싶다면서 지난 시간에 연상한 내용처럼 자신도 모르게 화를 잘 내는 자신의 마음을 보인 것 같다고 하였다.

6회: 자신의 마음

자신의 마음

내담자는 지난주 미술치료를 마치고 집으로 돌아가면서 그동안 몰랐던 자신에 대해 생각을 하게 되었다고 하였다. 내담자는 자신의 가정환경이 어려운 것을 다른 아이들이 아는 것이 싫어서 표현을 하지 않고 참았던 것들이 자신도 모르게 별것 아닌 일에도 욱하며 불쑥불쑥 올라오는 감정의 이유가 되었던 것 같다고 하였다. 치료사가 내담자에게 지금 자신의 마음을 색으로 표현해 보라고 하자, 내담자는 노란색 물감으로 동그라미 안을 조심스럽게 칠하면서 밖으로 튀어나오지도 않고 잘 칠해져 만족한다고 하였다. 그리고 노란 동그라미는 지금 자신의 편안한 마음을 표현한 것이라고 하였다. 내담자가 표현한 색에 대한 주관적인 연상에 의하면 "노란색은 밝다, 행복해 보인다, 웃음이 많은 아이가 떠오른다."였다.

12회: 자신의 마음

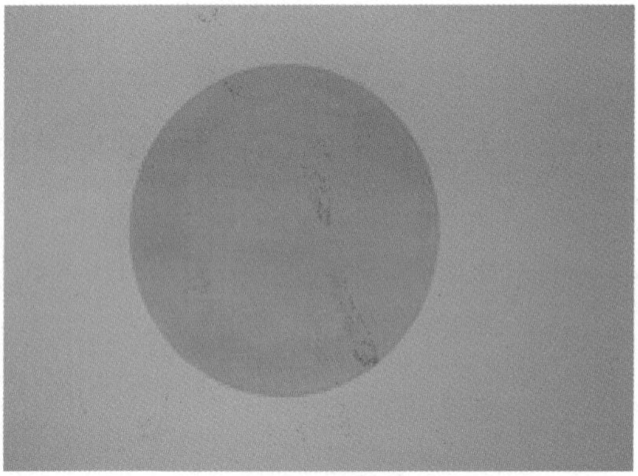
자신의 마음

내담자는 요즘 자신의 행동이 학교에서 튀지 않으려 노력하고 있다면서 열심히 하려는 자신의 마음을 겉모습으로만 판단하지 않았으면 좋겠다고 하였다. 그리고는 담임선생님이 자신과 눈만 맞춰지면 웃어준다고 하였다. 내담자는 원색의 노란색은 튀어 보여서 싫다고 하며 편안하게 보이기 위해 흰색을 섞는다며 흰색에 노란색을 혼합하여 색칠하였다. 내담자는 지금 자신의 마음은 편안하다고 하였다.

15회: 자신의 마음

내담자는 요즘 자신의 마음은 평화롭고 편안한 마음이라고 하였다. 색으로 표현을 한다면 흰색에 파란색을 조금 섞은 연한 하늘색이라고 하면서 자신이 원하는 색을 만들어 색칠하였다. 치료사는 내담자에게 다음 시간에는 내담자가 꿈꾸는 자신의 꿈에 대해 생각을 해 오라고 하며 회기를 마쳤다.

자신의 마음

19회: 색의 주관적 의미 II

치료사는 내담자가 갖고 있는 색에 대한 주관적인 의미가 사전, 사후에 있어서 차이가 있는 지를 알아보기 위해 사전에 했던 작업을 반복해 보았다. "빨간색-화가 난 느낌, 짜증 / 노란색-밝다, 눈에 띈다. / 파란색-시원해 보인다. / 초록색-신기하다, 마음에 든다. / 주황색-편안한 느낌 / 보라색-동굴 속의 어두운 빛 같다, 신기하다."로 처음 내담자가 갖고 있던 색에 대한 주관적

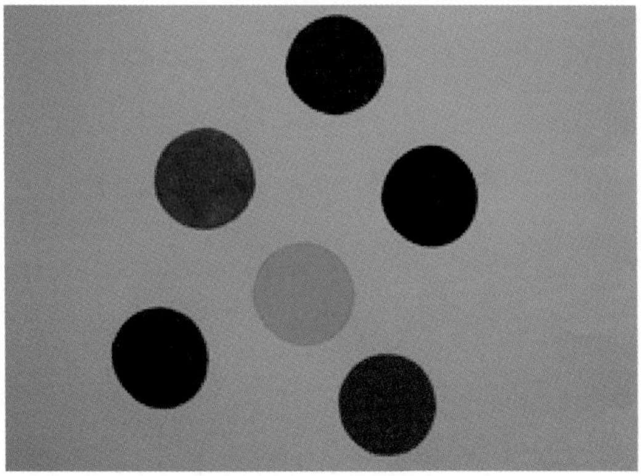

색의 주관적 의미 II

인 의미와 사후가 같은 것으로 이해되었다. 내담자에게 치료사가 2회만 더하면 회기가 끝난다고 하였더니 내담자는 아쉽다고 하였다.

20회: 자신의 마음

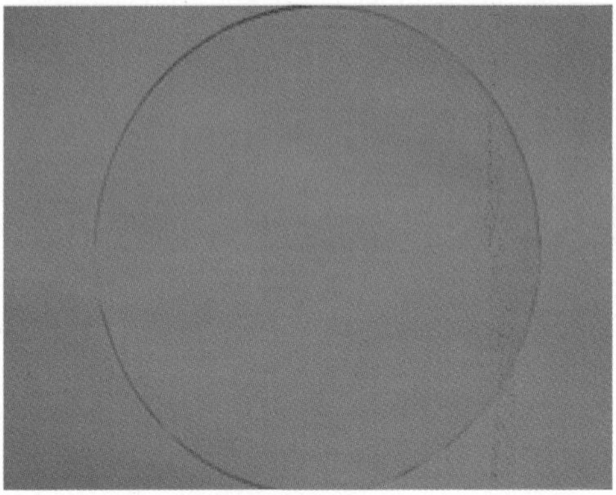
자신의 마음

지난 시간에 내담자가 치료사에게 주고 싶은 선물이 내담자가 받고 싶은 B.B크림 화장품이라는 것을 알게 된 치료사는 내담자가 원하던 화장품을 구입하여 내담자에게 직접 선물하였다. 내담자는 자신이 갖고 싶은 선물을 받아 보는 것은 처음이라고 하였다. 그리고는 내담자는 자신의 감정을 표현하는 방법을 몰라 어떻게 해야 하는지를 모르겠다고 하면서도 환한 웃음을 웃으면서 너무 좋다는 감정표현과 함께 고맙다는 인사까지 하였다. 미술치료를 진행하는 동안 이렇게 밝고 예쁜 내담자의 모습은 처음 본 것 같았다. 치료사가 자신의 감정을 자유롭게 표현하며 타인의 감정을 살필 줄 아는 적극적인 내담자를 격려하자, 내담자도 표정이나 태도가 많이 달라진 것을 스스로도 느낀다고 하였다. 내담자는 자신의 마음을 색으로 표현할 때도 자신이 원하는 색이 만들어지지 않자 물통에 물을 깨끗한 물로 다시 바꾸고, 새로운 종이에 새로 혼합한 물감을 칠하고는 이제야 편안해진 자신의 마음이 잘 표현되었다고 하였다. 치료사는 원하는 것을 표현하기 위해 필요한 도구나 매체를 적극적으로 선택하여 사용하는 능동적인 태도나, 그림을 다 그린 후에도 부족한 점을 발견하고 적극적으로 고치는 활동적인 태도를 갖게 된 내담자를 적극 격려하였다.

표 3 색채와 CMYK

단계	회기	내담자가 느끼는 색채의 의미	색채의 사용	색	원점수 C	원점수 M	원점수 Y	원점수 K	전환점수 C	전환점수 M	전환점수 Y	전환점수 K
초기 단계 자아인식	4회	색이 선명해서 기분이 좋다. 강해 보이며 강하고 싶다. 화를 잘 낸다.	빨강		10	91	85	2	10	90	80	0
자기발견 내적 욕구 단계	6회	자신도 모르게 욱하며 감정이 불쑥불쑥 올라온다. 편안하다.	노랑		2	7	91	0	0	10	90	0
변화 단계 자기수용	12회	노란색은 튀어 보여서 싫다. 흰색을 섞으면서 편안하다.	하양에 노랑을 섞음		3	0	73	0	0	0	70	0
	15회	평화롭고 편안한 마음	하양에 파랑을 섞음		18	0	3	0	20	0	0	0
종결 단계 통합 및 조화	20회	편안한 마음	하양에 빨강을 섞음		0	3	0	0	0	0	0	0

※ 전환점수란 본 저자의 의미로 원점수에서 일의 자리를 1~5까지 반내림하고 6~9까지는 반올림한 것을 말한다.

4. 성인 사례 1

치료사가 본 색채의 해석과 미술치료

대상자 정보

정년퇴직을 앞둔 남편과 결혼한 딸, 미혼인 아들을 두고 평범한 가정생활을 꾸리고 있는 58세의 중년 부인

주제: 자신과 자신의 가족에 대해 이해해 보기

회기 목표: 가족을 색으로 표현한 다음 색을 보며 가족을 이해하게 해 본다.

준비물: 4절 도화지, 물감, 크레파스, 색연필, 싸인펜, 파스넷(색깔을 표현할 수 있는 매체)

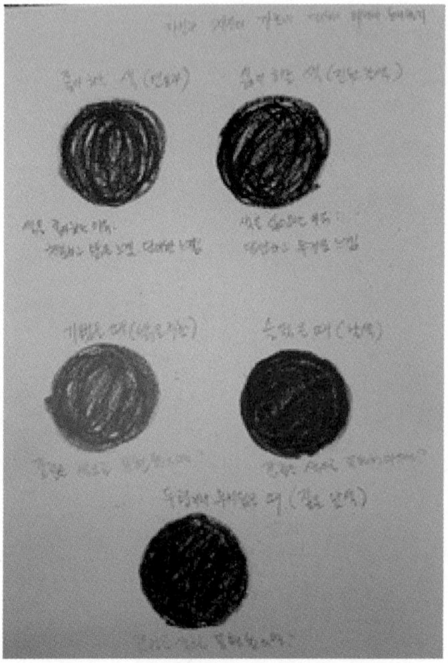

감정의 색

활동내용:

① 자신이 느끼는 다양한 감정을 먼저 색으로 표현을 해 두게 한다.

지시어:

"자신이 좋아하는 색, 싫어하는 색은 어떤 것이 있으며, 기뻤거나 슬펐을 때 혹은 두렵거나 무서웠을 때의 감정을 색으로 표현해 보세요."

치료사의 지시어가 주어지자 내담자는 많은 매체 중에서 물감은 사용하는 것이 번거롭다고 하면서 파스넷을

선택하여 시작을 하였다. 좋아하는 색은 연보라인데 주어진 색 중에는 자신이 원하는 색이 없다고 하면서 글씨로 '연보라'라고 적었다. 연보라색을 좋아하는 이유가 무엇이냐는 치료사의 질문에는 차분하고 밝은 느낌을 주기 때문이라고 했다. 싫어하는 색은 진한 갈색이며 싫어하는 이유는 답답하고 무거운 느낌 때문이라고 하며, 기뻤을 때의 감정은 밝은 주황이 떠오른다고 하였다. 마지막으로 슬펐을 때와 두렵거나 무서웠을 때의 감정의 색은 남색과 짙은 남색이 떠오른다고 하였다. 짙은 남색이 내담자 자신이 원하는 만큼의 짙은 색이 아니라면서 다시 크레파스로 덧칠을 하였다.

② 자신의 어린 시절 가족에게서 느껴지는 이미지를 색으로 표현하게 한다.

지시어:

"어린 시절 자신의 가족에 대해 떠오르는 이미지를 색으로 표현하도록 해 보세요."

어린 시절의 가족 색

내담자는 가족을 색으로만 나타내기 때문에 형태에 대한 부담을 줄여주어 표현이 한결 자유롭다고 하였다. 먼저 아버지를 크게 그리고 갈색으로 칠을 했다. 엄마는 꽃자주색, 언니는 짙은 주황, 내담자는 지금의 자신으로 잘못 그려졌다고 하면서 주황이 어릴 적 자신이라고 설명을 덧붙였다.

③ 지금의 가족에 대해 느끼는 이미지를 색으로 표현하게 한다.

현재의 가족 색

지시어:

"현재 자신의 가족에 대해 느끼는 이미지를 색으로 표현하도록 해 보세요."

그림을 다 그린 후 세 가지의 채색한 것을 보면서 치료사가 느낀 점을 질문하자 내담자는 먼저 눈에 들어오는 것이 자신의 아버지의 색깔과 남편의 색깔이 동일한 것이 놀랍다고 하였다. 연애하던 시절 현재 내담자의 남편이 자신의 아버지와 성향이 너무 비슷한 것에 마음이 끌렸다는 것이었다. 그리고는 싫어하는 진한 갈색과 비슷하다고 하면서 착하고 마음이 여렸던 자신의 아버지와 열정적이고 책임감이 강한 성향의 엄마와의 갈등이 싫었던 어린 시절이 떠오른다고 하였다. 지금의 남편 역시 내담자의 성향과 달라 순간순간 서로 이해받지 못해 오는 갈등이 표현된 것 같다고 했다. 어릴 적 내담자는 기뻤을 때의 주황색과 같은 색이며 지금 역시 좋아하는 연보라와 같은 색이라고 하며 내담자는 자신을 사랑한다고 하였다.

색채를 통한 치료사의 해석

남색과 빨간색의 혼합 비율에 따라 빨간색이 많이 혼합되었을 경우 자주색이 되고, 남색이 많이 혼합되었을 때는 보라색이 된다. 내담자가 좋아하는 연보라색은 명도가 높은 보라색을 말한다. 내담자가 연보라색을 좋아하는 이유가 차분하고 밝은 느낌을 주기 때문이라고 한 것을 색채가 가지고 있는 감정적 기능과 지각으로 설명해 보면, 베졸트-브뤼케 현상에 의해 명도가 높아지면 단파장인 보라색은 파란색 톤으로 변한다. 파란색은 한색계열로 진정감을 느끼게 하므로 차분한 느낌을 받게 된다. 따라서 내담자가 좋아하는 연보라색은 차분하고 밝은 느낌을 갖게 한다.

또한 지금의 가족을 색으로 표현한 것을 보면 남편은 붉은색을 포함한 갈색, 내담자는 붉은색을 포함한 연보라, 딸은 붉은색을 포함한 분홍, 아들은 붉은색을 포함한 자주색으로 가족 모두 붉은 계열의 난색이다. 이는 가족 모두 비슷한 성향으로 따뜻하며 열정적이고 에너지가 많은 것으로 이해된다. 이처럼 내담자가 가족을 색으로 표현한 것을 보면 내담자가 가지고 있는 색채에 대한 상징적 의미는 일반적이며 보편적인 상징의 의미와 같다는 의미로 해석된다.

5. 성인 사례 2

치료사가 본 색채의 해석과 미술치료

대상자 정보

남편과 고등학교 3학년 아들, 중학교 1학년인 의 딸을 두고 있는 42세의 주부로, 가족 간의 의사소통이 되지 않으며 특히 딸과의 대화가 단절되어 답답한 마음에 딸 아이의 상담을 맡고 있는 선생님의 권유로 상담실을 찾은 경우이다. 중학교 1학년인 딸은 학교에서 왕따를 당해 다니던 학교에서 전학하였는데도 불구하고 여전히 왕따로 힘들어하고 있어 얼마 전부터 미술치료를 따로 받고 있는 중이다.

다음은 미술치료 과정 중 내담자가 자신의 심리상태를 색채로 이해할 수 있었던 회기를 중심으로 내담자가 갖고 있는 색채의 상징에 대해 소개하고자 한다.

12회

주제: 어린 시절의 엄마와 나

회기 목표: 어린 시절의 엄마와 나의 관계를 색으로 알아보며 지금의 자신과 자녀와의 관계를 이해해 본다.

준비물: 4절 도화지, 물감, 크레파스, 색연필, 사인펜

지시어:

"자신의 어린 시절 엄마의 모습을 떠올리며 그 모습을 색으로 표현해 보세요. 그리고 어린 시절 자신의 모습을 떠올리며 그 모습을 색으로 표현해 보세요."

활동내용:

치료사의 지시어가 주어지자 잠시 머뭇거린 뒤 다른 매체들 중에서 짙은 군청색, 빨강, 노랑, 남색, 초록의 다섯 가지 크레파스를 선택하여 모두 한 손에 쥐고 둥근 형태의 나선형을 그렸다. 자신의 모습 역시 노랑, 남색, 초록, 분홍, 주황색의 크레파스를 선택한 뒤 한 손에 쥐고 둥근 원 형태로 그림을 그렸다.

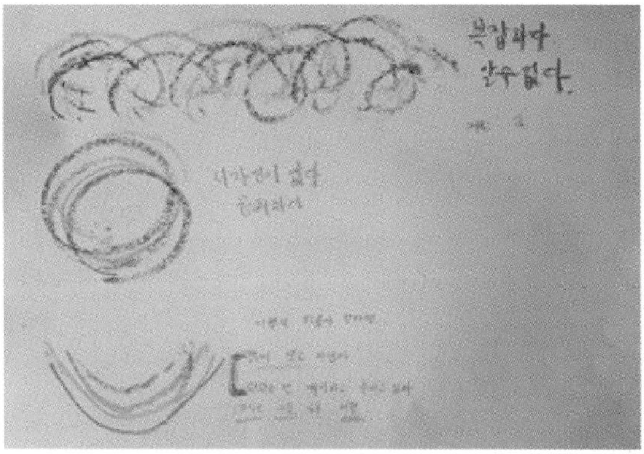

어린 시절의 엄마와 나

그림을 다 그린 후 엄마의 모습을 보며 한 단어로 표현한다면 어떻게 할 것인가라는 치료사의 질문에 "복잡하다. 알 수 없다."라고 하였다. 크레파스 5가지의 색은 어떤 의미인지 다시 물어보자 "색이 두껍다, 묵직하다, 침울하다, 무겁다, 우울, 무섭다, 말을 잘 들어야 한다, 화가 폭발할 것 같다, 보호해 주어야 한다."라고 색에 대한 내담자가 느낀 감정을 이야기하며 엄마의 모습을 색으로 설명하였다.

자신의 모습인 원을 보았을 때 어떤 느낌이 드는지 치료사가 질문하자 내담자는 "그림처럼 뻥 뚫린 것이 나 자신이 없는 것 같다, 공허하다."라고 하였다. 그리고는 어린 시절 자신은 "순종적이다, 나 자신이 없다, 헌신적으로 생활해야 한다, 웃는 것은 사치다."라고 하며 색을 통해 자신을 설명하였다.

치료사가 다시 "만약에 과거의 어린 시절로 다시 돌아간다면 어떤 색으로 표현을 할 것 같으냐?"라고 질문을 하자 내담자는 파스텔 톤의 밝은 색인 주황, 노랑, 연두, 분홍색을 선택하여 웃는 모습이라며 그림을 그렸다. 그리고는 자신이 해석하기를 "밝게 웃고 지낸다, 원하는 것을 얘기하고 누리고 싶다."라고 하였다. 원하는 것이 무엇인지 치료사가 질문을 하자 "피아노, 그림, 공부, 여행 등등."이라고 했다.

치료사가 내담자에게 자신의 엄마를 표현한 초록, 노랑, 파랑 색깔이 내담자와 같은 색깔인 것에 대해 어떻게 생각을 하냐고 질문하자, 내담자는 깜짝 놀라며 자신의 엄마와 똑같은 모습으로 자녀에게 화를 내고 있는 자신이 느껴진다고 하였다. 그리고는 지금의 자녀와 내담자의 관계가 자신과 자신의 엄마와의 관계와 같다는 것을 느낀다고 하였다.

색채를 통한 치료사의 해석

내담자가 짙은 군청색, 빨강, 초록, 노랑, 남색의 다섯 가지 크레파스 색으로 엄마를 표현하며 "두껍다, 묵직하다, 침울하다, 무겁다, 우울, 무섭다, 말을 잘 들어야 한다, 화가 폭발할 것 같다, 보호해 주어야 한다."등으로 엄마에 대한 감정을 표현하였다. 또한 내담자가 원하는 자신의 어린 시절을 파스텔 톤의 밝은 색인 주황, 노랑, 연두, 분홍색으로 선택하여 웃는 모습이라고 표현하였다. 이것은 내담자가 갖고 있는 색채에 대한 상징의 의미가 연하고 밝은 색일수록 안정적인 감정과 긍정적 의미를 가지고 있으며, 어둡고 진한 색일수록 불안정한 감정을 갖고 있거나 부정적 의미를 가지고 있다(김정미, 2008)는 것과 일치하였다.

16회

주제: 20대의 나와 지인

회기 목표: 타인과의 관계에서 위축되는 자신과 타인을 왜곡되게 생각하는 것들을 색으로 알아차리며, 타인과의 관계 맺는 방법을 이해하게 해 본다.

준비물: 4절 도화지, 물감, 크레파스, 색연필, 사인펜

지시어:

"20대에 힘들었던 자신과 그때의 불편했던 지인을 색으로 표현해 보세요."

활동내용 1:

치료사가 지시어를 주자, 내담자는 조금의 주저함 없이 검정 크레파스로 불편한 지인을 4절 도화지 꽉 차게 동그라미로 표현하였다. 자신은 노란색 크레파스로 도화지의 오른편 아래쪽에 아주 조그만 동그라미로 표현하였다. 그림을 다 그린 후 내담자는 그림을 보며 20대의 자신은 노란색처럼 순종적이며 여리고 어렸으며, 반면 자신이 느꼈던 지인은 자신에 비해 상대적으로 너무 크고 검은색처럼 무서웠다고 하였다. 지금 다시 그때를 돌이켜 생각해도 지인은 너무 무섭고 두렵고 어마어마하게 큰 사람으로 인식된다고 했다.

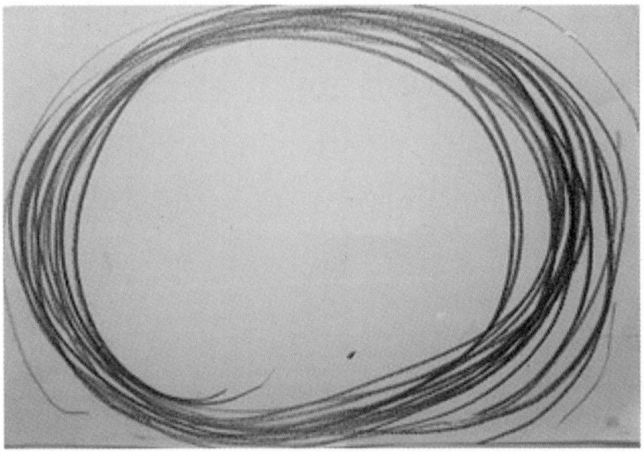
20대의 나와 지인

17회

주제: 지금의 나와 지인

지시어:

"지금의 자신과 불편한 지인을 색으로 표현해 보세요."

활동내용 2:

내담자는 지인은 갈색과 검정 두 가지의 크레파스 색을 한꺼번에 잡고 뾰족한 선으로 표현하고 자신은 빨강

지금의 나와 지인

과 노랑 두 가지 색을 역시 한꺼번에 잡고는 둥근 원으로 표현하였다. 그리고 중간에는 짙은 남색의 선으로 확실하게 구분을 지었다.

그림을 다 그린 후 내담자는 무섭고 크게만 느껴지던 지인이 자신과 크기가 비슷하며 검정보다 연한 갈색의 성향으로 바뀌어 느껴진다고 하였다. 작고 여린 노란색이던 자신도 이제는 빨간색으로 힘을 갖게 된 것 같다고 하였다. 하지만 지인은 아직도 감당하기 힘든 두렵고 무서운 상대라 마주하는 것은 싫어서 짙은 남색으로 구분을 지었다고 하였다. 그러면서 내담자는 갈등이 생긴 타인과는 갈등을 해결하여 관계를 지속하기보다는 단절하는 식이었다는 것을 인식하였다.

색채를 통한 치료사의 해석

내담자가 지인을 두고 느끼는 무섭고 두려운 감정의 색은 검정이며, 이후 지인이 변했다고 느끼는 갈색에 대해서도 검정보다는 약한 부정적인 의미를 갖고 있었다. 자신이라고 표현한 노란색은 힘없고 약한 의미를 갖고 있으며, 지금의 자신으로 표현한 빨간색에 대해서는 강하고 힘이 생겼다는 의미를 갖고 있었다. 이것은 내담자가 갖고 있는 색채에 대한 상징의 의미는 일반적인 색채상징의 의미와 같다는 의미로 이해될 수 있다.

20회

주제: 색종이 가족화

회기 목표: 가족을 색으로 표현하여 자신이 인식하고 있는 가족에 대해 이해하게 해 본다.

준비물: 색종이, 가위, 풀

지시어:

자신을 포함한 가족을 색종이를 이용하여 색으로 표현해 보세요.

활동내용:

남편은 초록색으로 내담자를 지지해 주는 편안함을 준다고 한다. 내담자는 노란색으로 표현하면서 딸을 표현하고 싶었는데 자신으로 사용했다고 한다. 딸은 자기주장이 뚜렷해서 주황색으로 표현하고, 아들은 내담자를 배려하고 수용을 해 주면 좋겠다고 하면서 냉정해서 남색으로 표현했다고 한다. 그리고는 중앙을 오려 낸 동그라미 뒷면의 노란색으로 자신을 표현했다고 한다.

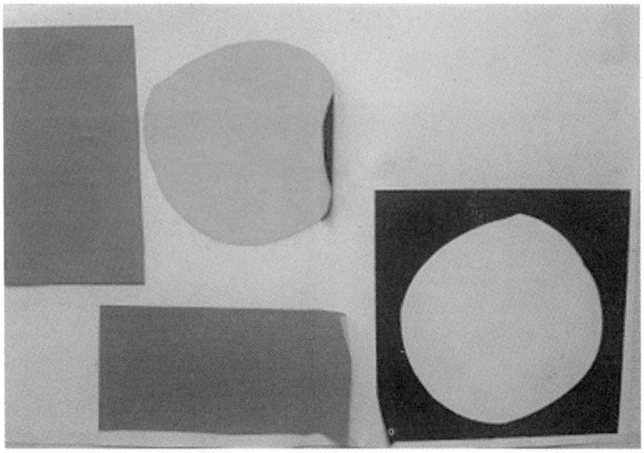

1회 색종이 가족화

활동내용:

남편은 1회 때보다 밝은 연두색으로 내담자에게 더 편안함을 준다고 한다. 내담자도 노란색에 가까운 밝은 연두색으로 표현을 하며 상담을 받으면서 마음이 많이 편안해졌다고 한다. 1회에서 마지막으로 표현한 아들을 20회에서는 세 번째로 진노란색으로 표현을 하고는 내담자가 상담을 받는 중에 외국으로 유학을 갔는데 지금은 내담자와 전화로 따뜻한 대화

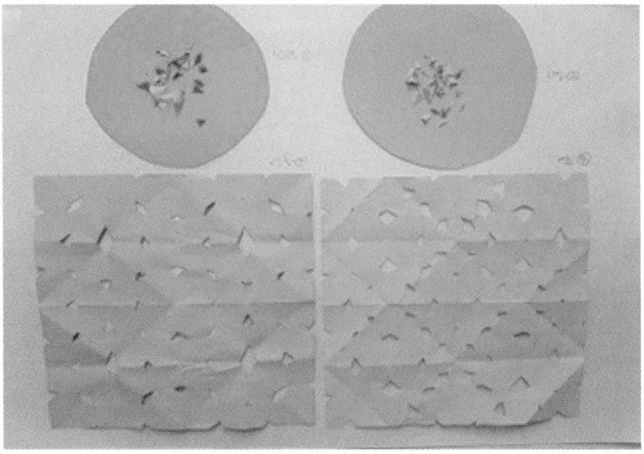

2회 색종이 가족화

를 나눈다고 한다. 마지막으로 딸은 까칠한 것이 많이 줄어들었다고 하며 연노란 색으로 표현을 하였다.

자녀들을 표현한 사각형 색종이에서 작은 무늬를 오려 낸 작은 색종이를 남편과 자신에게 붙이고는 자녀들의 다양한 감정을 받아 줄 수 있는 것이 부모가 해야 할 일이라고 긍정적인 표현을 했다.

색채를 통한 치료사의 해석

1회 색종이 가족화에서 내담자의 가족을 색으로 보면 내담자의 노란색과 아들의 남색은 서로 보색의 관계로 성향이 전혀 다를 수밖에 없다. 반면, 내담자를 중심으로 남편과 딸의 색은 내담자와 이웃한 색으로 내담자와 성향이 비슷하다는 것을 알 수 있었다. 이와 같은 색채를 통한 치료사의 해석을 전해 들은 내담자 역시 자신이 생각하는 가족의 성격이 색으로 그대로 드러난 것 같다고 인정을 하였다. 상담이 종결된 후 첫 회와 비교했을 때 가장 많이 달라진 것은 내담자가 지각한 아들을 표현한 색이 남색에서 노란색으로 바뀐 것과 뒤이어 주황색으로 표현한 딸이 노란색에 가까운 연두색으로 바뀐 것이 있다. 이를 보며 색채가 달라진 만큼 내담자가 지각하는 자녀들의 성향이 많이 달라진 것 같다고 치료사가 해석을 해 주자 아들이 정말 많이 달라졌다고 하며 상담을 의뢰할 무렵 대화가 되지 않던 딸과도 관계가 좋아졌다고 하였다. 그러고는 지금은 가족 모두 노란색을 띈 난색 계열의 밝고 따뜻한 성향처럼 서로 배려하는 가족의 형태로 변화되었다고 하였다. 이처럼 내담자가 지각하는 가족의 성향을 색채로 나타낸 것을 보면 색채에 대해 학습을 하지 않았는데도 불구하고 내담자가 갖고 있는 색채에 대한 상징의 의미는 일반적이며 보편성을 갖고 있다는 것을 알 수 있었다.

참고문헌

C&D연구소(2012). 색채론. 서울: 한국색채디자인개발원.

강영자(1996). 일상생활에서 스트레스원과 대처방안에 관한 일반청소년과 비행청소년의 비교 연구. 상명여지대학교 대학원 박사학위논문.

고봉만, 김연실 공역(2017). 파랑의 역사. 서울: 민음사.

권영필 역(2007). 예술에서의 정신적인 것에 대하여. 경기: 열화당미술책방.

기술표준원(2010). 물체색의 색이름: KS A0011. 서울: 한국표준협회.

김갑숙, 전영숙(2005). 여고생의 신경증과 동적가족화(KFD)의 관계. 한국미술치료학회, 12(4), 781-800.

김경균 역(2017). 마법의 색채 센스. 서울: 우듬지.

김덕길(1992). 한국 공업규격(KS A 0011)의 색깔 이름에 대한 새로운 제안. 한국색채교육학회지, 1(1), 7-26.

김성인, 강형석, 김윤희(2007). 만다라 문양 색칠하기의 분석 및 활용을 위한 컴퓨터 시스템(Ⅰ). 제14회 한.미 미술치료 연차학술대회. 한국미술치료학회, 201-218.

김소영(2000). 영상처리 프로그램을 이용한 색채심리 분석 진단 프로그램에 관한 연구. 경희대학교 교육대학원 석사학위논문.

김수석 역(2015). 색채의 예술. 경기: 지구문화사.

김수현, 김갑숙(2007). 중학생의 성별에 따른 16PF 성격특성과 인물화(DAP) 성격요인과의 관계. 한국미술치료학회, 14(3), 509-531.

김순영(2004). 조선시대 복식의 적색계와 자색계 색명(色名)체계. 서울대학교 대학원 박사학위논문.

김양희(2015). 색채와 욕망의 연계성에 관한 연구: 라깡의 욕망이론을 적용한 본인 작품을 중심으로. 홍익대학교 대학원 박사학위논문.

김옥경(2004). 미술치료가 선택적 함묵증 아동의 표현언어 능력 향상에 미치는 효과 연구. 한국미술치료학회, 11(3), 369-390.

김정미(2008). 아동 중심 미술치료를 통한 새터민 아동의 자아개념과 학교생활 수행 향상 사례연구. 한국미술치료학회, 15(2). 275-294.

김정미(2008). Photoshop 색분해에 의한 CMYK와 청소년 성격과의 관계. 영남대학교 대학원 박사학위논문.

김정미, 이미옥(2009). CMYK를 통해 본 학교 부적응 청소년의 미술 치료 사례. 한국미술치료학회, 16(4), 679-697.

김정숙 역(2006). 컬러에너지. 창원: 슈리크리슈나다스아쉬람.

김정오 역(2004). 시각적 사고. 서울: 이화여자대학교출판부.

김주경, 이언영, 임미애, 임은실(2010). 컬러스토리. 경기: 교문사.

김중술, 한경호, 임지영, 민병배, 이정흠, 문경주(2005). MMPI-A 다면적 인성검사-청소년용 매뉴얼. 서울: (주)마음사랑.

김진숙 (2005). 만다라를 통한 미술치료. 서울: 학지사.

김화중 역(1993). 색채심리. 서울: 동국출판사.

나우뉴스(2017. 7. 22.). 1~12개월 아기에게 세상은 어떻게 보일까?

나은미(2002). 미술작품을 통한 아동의 심리연구(색채를 중심으로). 우석대학교 교육대학원 석사학위논문.

남궁산(2017). 문명을 담은 팔레트. 경기: 창비.

문은배(2011). 색채 디자인 교과서. 서울: 안그라픽스.

박권생 역(2004). 정서 심리학. 서울: 학지사.

박수진, 한지형 공역(2011). 색채의 역사. 서울: 사회평론.

박연선(2007). 색채용어사전. 서울: 도서출판 예림.

박윤미(2014). 만다라에 표현된 상징의 심리적 의미. 한양대학교 대학원 박사학위논문.

박현일, 최재영(2006). 색채학 사전. 서울: 국제.

백민아(2016). 괴테『색채론』에 대한 인문생태론적 고찰. 경북대학교 대학원 박사학위논문.

서상현(2010). 예술가의 색상모델과 통계적 작품분석에 기반한 점묘화의 색상 병치혼합에 관한 연구: 쇠라작품을 중심으로. 중앙대학교 첨단영상대학원 박사학위논문.

서울대학교 교육연구소 편(1994). 교육학 용어 사전. 서울: 하우.

서울한국색채학회(2002). 컬러리스트(이론편). 서울: 도서출판국제.

석도열(2000). 만다라이야기. 부산: 맑은소리.

손영수(1994). 유아의 색채 사용을 통한 성격 분석 방법에 관한 연구. 진주전문대학 논문집, 17.

손용주(1998). 현대국어 색상어의 형태 · 의미론적 연구. 계명대학교 대학원 박사학위논문.

신동준(2015). 슈타이너의 인지학적 색채원리에 기반 한 어린이도서관 색채계획에 관한 연구. 홍익대학교 대학원 박사학위논문.

신민섭(2002). 그림을 통한 아동의 진단과 이해. 서울: 학지사.

심현정, 유상욱 공역(2003). 시각심리학. 서울: 시그마프레스.

양억관, 타카하시 이와오 공역(2000). 색채의 본질. 서울: 물병자리.

오치영, 김정미(2006). 생각을 여는 창의적 영재미술교육. 경기: 양서원.

월간미술(1989). 세계미술용어사전. 서울: 월간미술.

윤해옥(2016). 색채 감성과 오방색 선호도에 따른 대인관계 관련성 연구. 전남대학교 대학원 박사학위논문.

이부영 역(3008). 인간과 무의식의 상징. 서울: 집문당.

이부영(1998). C. G. 융 의인간심성론. 서울: 일조각.

이은경, 이선호, 김민기(2010). 컬러리스트를 위한 조색완벽가이드. 경기: 미진사.

이효미(2008). 청소년의 행동유형과 색채 선호도에 관한 연구-14-16세의 청소년을 중심으로. 경희대학교 교육대학원 석사학위논문.

이훈진, 문혜신, 박현진, 유성진, 김지영 공역(2007). MMPI-2 성격 및 정신병리 평가(제4판). 서울: 시그마프레스.

장석희(2005). 선사 예술 기행. 경기: 사계절.

전영숙, 김갑숙(2004). 여고생의 학교생활화 반응특성과 인성과의 관계. 한국미술치료학회, 11(2), 169-184.

정여주 역(2004). 색의 신비. 서울: 학지사.

정여주(2001). 만다라와 미술치료. 서울: 학지사.

정여주(2014). 만다라와 미술치료(2판). 서울:학지사.

정윤경(2004). 발도르프 교육학. 서울: 학지사.

주리애(2004). 그림에 사용된 색채의 임상적 의미. 서울대학교 대학원 박사학위논문.

진중권(2001). 미학 오디세이1. 서울: 현실과 과학.

채인아 역(2013). THE COLOR 세계를 물들인 색. 서울: 도서출판 이종.

최선남, 최외선(1995). 동적가족화에 의한 아동우울의 판별연구. 한국미술치료학회, 3(1), 101-118.

최성희, 이명숙 공역(1999). 색채 환경 그리고 인간의 반응. 서울: 도서출판 국제.

최승자 역(2009). 상징의 비밀. 경기: 문학동네.

최외선(1996). 고등학생의 스트레스와 동적가족와(KFD)에 의한 가족지각에 관한 연구. 한국미술치료학회, 3(2), 57-75.

최외선, 김갑숙(1996). 초등학생의 KFD에 나타난 인물상의 특성과 자아개념에 관한 연구. 한국미술치료학회, 3(2), 117-128.

최은숙(2001). 아동화에 나타난 색채심리에 관한 연구. 숙명여자대학교 교육대학원 석사학위논문.
최진(2010). 고대 장신구의 미학적 특성 연구: orient 장신구의 퍼스기호 해석을 중심으로. 단국대학교 대학원 박사학위논문.
한국 미술교과교육학회(1997). 유아미술교육학. 서울: 학문사.
한국색채연구소(2006). 컬러리스트 기사. 경기: 지구문화사.
한국색채학회(2002). 컬러리스트(이론편). 서울: 도서출판국제.
한창환 역(2008). 몸과 마음을 치료하는 색채. 서울: 도서출판 국제.

Archer, R. P. (1984). Use of the MMPI with adolescents: A review of salient issues. *Clinical Psychology Review, 4*.
Archer, R. P.(1987). *Using the MMPI with adolescents*. Hillsdale, NJ: Lawrence Erlbaum Associates.
Archer, R. P., Maruish, M., Imhof, E. A., & Piotrowski, C. (1991). Psychological test usage with adolescent clients: 1990 survey findings. *Professional Psychology: Research and Practice*, 22.
Dahlstrom, W. G., Welsh, G. S., & Dahlstrom, L. E. (1972). *An MMPI handbook: Volume I. Clinical interpretation (rev. ed.)*. Minneapolis: University of Minnesota Press.
Ehrenworth, N. V., & Archer, R. P. (1985). A comparison of clinical accuracy ratings of interpretive approaches for adolescent MMPI responses. *Journal of Personality Assessment*, *49*.
Harris, R. E., & Lingoes, J. C.(1995). *Subscales for the MMPI: An aid to profile interpretation*. Mimeographed materials, Department of Psychiatry, University of California at San Francisco.
Hathaway, S. R., & Mckinley, J. C. (1942). A multiphasic personality schedule (Minnesota): Ⅲ. The measurement of symptomatic depression. *Journal of Psychology, 14*.
Hathaway, S. R., & Monachesi, E. D. (1963). *Adolescent personaliyt and behavior*. Minneapolis: University of Minnesota Press.
Hjelle, L. A., & Ziegler, D. J. (1981). *Personality theories: Basic assumptions, research, and applications* (2nd ed.). New York: McGraw-Hill.
Idem, M. N. (1991). *Youth needs: contextual variations and approaches to change*.
Johann Wolfgang von Goethe, 장희창 역(2003). 색채론. 서울: 민음사.
Keating,(1990). Adolescent thinking. In S. Feldman & G. Elliott (Eds.), *At the threshold: The Developing adolescent*. Cambridge: Harvard University Press.

Klinge, V., & Strauss, M. E. (1976). Effects of scoring norms on a adolescent psychiatric patients' MMPI profiles. *Journal of Personality Assessment*, *40*.

Lachar, D. (1990). Predicting adolescent MMPI correlates: Comparative efficacy of self-report and other informant assessment. In R. C. Colligan (Chair), *the MMPI and adolescents: Historical perspective, current research, and future developments.* A symposium conducted at the Ninety-Eighth Annual Convention of the American Psychological Association, Boston.

Malchiodi, C. (1998). *Understanding children's drawings*. New York: Guilford Press.

Marks, P. A., Seeman, W., & Haller, D. (1974). *The Actuarial Use of the MMPI with Adolescents and Sdults*. New York: Oxford University Press.

Morton Walker, 김은경 역(1998). 파워 오브 컬러. 서울: 교보문고.

Neale, E., Rosal, M. (1993). What can art therapists learn from the research on projective drawing techniques for children? A review of the literature. *The Arts in Psychotherapy*, *20*.

Osgood, C. E., Suci, G. J., & Tannenbaum, P. H. (1957). *The measurement of meaning*. Urban: University of Illinois Press.

Valdez, P., & Mehrabian, A. (1994). Effects of color on emotions. *Journal of Experimental Psychology: Gerneral*, *123*(4).

Williams, C. L., Butcher, J. N., Ben-Porath, Y. S., & Graham, J. R. (1992). *MMPI-A Content Scales: Assessing psychopathology in adolescents*. Minneapolis: University of Minnesota Press.

〈참고사이트〉

교육부 https://www.moe.go.kr

다음백과 http://100.daum.net

두피디아 www.doopedia.co.kr

천재 학습백과 koc.chunjae.co.kr/main.do

한국민족문화대백과사전 encykorea.aks.ac.kr

찾아보기

인명

내용

저자 소개

김정미(Kim Jung Mi)

미술치료학박사
미술치료전문가
발달진단평가 전문가
현) 부산디지털대학교 겸임교수
부산 부경평생교육센터장
김정미 미술치료연구소장

최외선(Choi Wae Sun)

수련감독 미술치료전문가
현) 영남대학교 명예교수
한국미술치료연구소장
한국미술치료학회 고문

색채와 심리
Color & Psychology

2019년 9월 5일 1판 1쇄 인쇄
2019년 9월 10일 1판 1쇄 발행

지은이 • 김정미 · 최외선
펴낸이 • 김진환
펴낸곳 • (주) 학지사
04031 서울특별시 마포구 양화로 15길 20 마인드월드빌딩
대표전화 • 02)330-5114 팩스 • 02)324-2345
등록번호 • 제313-2006-000265호

홈페이지 • http://www.hakjisa.co.kr
페이스북 • https://www.facebook.com/hakjisa

ISBN 978-89-997-1897-7 93180

정가 18,000원

이 도서의 국립중앙도서관 출판시도서목록(CIP)은 서지정보유통지원시스템 홈페이지(http://seoji.nl.go.kr)와 국가자료공동목록시스템(http://www.nl.go.kr/kolisnet)에서 이용하실 수 있습니다.
(CIP 제어번호: CIP2019031858)